21世纪全国高职高专计算机系列实用规划教材

C语言程序设计实用教程与实训

主　编　陈翠松　寿焕君
副主编　龚　民　谢　歆　向　隅
参　编　刘效春

中国林业出版社
China Forestry Publishing House

北京大学出版社
PEKING UNIVERSITY PRESS

内 容 简 介

本书简明扼要地介绍了 C 语言程序设计的主要知识，突出基础，强调应用性和层次性。全书共分 9 章：C 语言概述，数据类型、运算符与表达式，顺序结构程序设计，选择结构程序设计，循环结构程序设计，数组，函数，指针，预处理、结构类型与文件。

书中大部分实例设有题后思考，引导学生思考，开拓思维。每章均有精心设计的习题和实训，习题内容知识点全面、题量适中、题型多；实训部分的主要目的是培养学生的程序设计能力。习题均有详细的参考答案，实训配有适当的实训指导。

本书既可作为高职高专计算机相关专业学生的教材，也可作为初学者自学教材。

图书在版编目(CIP)数据

C 语言程序设计实用教程与实训/陈翠松，寿焕君主编. —北京：中国林业出版社；北京大学出版社，2006.8

(21 世纪全国高职高专计算机系列实用规划教材)

ISBN 978-7-5038-4507-9

Ⅰ. C… Ⅱ. ①陈… ②寿… Ⅲ. C 语言—程序设计—高等学校：技术学校—教材 Ⅳ. TP312

中国版本图书馆 CIP 数据核字(2006)第 095504 号

书　　名： C 语言程序设计实用教程与实训

著作责任者： 陈翠松　寿焕君　主编

责 任 编 辑： 郭穗娟　郑铁志

标 准 书 号： ISBN 978-7-5038-4507-9

出　版　者： 中国林业出版社(地址：北京市西城区德内大街刘海胡同 7 号　　邮编：100009)

http://www.cfph.com.cn　　E-mail:cfphz@public.bta.net.cn

电话： 编辑部 83220109　　营销中心 83227711

北京大学出版社(地址：北京市海淀区成府路 205 号　　邮编：100871)

http://www.pup.cn　　http://www.pup6.com　　E-mail: pup_6@163.com

电话： 邮购部 62752015　　发行部 62750672　　编辑部 62750667　　出版部 62754962

印　刷　者： 三河市富华印刷包装有限公司

发　行　者： 北京大学出版社　中国林业出版社

经　销　者： 新华书店

787 毫米×1092 毫米　16 开本　14.5 印张　330 千字

2006 年 8 月第 1 版　　2010 年 8 月第 3 次印刷

定　　价： 22.00 元

21世纪全国高职高专计算机系列实用规划教材

专家编审委员会

前　言

C 语言是一种“中级语言”，既有高级语言的特点又有低级语言的特点；既适合于开发系统软件又适合于编写应用程序，被广泛应用于事务处理、科学计算、工业控制、数据库技术等领域。因此，30 多年来，C 语言一直有很强的生命力，深受软件设计者的喜欢。

目前，C 语言主要是作为学生学习程序设计的入门课，引导学生步入程序设计世界，培养学生程序设计的基本思维。所以本书以简明的方式介绍 C 语言程序设计的主要知识，突出基础，强调实用性和层次性。

本书以 TC 2.0 为背景，共分 9 章：C 语言概述，数据类型、运算符与表达式，顺序结构程序设计，选择结构程序设计，循环结构程序设计，数组，函数，指针，预处理、结构类型与文件。书中较大部分实例设有题后思考，引导学生思考，开拓思维。每章均有精心设计的习题和实训，习题内容知识点全、题量适中、题型多，实训部分的主要目的是培养学生的程序设计能力。习题均有详细的参考答案，实训配有适当的实训指导。本书建议课时 60～72 学时。

根据学生的特点和需要，编者在本书的基础章节都设有思考题，让学生明白应用已学内容在解决问题时还有哪些不足，充分调动学生的好奇心，引导学生有针对性地预习下一章。对于初学程序设计的学生而言，有大量的基础知识要理解和记忆；掌握好基础知识是学生学好 C 语言，甚至是学好程序设计的关键之一。为了帮助学生理解与掌握有关概念和原理，书中尽量找一些学生比较熟悉的事物进行举例说明，在教学实践中，对通过类比进行启发式教学进行了适当的探索，同时，对于部分程序设计的典型思路进行了适当总结，帮助读者掌握程序设计的相关方法。但这是类比和总结，还需要进一步探索与完善，编者诚邀有兴趣的同行共同探讨，编者电子邮件地址：ccszy2008@tom.com。

本书由广东机电职业技术学院陈翠松、浙江水利水电专科学校寿焕君担任主编，长沙电力职业技术学院龚民、长沙商贸旅游职业技术学院谢歆、武汉铁路职业技术学院向隅担任副主编，参编是山西青年管理干部学院刘效春。第 1、2 章及附录部分由陈翠松编写，第 3、4 章由龚民编写，第 5 章由刘效春编写，第 6 章由向隅编写，第 7 章由谢歆编写，第 8、9 章由寿焕君编写。

由于作者水平有限，书中难免有不妥和疏漏之处，敬请各位同行和读者批评指正。

编　者

2006 年 6 月

目　录

第 1 章　C 语言概述

教学提示：C 语言是一种“中级语言”，既具有高级语言的特点又具有低级语言的特点；既适合于开发系统软件又适合于编写应用程序，是一门应用性较强的计算机编程语言。本章主要介绍 C 语言的特点、程序组成、书写规则、上机运行和调试应用程序的方法。

教学要求：要求学生了解 C 语言的发展简史及特点；理解 C 语言程序的构成和书写规则；掌握编辑与运行 C 语言程序的操作。

1.1　C 语言的发展简史

在 C 语言产生之前，人们编写系统软件主要是使用汇编语言。由于用汇编语言编写的程序依赖于计算机硬件，其可读性和可移植性都比较差；而一般高级语言又不具备低级语言能够直观地对硬件实现控制和操作、程序执行速度快的特点。在这种情况下，人们迫切需要一种既有一般高级语言特性，又有低级语言特性的语言。于是 C 语言就应运而生了。

C 语言的产生和发展与 UNIX 有很大的关系，其发展历程简述如下。

1972～1973 年间，美国贝尔实验室的 D.M.Ritchie 在 B 语言的基础上设计出 C 语言，当时的 C 语言只是为描述和实现 UNIX 操作系统的一种工作语言，且只在贝尔实验室内部使用。

1973 年，K.Thompson 和 D.M.Ritchie 两人合作，将 UNIX 90%以上代码用 C 语言改写，即 UNIX 第 5 版。

1975 年，UNIX 第 6 版公布后，C 语言突出的优点引起人们普遍注意。

1977 年，出现了可移植的 C 语言。

1978 年，UNIX 第 7 版公布，K.Thompson 和 D.M.Ritchie 以该版 C 编译程序为基础，合著《The C Programming Language》一书，该书所介绍的 C 语言，成为后来广泛使用 C 语言版本的基础，被称为标准 C 语言。

1983 年，美国国家标准化协会(ANSI)根据 C 语言问世以来的各种版本，对 C 语言进行发展和扩充，并制定了新的标准，称为 ANSI C。

1990 年，国际标准化组织 ISO 制定了 ISO C 标准。

1972 年以来，C 语言几经修改和发展，出现了多个版本。目前在微机上广泛使用的版本有多个，各有特点，但它们一般都是以 ANSI C 为基础的，其中比较常用的版本有 Microsoft C 和 Turbo C 等。

本书主要以 ANSI C 为基础介绍 C 语言，上机练习则主要以 Turbo C 为调试环境，如果机器中没有安装 TC 2.0 软件，可以在 VC 环境下处理 C 语言源程序。

1.2　C 语言的特点

C 语言是一种“中级语言”，既具有高级语言的特点又具有低级语言的特点；既适合于开发系统软件又适合于编写应用程序，被广泛应用于事务处理、科学计算、工业控制、数据库技术等领域。概括起来，C 语言主要具有以下几个特点。

1. 语言简洁、紧凑，使用方便、灵活

C 语言只有 32 个关键字和 9 种控制语句，书写紧凑，压缩了一切不必要的程序组成成分。

C 语言程序书写自由，可以一行一个语句，也可以一行多个语句，同时还可使用任何用户自己熟悉的文本编辑器来输入源程序，语法限制不太严格，很多语句都有多种书写形式，程序设计自由度大。

C 语言的 32 个关键字如下：

auto　break　case　char　const　continue　default do double　else　enum　extern float　for　goto　if　int　long　register　return　short　signed　sizeof　static struct switch　typedef　union　unsigned　void　volatile　while

2. 数据结构丰富

C 语言的基本数据类型有整型、实型、字符型等，在此基础上还可创建数组、指针、结构体和共用体等复杂数据类型。C 语言的灵活性和应用能力优于其他计算机语言，如使用指针，可以作为函数的参数传递、动态分配内存空间、简化数组处理等。

使用 C 语言可以很方便地实现复杂的数据结构(如链表、树、栈等运算)，丰富的数据结构极大地增强了 C 语言的处理功能。

3. C 语言运算符丰富

C 语言共提供 34 种运算符，按优先级大小划分为 15 个等级，其中包括一些 C 语言特有的运算符，如自增自减运算符、逗号运算符、求字节运算符、强制类型转换运算符、赋值运算符等。使用这些运算符，可以使 C 语言实现在其他高级语言中难以实现的运算。

4. C 语言是结构化的语言

C 语言具有结构化的控制语句，如 if...else 语句、while 语句、switch 语句、for 语句等。使用这些语句，可以方便地控制程序流程，实现顺序、选择、循环三种结构化程序的基本结构。

5. C 语言是模块化的语言

开发一个较大的程序，需要很多人经过较长时间的努力才能完成。一般来说，一个较大的应用程序往往被分为若干个模块，对于较大的模块还可以细分为较小的模块，每个模块对应一个函数或过程，实现特定的功能。相同功能的模块可用同一函数或过程来实现，

因此用函数或过程来实现程序的模块化，可以大大减少工作量。只要善于利用函数或过程，就可提高编程效率。

C 语言是模块化的语言，它以函数作为程序的基本单位。在进行 C 语言程序设计时，可将一些常用的功能模块编写成函数，放在函数库中供其他函数调用。

6. 程序可移植性好、代码执行效率高

汇编语言一般要与某种机器硬件对应，难以移植，而 C 语言在不同机器上的编译程序大约有 80%的代码是公共的，可以很方便地移植到各种型号的计算机和各种操作系统中。

同时，C 语言程序所生成的目标代码的质量高于其他高级语言，执行效率高，一般只比汇编语言程序所生成的目标代码的执行效率低 10%～20%。

C 语言的优点很多，但也存在一些不足和缺点。如，运算符优先级太多，尤其是有个别运算符的优先级还与我们常规约定有所不同，不便记忆和掌握；自由转换虽然比较方便，但类型检查不严，增加了不安全的因素；C 语言使用灵活、变化多样，也增加了学习的难度，初学者较难掌握。

1.3　C 语言程序的构成和书写规则

观察以下两例，可以发现 C 语言程序的构成和书写规则。

【例 1-1】 用 C 语言编程显示“This is my program!”。

```
/*程序功能：显示"This is my program!"*/
main()                                   /*主函数*/
{
    printf("This is my program!");       /*输出"This is my program!"*/
}
```

【例 1-2】 用 C 语言编程求两个数之和，如 10+90。

```
/*程序功能：求两数之和*/
#include<stdio.h>                        /*预处理命令*/
main()                                   /*主函数*/
{
    int num1,num2,sum;                   /*定义 3 个整型变量*/
    num1=10;                             /*将 10 赋给变量 num1*/
    num2=90;                             /*将 90 赋给变量 num2*/
    sum=num1+num2;                       /*计算两个数之和，然后赋给变量 sum*/
    printf("sum=%d\n",sum);              /*输出结果：sum=100，\n 表示回车换行 */
}
```

1.3.1　C 语言程序的构成

(1) 一个源程序都有且只有一个 main 函数，即主函数，C 语言的程序总是从主函数开始执行。

(2) 源程序中可以有预处理命令，预处理命令通常放在源文件或源程序的最前面。

(3) 每一个语句都必须以分号结尾，但预处理命令、函数头和右花括号“}”之后不加分号。

(4) 标识符和关键字之间，至少加一个空格以示间隔，空格的数目不限。

(5) 源程序中需要解释和说明的部分，可用“/*……*/”加以注释，注释是给程序阅读者看的，机器在编译和执行程序时，注释将被忽略。

(6) 一个 C 语言源程序可以由一个或多个源文件组成。

(7) 每个源文件可由一个或多个函数组成。

其中，后两点是相对于较大的 C 语言程序而言的，因为上述例题很简单，没有体现出来，但在实际工作中却较常用。

1.3.2　C 语言程序的书写规则

在书写 C 语言程序时，一般要注意以下几点：

(1) 在 C 语言中，虽然一行可写多个语句，一个语句也可占多行，但建议一行只写一个语句。

(2) 用大括号括起来的部分，通常表示同一层次结构，大括号一般与该结构上一层次语句的第一个字母对齐，且左、右两个大括弧分别独占一行。

(3) 一般采用缩进格式书写程序，以提高程序的可读性和清晰性。

(4) 除非另有约定，C 语言源代码一般用小写字母书写。

(5) 在程序代码中，应加上必要的注释。

1.4　C 语言应用程序的编译与运行

1.4.1　C 语言应用程序的处理流程

编好一个 C 语言源程序后，如何上机运行呢？

写好一个 C 语言源程序后，一般要经过编辑、编译、连接和运行才能得到程序结果，其流程如图 1.1 所示。

(1) 编辑：在文本编辑器中，用 C 语言语法编写源程序代码，即 C 语言源程序(*.c)。

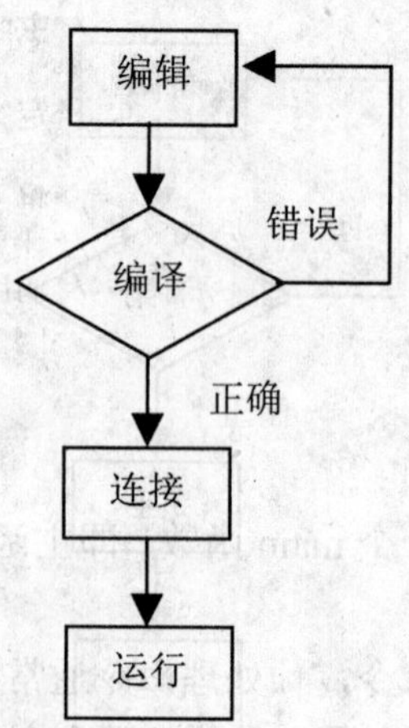

图 1.1　C 语言应用程序的处理流程

(2) 编译：通过编译器将源程序转换为机器代码，生成目标程序，在 C 语言源程序的编译过程中，可以检查出程序中的语法错误。

(3) 连接：C 语言是模块化设计语言，一个 C 语言应用程序可能由多个程序设计者分工合作编写，需要将所用到的库函数以及其他目标程序连接为一个整体，生成可执行文件(*.exe)。

(4) 运行：运行可执行文件后，可获得程序运行结果。

1.4.2　Turbo C 2.0 上机环境介绍

1. 启动 TC

(1) 如果是 MS-DOS 环境(假设 TC 位于 C 盘根目录下，目录名为 TC)：C:\TC>tc<CR>。

(2) 如果是 Windows 环境则应先找到 TC 所在的文件夹，然后双击 tc.exe 文件。

当 TC 启动成功后界面显示如图 1.2 所示。

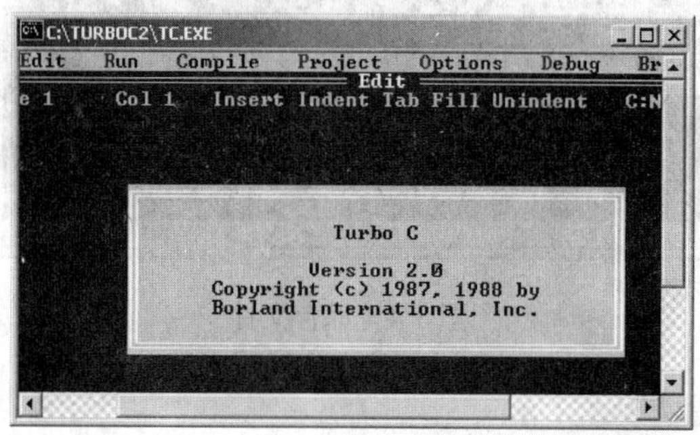

图 1.2　TC 运行主界面

2. 输入程序代码

进入如图 1.2 所示的 TC 主界面后，按任意键，当前的版权声明对话框消失，此时可以进行相关操作，但还没进入编辑状态，不能输入源代码。

进入编辑状态有两种方法：

(1) 按【Alt+E】组合键；

(2) 选择“File”→“New”菜单项。

进入编辑状态后，可根据需要输入程序代码，如图 1.3 所示。

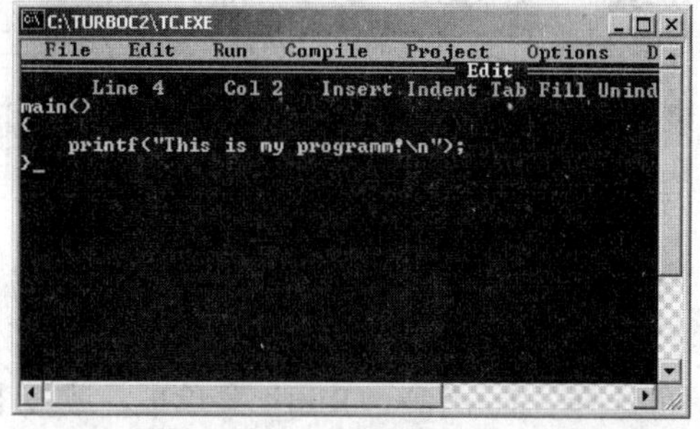

图 1.3　TC 编辑状态

3. 保存源程序

对于很小的程序，可以在程序输入完成后再保存，但对于较大的程序，最好在输入过程中经常性地保存。同样，每次修改程序后，最好及时保存，程序最终调试完成后，还要再次保存。

保存文件时，可按【F2】键，或选择“File”→“Save”菜单项。首次保存时，还要求输入欲保存文件的保存位置和文件名，如图 1.4 所示，图中“e:\c\c101.c”为保存位置和文件名。保存位置和文件名可根据题目要求确定，若题目没有明确要求，则可以自由确定。为了以后再次打开方便，建议记下文件的保存位置和文件名。

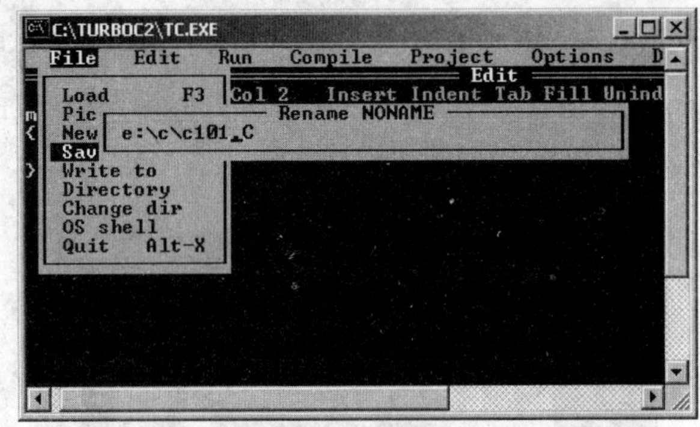

图 1.4 保存文件

4. 编译源程序

选择“Compile”→“Compile to OBJ”菜单项，编译器开始编译，编译完成之后出现一个对话框显示编译结果：编译的代码行数、错误数和警告数。

只有当程序没有错误时，才能进行下一步操作运行程序。如果有错误，则返回编辑状态修改相关错误，然后再次编译。

本程序编译没有出错，显示 0 个错误，如图 1.5 所示。按任意键该对话框消失。

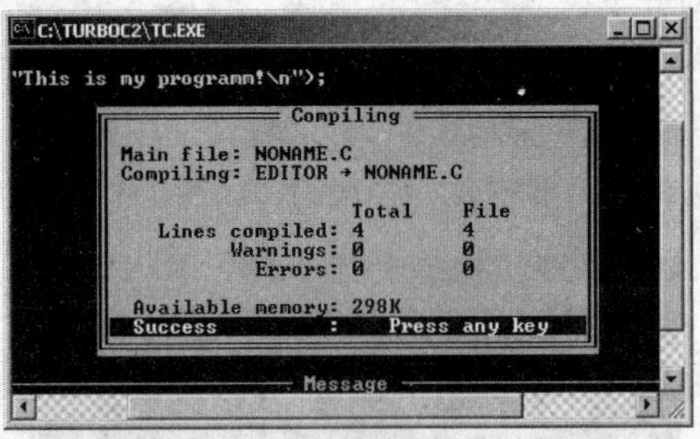

图 1.5 编译源程序

5. 运行程序

当程序编译通过后，可选择“Run”→“Run”菜单项，或按【Ctrl+F9】组合键，即可运行程序。

即使是编译通过的程序，在运行时可能还会出错。

6. 查看程序运行结果

程序运行后，在编辑状态看不到运行结果，需要切换到用户屏幕才能看到程序的运行结果。

选择“Run”→“User screen”菜单项，或按【Alt+F5】组合键，即可进入用户屏幕，查看程序运行结果，如图1.6所示。

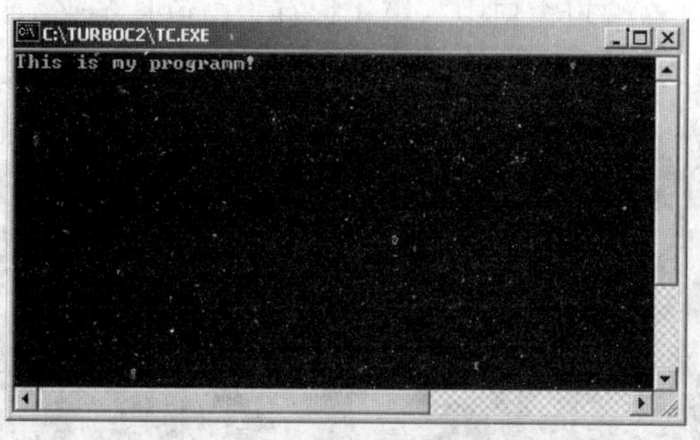

图1.6 用户屏幕

在用户界面，按任意键可以返回编辑状态。

注意： 程序的运行结果有时不一定正确，在查看程序运行结果时，还要检查它的正确性。程序运行结果出现的错误，不像程序语法错误那样容易发现，具有一定的隐蔽性，这种错误很容易被初学者忽略，建议初学者不要太“相信”计算机，要注意及时检查运行结果的正确性。

7. 修改系统路径

把TC软件直接复制到磁盘中就可使用，不需要安装，所以它不会自行修改系统路径。首次启动TC后，需要手工设置好相关路径，保证TC软件所处的位置与TC选项中所设置的路径保持一致，否则会出现类似“Linker Error：Unable to open input ‘C0S.OBJ’”这样的错误。

选择“Options”→“Directories”菜单项，打开系统路径设置对话框，将其中的路径改为电脑中 TC 所处的位置即可，如图 1.7 所示(设 TC 复制在 C 盘根目录下，目录名为TURBOC2)。

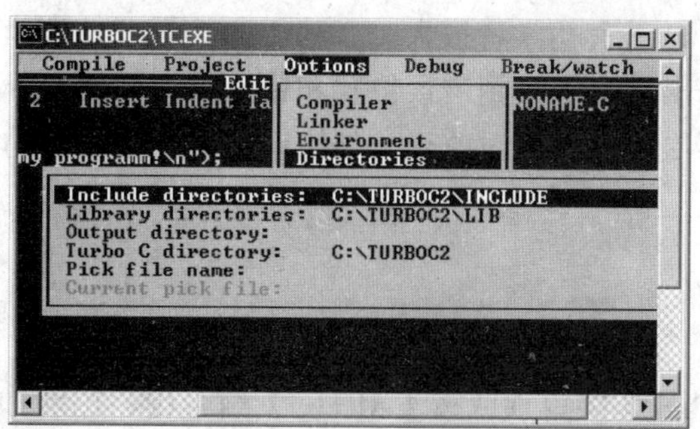

图1.7 系统路径设置

8. 调试程序

当程序中有语法错误时，编译器会自动检查出错误，并将错误信息报告给用户。

例如，在1.3节例1-1中，将程序第3行语句后的分号删除，编译程序，编译器会显示错误数为1，回车确认后出现如图1.8所示的界面。

在图1.8中，窗口下半部分(信息窗口)提示“Error E:\c\101.c 4：statement missing ; in function main”，同时，在编辑窗口中，第4行有一白色长条来标识错误行。从提示可知，程序第4行出错，错误为“缺少分号”，根据错误提示很快就可找到错误。

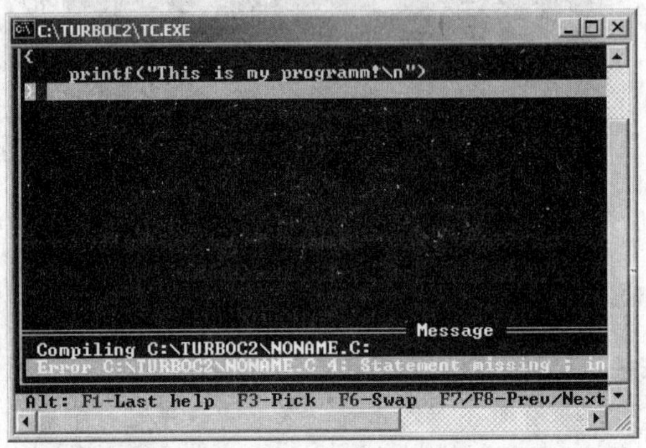

图1.8 调试程序

按回车键确认错误，系统重新回到编辑状态，将分号补上，再次编译，系统报告0个错误，编译通过。

当有多个编译错误时，可用向上方向键，将光标移到上一个错误处，用向下的方向键，将光标移动下一个错误处，当光标在不同错误提示上移动时，编辑窗口的错误提示行也会跟随变化。

有时，错误提示不一定准确，如图1.8中，当程序第3行缺少分号时，系统却报告第4行出错。因为在C语言中，一个语句可分多行写，所以第3行未缺少分号，系统并不认为有错，当检查第4行时，遇到了“}”还没找到分号，系统才知出错。在进行错误分析与修改时，要注意检查前后相关语句行。

有时，系统报告的错误数目也不准确，可能程序中只有一处很小的错误，系统却报告一大堆的错误信息，给C语言初学者很大的心理压力。面对C语言的编译错误，首先要仔细查看出错提示，根据出错提示找到错误位置和错误类型，然后分析错误原因，找到解决办法。错误修改后应再次编译，有时改正一处错误后，系统报告的错误数目会减少很多，甚至没错误报告了。

9. 打开源程序

一个源程序关闭后，可再次打开。

选择“File”→“Pick”菜单项或按【Alt+F3】组合键，出现如图1.9所示的界面，其中有最近保存的文件列表，选中欲打开的文件名后回车确认即可。

若列表中没有欲打开的文件名，则可选中“File”→“Pick”下的“load file”项或选择

"File"→"Load"菜单项，系统会打开另一个对话框，如图 1.10 所示，在"Load file name"下输入要打开的文件路径和文件名后回车确定即可。

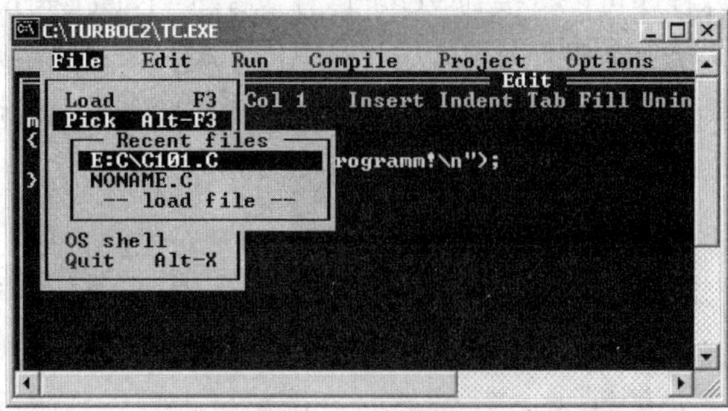

图 1.9　打开文件

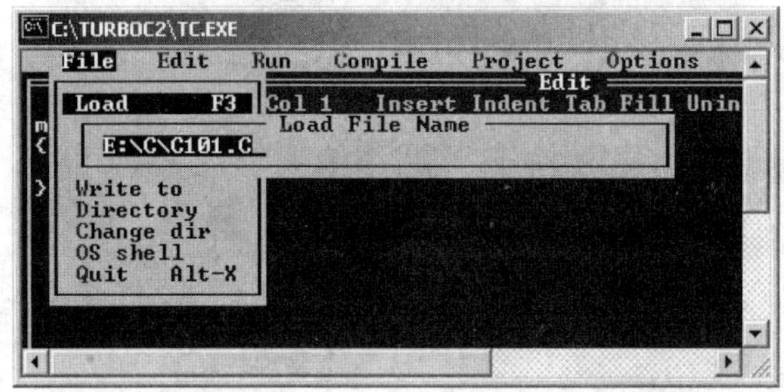

图 1.10　查找文件

在图 1.10 的"Load file name"中，可使用通配符"*"和"？"，也可以只输路径不输入文件名，输入确定后，系统弹出如图 1.11 所示的对话框。可以在其中选择要打开的文件名，然后回车确认。在对话框中，有些选项后有"\"表示其是一个子目录(即下一层目录)，选中后回车可进入该子目录内部，可在其中查找要打开的文件，".."表示父目录(即上一层目录)，选中后回车可返回上一层目录。

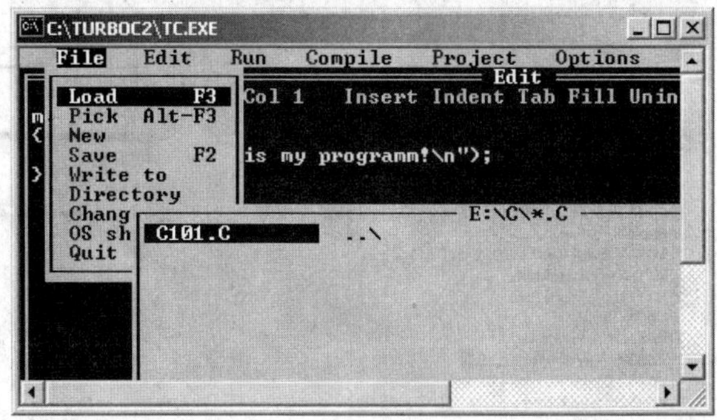

图 1.11　选择文件

Turbo C 2.0 向用户提供了一个集成的开发环境，把程序的编辑、编译、连接和运行操作全部集中在一个界面中进行。Turbo C 2.0 有很多菜单操作命令，本书只介绍了部分最常用的操作，其余操作读者可在以后的上机练习中逐步摸索掌握。

1.4.3 Visual C++6.0 上机环境简介

用 C 语言编写的源程序可以直接到 VC 下运行，启动 Visual C++6.0 后，一般要先新建一个工程，然后再向工程中添加文件，最后才是编辑、编译、连接运行源程序，查看程序运行结果。如果在创建文件前，没有创建相关工程，系统在编译时会提示是否要创建活动工程。

1. *启动* Visual C++ 6.0

(1) 选择“开始”→“程序” →“Microsoft Visual Studio 6.0” →“Microsoft Visual C++ 6.0”选项，可启动 Visual C++ 6.0 的集成开发环境，如图 1.12 所示。

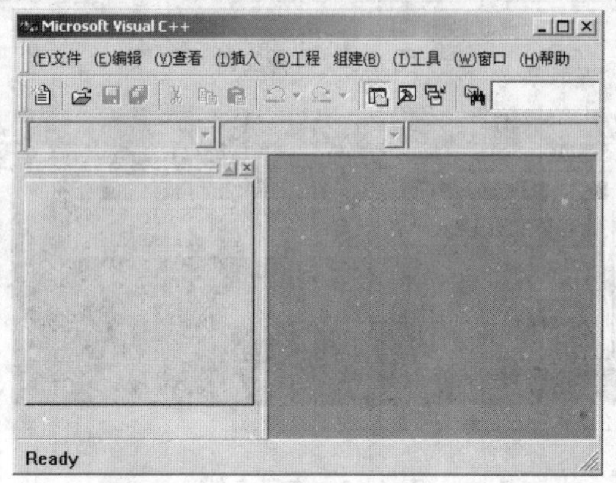

图 1.12 Visual C++ 6.0 的集成开发环境

(2) 在 Visual C++ 6.0 的主界中选择“文件” →“新建”，打开“新建”对话框，选中“工程”选项卡，在列表框中选中“Win32 Console Application”选项，在“位置”文本框中指定文件的保存位置，在“工程名称”文本框中输入工程名，如图 1.13 所示，单击“确定”按钮，系统弹出另一个对话框，如图 1.14 所示。

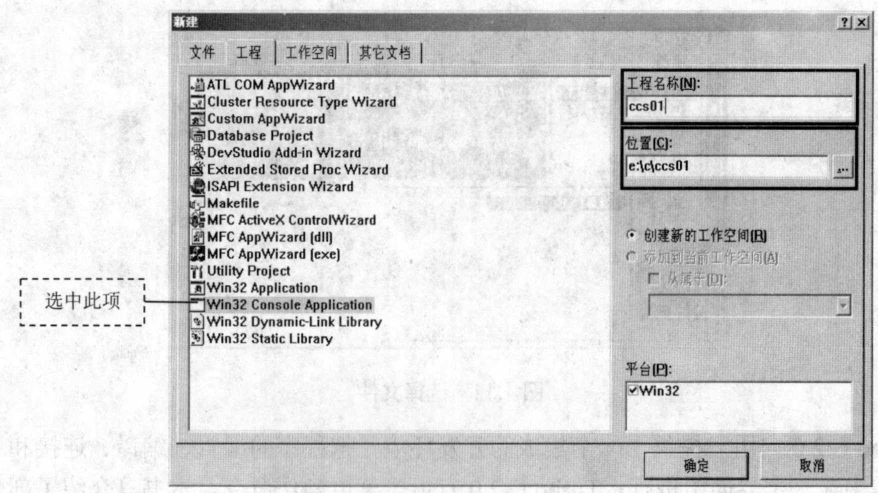

图 1.13 创建工程

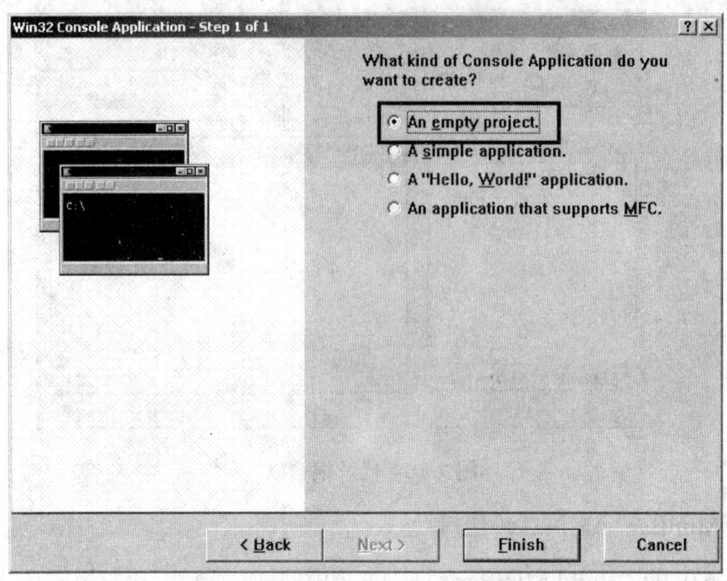

图 1.14　“Win32 Console Application-Step1 of 1”对话框

(3)　在如图 1.14 所示的对话框中选择“An empty project”后确定，系统弹出一个“New Project Information”对话框，直接单击“Finish”按钮。

(4)　再次选择“文件”　→“新建”，打开“新建”对话框，选中“文件”选项卡，在列表框中选择“C++ Source File”选项，选中“添加到工程”复选框，在“文件名”文本框中输入文件名，如图 1.15 所示。然后单击“确定”按钮，系统返回主界面，可以在代码编辑框中输入代码，如图 1.16 所示。

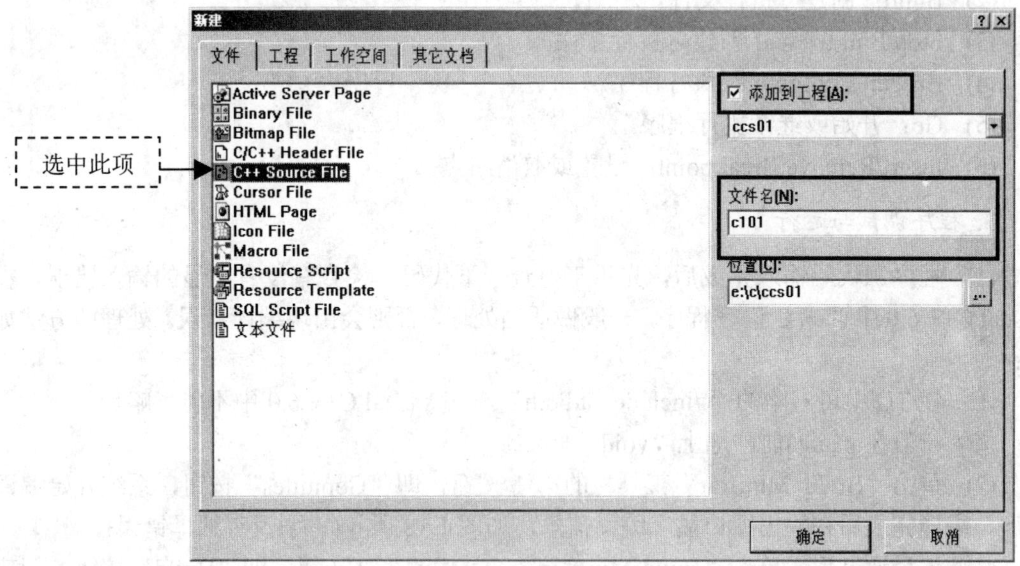

图 1.15　创建文件

图 1.16 代码编辑框

2. “Build MiniBar”工具栏的使用

Visual C++ 6.0 的“Build MiniBar”工具栏如图 1.17 所示。从左至右依次是 Copmiles、Build、Stop Build、Executes Program、Go、Insert/Remove Breakpoint。

图 1.17 “Build MiniBar”工具栏

(1) Copmiles：编译 C 或者 C++源代码文件。

(2) Build：创建可执行文件。

(3) Stop Build：停止创建可执行文件。

(4) Executes Program：执行程序。

(5) Go：开始或继续执行程序。

(6) Insert/Remove Breakpoint：设置或取消断点。

3. 程序调试与运行

(1) 程序源代码输入完成后，先手工检查一下代码，检查有没有明显的输入错误。在 Visual C++ 6.0 中调试 C 语言程序，一般做适当处理，否则会出现编译错误。处理的方法如下：

① 在 TC 中可省略的“#include<stdio.h”，在 Visual C++ 6.0 中不能省略。

② 一般在 main()前，加上“void”。

(2) 单击“Build MiniBar”工具栏的第 1 按钮，即“Copmiles”按钮，系统开始编译程序，编译完成后在输出窗口显示编译信息，如图 1.18 所示(本题没有编译错误)。

(3) 编译通过后，单击“Build MiniBar”工具栏的第 2 按钮，即“Build”按钮，创建可执行文件。

(4) 单击“Build MiniBar”工具栏的第 4 按钮，即“Executes Program”按钮，可运行程序。系统会显示如图 1.19 所示的窗口。

图 1.18　编译程序

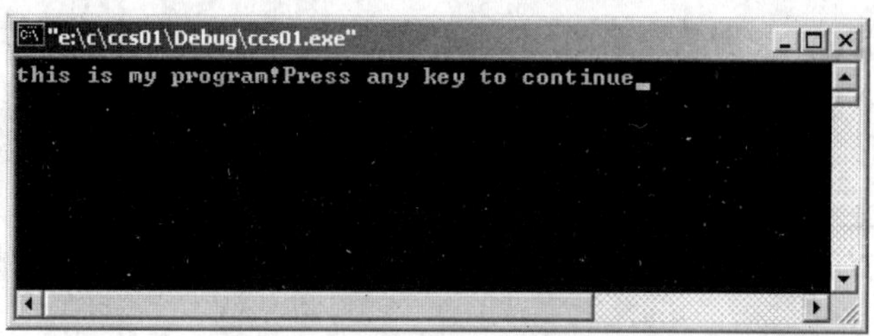

图 1.19　程序运行结果

4. 文件的打开、保存、关闭

(1) 选择“文件”|“打开”菜单项，然后在弹出的对话框中，选择欲打开文件的路径和文件名后，单击“打开”按钮。

注意：如果直接打开一个没有相关工程文件的 C 语言源文件，或在创建新文件前没有创建工程，在程序编译时会弹出如图 1.20 所示的对话框。单击“否”按钮取消操作，单击“是”按钮系统开始编译程序。对于直接打开的 C 语言源程序，可以不用修改直接运行。

图 1.20　是否要创建活动工程对话框

(2) 选择“文件”→“保存(另存为)”菜单项，可保存文件。

(3) 选择“文件”→“关闭”菜单项，可关闭文件。

(4) 选择“文件”→“关闭工作空间”菜单项，可关闭工作区。

Visual C++6.0 功能相当强大，其集成开发环境也比较复杂，本书只是将 Visual C++6.0 作为 C 语言程序运行、调试的一个工具，简单介绍了几个相关工具的使用方法。

习　题

一、选择题

1. 保存文件时，可按________键。

A. F1　　B. F2　　C. F3　　D. F4

2. C 语言是在__________语言的基础上产生的。

A. A　　B. B　　C. D　　D. E

3. 经典著作《The C Programming Language》中，所介绍的 C 语言称为_____。

A. 标准 C　　B. ANSI C　　C. ISO C　　D. Turbo C

4. 在 C 语言中，每个语句必须以_________结束。

A. 回车符　　B. 冒号　　C. 逗号　　D. 分号

5. 标识符和关键字间，要用__________隔开。

A. 回车符　　B. 冒号　　C. 空格　　D. 分号

6. 按___________键可退出 TC 环境。

A. 【Alt+X】　　B. 【Alt+F3】　　C. 【Alt+F5】　　D. 【Ctrl+F9】

二、填空题

1. C 语言只有____个关键字和_____种控制语句。

2. 在 TC 环境中，运行程序的快捷键是____________，打开用户屏幕的快捷键是_________。

3. 在 C 语言中，可以一行写_____条语句，也可一行写____条语句，还可以____行写一条语句。

4. C 语言是一种“_________”，既具有________的特点又具有_________的特点；既适合于开发系统软件又适合于编写应用程序。

5. 每个源程序有且只有一个________函数，系统总是从该函数开始执行 C 语言程序。

6. 程序运行后，运行结果要在_____________上查看。

三、简答题

1. 请先通读全书，结合自己的认识，谈谈 C 语言的特点。

2. C 语言程序由哪几部分组成？

3. C 语言程序的书写规则主要有哪些？

4. 一个 C 语言应用程序上机过程一般要经过哪几个步骤？简述各步的作用。

四、编程题

编写一个 C 语言应用程序，其功能是显示以下信息：

```
**************************
***    Hello World!    ***
**************************
```

实　训

实训项目：认识 C 语言

实训性质：验证性

实训目的：

1. 熟悉 TC 的上机环境，掌握 C 语言应用程序的编辑、编译、连接和运行的上机操作方法。
2. 初步掌握 TC 的简单调试方法。
3. 能模仿书上实例写一些简单的程序，加深对 C 语言程序构成和书写原则的理解。

实训内容：

1. 启动 TC，了解 TC 的集成环境，初步掌握各个菜单命令的功能及其快捷键。
2. 上机调试本书例 1-1 和例 1-2，通过分析程序结果，推测出程序中各个语句的功能。
3. 用 C 语言编写一个程序，求 562+59 的值。
4. 编写一个程序，实现以下图形输出：

```
    *
  * * *
* * * * *
  * * *
    *
```

5. 以下程序的功能是计算 312*19 的积，程序中有 3 处错误，请改正，并上机调试通过。

```
mian()
{
  int  x , y , s ;
  x=312
  y=19 ;
  s=x * y ;
  printf("s = % d \n , s ) ;
}
```

6. 上机调试以下程序(要求在 TC 环境下调试)：

```
main()
{
    int a,b,c,d;
    a=15*12;
    b=155*122;
    c=1555*1222;
    d=15555*12222;
    printf("a=%d,b=%d,c=%d,d=%d",a,b,c,d);
}
```

调试成功后，将计算结果记录在书上。

实训指导：

1. 实训题2分析与指导

(1) 启动TC，进入TC的编辑状态。

(2) 输入例1-1的程序代码，并初步检查是否有拼写错误，初学者对C语言的关键字不太熟悉，很容易出现拼写错误。

(3) 选择“Compile”→“Compile to OBJ”菜单项编译源程序，如果编译有错，则按错误提示修改程序。

(4) 编译通过后，选择“Run”→“Run”菜单项运行程序，如果运行有错，则按错误提示修改程序。

(5) 程序正常运行后，选择“Run”→“User screen”菜单项，查看程序运行结果，并检查运行结果的正确性。

(6) 按【F2】键，或选择“File”→“Save”菜单项，然后输入文件保存路径和文件名，保存文件。

(7) 选择“File”→“New”菜单项，打开另一个源文件。

(8) 输入例1-2的程序代码，编辑、检查程序代码。

(9) 编译、运行程序，查看并检查程序运行结果。

注意，很多初学者习惯在第1个程序代码的后面，直接输入第2个程序的源代码，这种处理方法很不好，编译时系统会提示出错，解决的办法是每做完一个题目后保存，新建一个源文件后，再输入另一个程序的源代码，即独立完成每个题目。

2. 实训题3分析与指导

例1-2是计算10与90的和，本题是562和59的和。只是参与运算的两个数值改变，操作的方法并没有改变。本题的程序代码可参照例1-2，只要修改两个给变量赋值的语句即可。

3. 实训题4分析与指导

在C语言中，直接输出文本信息，可使用printf函数，将要输出的文本内容放在一对西文双引号内，在该函数中可用“\n”来换行。

例如：语句printf("*\n")表示输出一个“*”后换行。

其他行的“*”输出可参照以上方法进入相似处理，同时要注意从第2行起，各个“*”间有一个空格。

4. 实训题5分析与指导

检查程序是否有拼写或语法错误，主要依据是1.3节C语言程序的构成和书写规则。一般可用以下几个简单的方法来检查：

(1) 检查每个语句是否都有语句结束符，各个关键字间、关键字与标识符间、标识符间是否有空格分隔，函数参数间是否有逗号分隔。

(2) 检查关键字和保留字的拼写，排除程序中的明显的单词拼写错误，注意多留意C语言中常见的关键字和标识符等常用单词的书写形式，熟练掌握这些单词可以提高拼写效率和辨错能力。

(3) 在 C 语言中，许多符号必须成对出现，如双引号、括号等，而且注意要在半角状态下输入，在中文输入状态下输入是错误的。

(4) 检查一个源程序文件中，是否有且只有一个 main( )函数，各个变量的书写和数据类型是否前后一致。

按方法(1)检查，很快可发现：语句 x=312 后缺少分号。

按方法(2)检查，很快可发现：mian( )中的 mian 属于拼写错误。

按方法(3)检查，很快可发现：语句 printf("s = % d \n , s) ;中只有一个双引号，缺少配对的双引号，所以此语句应添中一个配对的双引号，即 printf("s = % d \n" , s)。

5. 实训题 6 分析与指导

该程序的功能是计算几个算术表达式 15*12、155*122、1555*1222、15555*12222 的值。显然，以上表达式计算结果会逐个增大。

实训思考：

请利用计算器用手工方法，计算出实训内容第 6 题中各个乘式的值，比较它们与用对应程序计算出来的结果是否一致，如果不一致，为什么？

提示：预习第 2 章。

第 2 章　数据类型、运算符与表达式

教学提示：做饭的时候需要米，米是做饭的关键原材料，没有米做不成饭，巧妇也难为无米之炊。用 C 语言编写程序时，也需要变量、常量、标识符、运算符、表达式、函数、关键字等“原材料”，理解和掌握这些 C 语言的语言要素是学好 C 语言的前提和关键之一。本章主要介绍 C 语言(变量、常量)的基本数据类型，变量和常量的概念、分类、定义方法，运算符的分类和运算规则，表达式及其求值规则等内容。

教学要求：要求学生掌握 C 语言的基本数据类型；理解变量与常量；掌握 C 语言的运算符和表达式。

2.1　C 语言的基本数据类型

计算 15*12，155*122，1555*1222，15555*12222 的值，用 C 语言程序计算出来的结果分别为 180，1890，-334，-6726，而用计算器计算的结果分别为 180，1890，1900210，190113210。对于前面两个表达式，使用两种方法的计算结果相同，说明计算结果正确，但是对于后面两个表达式，两种计算方法计算出来的结果相差却很大，而且很明显，用 C 语言程序计算出来的结果是错误的，两个四位正数相乘怎么可能会为一个负数？两个五位正数相乘更不可能为一个负数。难道 C 语言程序计算有问题？

上机调试时，尝试将程序修改为以下形式(变量 a 和 b 的数据类型可以不变)：

```
main()
   {
       long a,b,c,d;
       a=15*12;
       b=155*122;
       c=1555*1222l;
       d=15555*12222l;
       printf("a=%ld,b=%ld,c=%ld,d=%ld",a,b,c,d);
   }
```

程序的运行结果与用计算器计算出来的结果完全一样。

“int a,b,c,d;”中的 int 和“long a,b,c,d;”中的 long 均表示 C 语言的某种数据类型。说明实训 1.6 中实训内容第 6 题，计算错误的主要原因是数据类型选择错误。

在 C 语言中，存放一个数值可以用 16 位，也可以用 32 位、64 位，与一个教室里座位越多能容纳的学生也越多一样，用来存放数据的位数越多，所能存放的数值也越大。如果在能存放大数的空间中，存放较小的数，肯定没问题；但如果将较大的数存放在较少的内存空间中，会因为大数超出存储范围而出错。从这个意义上讲，存放数据的存储空间越大越好，但存放一个数值所用空间越大，系统开销也越大，而且如果用较大空间来存放很小的数值，会浪费很多存储空间，系统的利用率不高。所以，C 语言对数据进行分类，每类数据在存放时，针对该数据类型的特点分配不同数目的空间。

C 语言的数据类型很像衣服的型号，在生活中，不同型号的衣服适合不同身材的穿，在C语言中，不同的数据类型有其对应的存储范围。1.6 节实训第 6 题中，int 是有符号整型的关键字，有符号整型占 16 位，最大能存放数值是+32767，显然存放不下数 1900210、190113210，所以显示的计算结果出错。

C 语言提供了多种数据类型，其中基本数据类型主要有整型、浮点型和字符型。在 C 语言程序设计时，可根据数值的特点，选择相应的数据类型，注意够用就行。

2.1.1　整型

C 语言中共提供了基本整型、短整型和长整型三种整数类型，分别用 int、short int、long int 表示。这三种整型数据的最高位均为符号位，所以这种类型均称为有符号数，用 signed 标识。符号位为 1 表示负数，符号位为 0 表示正数。也可以将最高位作为数值位，此时称为无符号数，用 unsigned 标识。

例如：1111111111111111

若为无符号数，则 16 位均为数值位，其值为 65535；若为有符号数，最高位为符号位，最高位的值为 1 表示负数，后面十五位为数值位，其值为-1。

在计算机中，数值用其二进制的补码表示，补码转换为原码的计算方法是：正数不变，负数取反加 1。对于“1111111111111111”，第 1 位为符号位，1 表示负数，后 15 位的数值位要取反加 1，最后结果为-1，转换过程如下：

补码	取反	+1
111111111111111	000000000000000	000000000000001

在 C 语言标准中，各个整型数据所占的存储空间没有具体规定，各个编译系统在处理时也有所不同，一般用一个机器字存放一个 int 型数据，long int 型数据的存储空间不少于 int 型数据，short int 型数据的存储空间不大于 int 型数据。在 PC 中，一般按如表 2-1 所示处理整型数据。

表 2-1　整型数据类型

类　型	所占位数	取值范围	说　明
signed int	16	-32768～32767	有符号基本整型
unsigned int	16	0～65535	无符号基本整型
signed short int	16	-32768～32767	有符号短整型
unsigned short int	16	0～65535	无符号短整型
signed long int	32	-2147483648～2147483647	有符号长整型
unsigned long int	32	0～4294967295	无符号长整型

整型一般表示的数值较小，但它处理速度快。对于较小的整数最好用整型，对于很大的整数或实数则不能用整型表示。

2.1.2　浮点型

浮点型也称实型。在 C 语言中，常用的浮点型有单精度型和双精度型，分别用 float

和 double 来表示。在 PC 中，一般按表 2-2 所示处理浮点型数据。

表 2-2　浮点型数据

类　型	所占位数	有效数字位数	说　明
float	32	6~7	单精度型
double	64	15~16	双精度型

2.1.3　字符型

C 语言提供的字符型数据占 8 位，它一般表示字符数据或很小的整数。字符型数据可分为一般字符型(char)数据和无符号字符型(unsigned char)数据两类。其中 char 的取值范围为-128～127 的整数，unsigned char 的取值范围为 0～255 的整数。

在 C 语言中，字符型数据以字符对应的 ASCII 码存放在计算机内存中，所以一般可以与整数通用。如 char ch=='A'，在字符型变量 ch 中并不是存放字母'A'，而是数值 65，65 是大写字母'A'的 ASCII 码值。

ASCII 码，即美国信息交换标准码，可认为它是各个字符的“学号”，如，'A'、'a'、'0'的 ASCII 码值分别为 65、97、48，各个字符的 ASCII 码值，可查阅附录 A。

2.2　常量与变量

2.2.1　常量

在程序的运行过程中，其值保持不变的量称为常量。常量可分为值常量和符号常量。

值常量是一个具体的值，按照其数据类型，可分为整型常量、实型常量、字符型常量和字符串常量。

符号常量是用一个符号来代替一个值的常量。

1. 整型常量

整型常量也称整型常数，它有三种表示形式。

(1)　八进制表示形式：以 0 作为标志，即必须以 0 开头，后接八进制数码 0~7，如 067;

(2)　十六进制表示形式：以 0x 作为标志，即必须以 0x 开头，后接十六进制数码 0~9、a~f，其中的 x、a、b、c、d、e、f 可用大写，如 0x10a、0XABC;

(3)　十进制表示形式：没有任何标志，是最一般的表示方法，如 100。

十进制表示的整型常量，一般为有符号的基本整型常量，可在数值后加 L(可小写)表示长整型的整型常量，加 U(可小写)表示无符号的整型常量。八进制和十六进制表示的常量通常为无符号的整型常量。

例如：

89，-100，023，0xab，12L，32U 都是合法的整型常量。

089，0xua，x1a，0a1 都不是正确的整型常量。

2. 实型常量

实型常量一般为 double 类型。在 C 语言中有两种表示方法：

(1) 十进制小数表示形式：由正负号、整数部分、小数点和小数部分组成，如-3.4。

(2) 指数表示形式：由实数部分、E(e)和整数部分组成，如 1.2e3(相当于 1200)。

3. 字符型常量

字符型常量是用一对单撇号括起来的一个字符。字符型常量在计算机中，以其 ASCII 码值存放，所以可以进行一些运算，如：'B' –'A' 即 66–65，结果为 1；'C' + 32 即 67+32，结果为 99 即为'c'；'9' – '0' 即 57–48 结果为 9，注意它不是 9 – 0 = 9。

处理字符型常量时会涉及其 ASCII 码值，但上百个 ASCII 码值，要记下来需太多时间，因此需巧记：数字、小写字母、大写字母在 ASCII 码表中处在一块连续的区域内，对于这些字符只需记第一个，其余字符可以推算出来，如，已知'A'的 ASCII 码值为 65，可推知'B'的 ASCII 值为 66 'E'的 ASCII 码值为 69……

牢记：'0'、'A'、'a'的 ASCII 码值分别为 48，65，97。

在 C 语言中，还规定了另一类字符型常量，它们以"\"开头，"\"称为转义字符。表 2-3 中列出了部分常用的转义字符及其含义。

表 2-3 部分常用转义字符及其含义

字符形式	含 义
\n	换行
\t	代表【Tab】键，跳到下一输出区
\b	退格
\r	回车
\0	空值，字符串结束标志
\"	双撇号字符
\'	单撇号字符
\\	反斜杠字符
\ddd	用八进制数代表一个 ASCII 字符
\xhh	用十六进制数代表一个 ASCII 字符

例如：

'a'，'\101'，'\x41'，'1'，'A'都是合法的字符型常量。

a，"a"，'\801'，1，'43'，'中'都不是正确的字符型常量。

4. 字符串常量

字符串常量是由一对双撇号括起来的字符序列。字符串中字符的个数称为字符串的长度，字符串一般都有一个结束标志'\0'，字符串结束标志不计入字符串的长度，但要占内存空间，所以一个字符串所占空间是该字符串长度加 1 个字节。

例如："a"，"123ab"，"\\\"abc"都是合法的字符串常量，它们的长度分别为 1、5、5，它们所占的空间分别为 2、6、6。

思考：'a'与"a"有何区别？

5. 符号常量

符号常量是一类特殊的常量，它用一个符号表示一个值。在程序编译前，编译程序将用符号常量所对应的值来替换符号常量。符号常量使用前要先定义，定义格式如下。

```
#define 符号常量名 表达式
```

例如：#define PI 3.1415926。

使用符号常量有两大优点：

(1) 用一个有意义的符号代表一个值，方便理解，可提高程序的可读性。

(2) 修改程序方便，只要改变符号常量的定义，就可以在整个程序范围内修改符号常量所对应的值。

即使用符号常量可以实现“见名知义”“一改全改”的效果。

【例 2-1】 判断以下各项哪些是合法的常量，哪些不是常量，如果是合法的常量请指明其类型。(假设已有定义：#define N 100)

100，100L，"100"，"100L"，3.2，3.2E5，n，N，'N'，"N"，true，"09-09-09"，023，099，0xff，0xhhh，'A'，'a'。

判断时，可参照图 2.1 所示的方法进行。

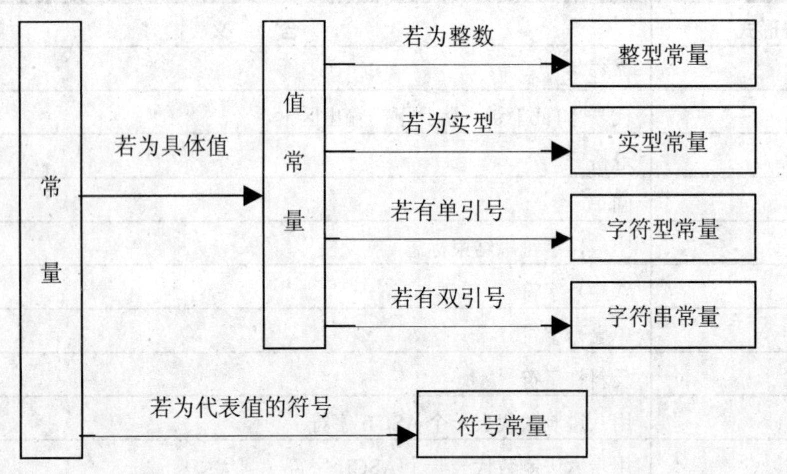

图 2.1　常量的分类判断方法

整型常量：100，100L，023，0xff

实型常量：3.2，3.2E5

字符型常量：'N'，'A'，'a'

字符串常量："100"，"100L"，"N"，"09-09-09"，

符号常量：N

非法常量：n，true，099，0xhhh

说明：图 2.1 所示只是从形式上作初步判断，在具体判断时，还要考虑数据的具体值，如 089，从形式上分析它肯定是八进制的整型，但因为 8 和 9 均不是合法的八进制数字，

所以它不是合法的常量。

2.2.2　变量

在程序的运行过程中其值可以改变的量称为变量。 在 C 语言中，变量相当于旅馆里的客房：客房用来住旅客，变量用来存放数据；客房里的住客经常变化，变量的值也可以经常改变，任一时刻，某个客房只能住一批人，一个变量也只能存放一个值；每个房间都有惟一的房间名，每个变量也有一个专用的名字，称为变量名。不同的是，对于旅馆的客房，只有当住客退房后，下一批人才能入住，而变量却不同，当存入一个新值时会立即覆盖旧值，即变量“喜新厌旧”。

C 语言规定，变量要先定义后使用，没有定义的变量不能被 C 语言编译器识别，在编译时会出错。变量定义就像旅客去旅馆开房，要确定旅客所需的房间类型和房间号，变量在定义时，要确定变量的数据类型和变量名。

1. 变量的定义

变量定义的一般形式为：

变量的数据类型 变量名列表;

说明：

变量名列表中，各变量间用分号隔开。

变量按其数据类型可分为整型变量、实型变量和字符型变量等。

1)　整型变量

如果变量的取值只能为整型数据，则称为整型变量。

例如：

```
int a;                  /*a 为有符号基本整型变量*/
unsigned  b;            /*b 为无符号基本整型变量*/
short c;                /*c 为有符号短整型变量*/
unsigned short d;       /*d 为无符号短整型变量*/
long e;                 /*e 为有符号长整型变量*/
unsigned long f;        /*f 为无符号长整型变量*/
```

2)　实型变量

如果变量的取值只能为实型数据，则称为实型变量。

例如：

```
float g;                /*g 为单精度型变量*/
double  h;              /* h 为双精度型变量*/
```

3)　字符型变量

如果变量的取值只能为字符型数据，则称为字符型变量。

例如：

```
char  j;                /*j 为字符型变量*/
```

2. 变量的初始化

在变量定义的同时还可以给变量赋值，称为变量的初始化。变量初始化的一般形式为：

变量的数据类型 变量名 = 表达式;

例如：

```
int a=4;
float b=3.5;
char a='a';
```

3. 变量数据类型的确定方法

在定义变量时，要确定变量的数据类型。变量的数据类型该如何来确定呢？

其实，确定变量的数据类型，与旅客开房时选择客房类型的方法相似。旅客在选择客房时，先要分析自身的需求，确定住单人间还是多人间，然后决定住豪华客房还是住普通客房。选择变量数据类型时，先要分析变量的可能取值，确定其值是数值类型还是非数值类型。如果是非数值类型，可用字符型。如果是数值类型，再分析其是否要求有小数部分，如果要求有小数部分，则可根据数值的精度要求与取值范围，在单精度、双精度中选择，如果不需要小数部分，则可根据取值范围和符号要求，在各种不同整型类型中选择。

变量数据类型的选择过程如图 2.2 所示，对于三种整型类型和字符类型，还需根据需要(是否要求负数)细分为有符号型和无符号型。

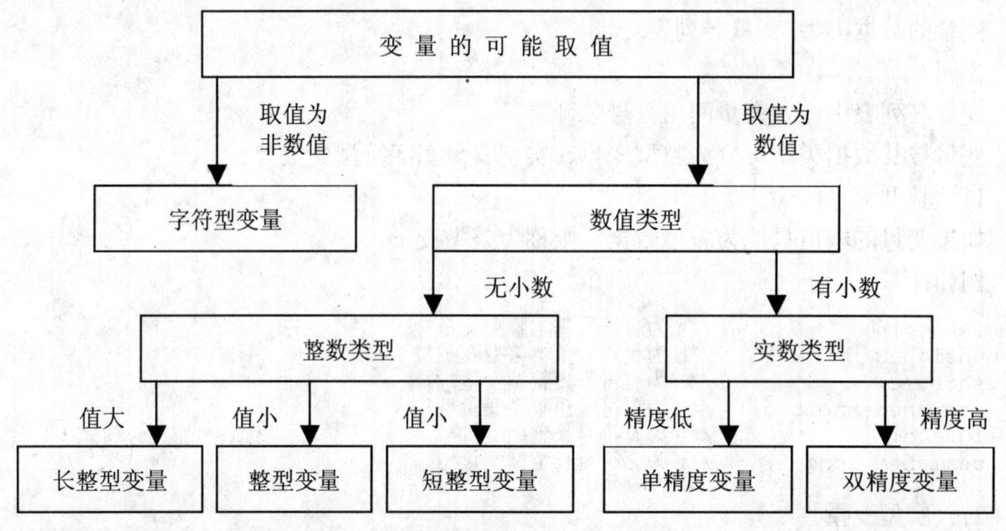

图 2.2　变量数据类型的选择过程

【例 2-2】 定义以下变量：

(1) 定义有符号整型变量 a,b。

```
int a,b;
```

(2) 定义一个变量 c，主要用来保存学生成绩，其中学生成绩可带一位小数。

```
float c;
```

(3) 定义一个变量 d，它可能的取值范围为[0，1000]的整数。

```
unsigned int d;
```

(4) 定义一个变量 e，它可能的取值范围为[0，100000]的整数。

```
unsigned long e;
```

(5) 定义一个变量 f，它可能的取值范围为[-20，1000]的整数。

```
int f;
```

(6) 定义一个变量 g，用来存放一个工人的工资值。

```
float g;
```

(7) 定义一个变量 h，用来保存中国现在的人口总数。

```
unsigned long h;
```

(8) 定义一个变量 i，用来保存学生的成绩等级，等级分为'a'、'b'、'c'、'd'、'e'。

```
char i;
```

(9) 假设一张纸的厚度大约为 0.0000346709m，定义一个变量 j 用来保存该类纸的厚度值。

```
double j;
```

(10) 定义一个变量 k，用来保存一个人的身高值，单位：m。

```
float k;
```

2.2.3 标识符

变量名就是变量的标识符，符号常量名就是符号常量的标识符。在 C 语言中，各种名称都用标识符来表示，如变量名、符号常量名、函数名、数组名、文件名等。其实，人名也是人的标识符。

C 语言的标识符有三类：关键字、预定义标识符和用户标识符。其中前两种由系统命名，已经预先定义好，只有用户标识符需要用户来命名。在给用户标识符命名时应注意以下几点：

(1) C 语言标识符只能以字母、下划线开头，由字母、数字和下划线组成。

(2) 在 TC 中，标识符的有效长度为 8 个。

(3) 在 C 语言中大写字母与小写字母表示不同的符号，一般约定，变量名用小写字母，符号常量名用大写字母。

(4) 用户定义的标识符不要与系统的关键字、预定义标识符同名。

(5) 在同一个范围内唯一。

(6) 为了提高程序的可读性，标识符在命名时尽量“见名知义”。

例如：

area，total，num1，a_array

均为合法的用户标识符。

If，for，printf，a*b

均为非法的(用户)标识符。

虽然，标识符在命名时注意点很多，但它不难理解，我们可以对照自己取名来理解。我们的名字一般以姓开头，由汉字组成，一般不超过四个字，不会使用一些特殊名词，如科长、局长、主席之类的词。在一个家庭中没有名字完全相同的兄弟姐妹，而且当父母的一般会尽量让孩子的名字包含丰富的内涵。

2.3 运算符与表达式

描述各种不同运算的符号称为运算符，参与运算的数据称为操作数。C 语言提供了多种运算符。

2.3.1 算术运算符与算术表达式

1. 算术运算符

C 语言共提供了以下几种算术运算符：

+ ：只有一个操作数时为正号运算符，有两个操作数时为加号运算符。

－：只有一个操作数时为负号运算符，有两个操作数时为减号运算符。

* ：乘号运算符，注意它的书写形式与数学中书写形式的区别。

/ ：除号运算符，注意当两个操作数均为整数时它表示整除，否则表示实数除法。

%：模运算符或称求余运算符，注意它要求两个运算数均为整数。

如果一个运算符只要求一个操作数则称为单目运算符，如果一个运算符要求两个操作数时称为双目运算符。算术运算符中的正、负号为单目运算符，加、减、乘、除、模运算符均为双目运算符。

例如：

3 * 5 = 15，4 / 3 = 1，3 / 4 =0，3.0 / 4= 0.75，3 / 4.0 = 0.75，3 % 4 = 3，4 % 3= 1。

2. 算术表达式

用算术运算符和括号将操作数连接起来，符合 C 语言语法规则的式子称为算术表达式。每个表达式对应一个确定的值。算术运算符的优先级为先乘除后加减。

例如：

3 + 5 * 2、4 + 3 % 3、3/2*2+1 均为数学表达式，它们的值分别为 13、4、3。

3. 数据的类型转换

当不同数据类型的数据进行运算时，需要转换为同一类型进行运算。C 语言提供两种转换方法，一种是系统自动转换，一种是强制转换。

(1) 系统自动转换：其转换顺序为 char、short int →int→ long int→ double← float，在具体转换时可以跳级。

例如：

3 + 5.0 计算前，先转换为 3.0 + 5.0 后再相加计算结果。

(2) 强制转换：通过强制转换运算符进行转换，它不受以上转换顺序的影响。

强制转换运算符的一般形式为

(类型名) (表达式)

说明：在强制转换运算符的语法格式中，类型名外面的括号不能省略，如果表达式是一个单独的变量或值，表达式外的括号可以省略，如果表达式比较复杂，含有多个值或变量时，省略表达式外面的括号不会出现语法错误，但省略括号与不省略括号的结果完全不同。

例如：

3＋(int)5.0 转换为 3 + 5 后，再进行计算。

思考：试说出(int)3.0 + 5.0 与(int)(3.0 + 5.0)的区别。

注意：在进行类型转换时，会产生一个临时数据，这个临时数据的类型是强制转换符所指定的类型，而原始数据的类型不会发生变化。

2.3.2 赋值运算符与赋值表达式

1. 赋值运算符

“=”是 C 语言提供的赋值运算符，它的作用是先计算右边表达式的值，然后将表达式的值赋给赋值运算符左边的对象。

例如：

a = 9

a = b * c + d / e

2. 复合赋值运算符

在赋值运算符的前面加上其他的双目运算符，就可以构成复合赋值运算符。常见的复合赋值运算符有：+=，-= ，*=，/=，%=等。

例如：

```
int a = 5,b = 7;
a + = b;
a-=b;
a*=b;
a/=b;
```

其中，a + = b 相当于 a = a + b，执行该语句后 a 的值为 12(5+7)；a-=b 相当于 a=a-b，执行该语句后 a 的值为 5(12-7)；a *= b 相当于 a = a * b，执行该语句后 a 的值为 35(5*7)；a /= b 相当于 a = a /b，执行该语句后 a 的值为 5(35/7)。

3. 赋值表达式

赋值表达式的一般形式如下。

<变量>=<表达式>

例如：

a =5，a = b = c = 90;

注意：赋值号的左边只能为变量，不能为常量或表达式。因为常量的值不能改变，而赋值号的作用是将右边表达式的值赋给其左边的对象(主要是变量)，要求改变对象(主要是变量)的值，显然二者矛盾，同样，表达式其实也对应一个固定的值，不能改变。

4. 赋值运算中的类型转换

如果赋值运算符左边(变量)的数据类型与右边(表达式)的数据类型不一致时，系统自动进行类型转换，将右边(表达式)的数据类型转换为左边(变量)的数据类型。

(1) 将实型数据赋给整型变量时，舍弃实数的小数部分，如 int a = 7.5，a 的值为 7。

(2) 将整型数据赋给实型变量时，数值不变，但数据类型转为实型，如 float b=4，则 b 的值为 4.00000。

(3) 将较长的整型数据类型赋给较短的整型数据类型时，取较长数据类型的低位。

例如：

```
unsigned int c=65537;        /*c 的值为 1*/
int d=65537+32768;           /*d 的值为-32767*/
```

将 65537 转换为 32 位二进制数形式如下：

高 16 位	低 16 位
0000000000000001	0000000000000001

显然，低 16 位的值为 1。

将 65537+32768，即 98305 转换为 32 位二进制数形式如下：

高 16 位	低 16 位
0000000000000001	1000000000000001

取低 16 位的值，对于有符号数，最高位为 1 表示负数，需要将后 15 位取反加 1，结果为-32767。

(4) 将较短的整型数据类型赋给较长的整型数据类型时，将较短数据类型放在较长数据类型的低位，对于无符号数和正数则较长数据类型的高位补 0，对于负数(TC 系统)补 1。

(5) 将等长度的无符号数据赋给有符号类型变量时，最高位转为符号位；将有符号数据赋给无符号类型变量时，最高位转为数值位。

例如：

unsigned int c=65535;

int a=c;

则 a 的值为-1。

2.3.3 关系运算符与关系表达式

1. 关系运算符

C 语言共提供了 6 种关系运算符：< ，>， <=， >= ，= =， !=。它们的运算规则与数学中的运算规则相同。注意后 4 种关系运算符的书写形式，它们与数学中对应的关系运算符的书写形式有所不同，同时，还要注意等于关系运算符(= =)与赋值运算符(=)的书写区别，在程序中，很多初学者将“= =”误写为“=”，在很多 C 语言有关的考试中也常考此知识点。

6 种关系运算符中，“= =”和“！=”的优先级低于其他 4 种关系运算符。

2. 关系表达式

用关系运算符将两个操作数连接起来的合法的 C 语言式子，称为关系表达式。

例如：

3 > 5，a == b，c != d，x >= y。

关系表达式的结果为逻辑值，逻辑值只有两个值，即逻辑真与逻辑假。在 C 语言中没有逻辑型数据类型，以 0 表示逻辑假，以 1 表示逻辑真。在输出时，逻辑真显示 1，逻辑假显示 0。

2.3.4　逻辑运算符与逻辑表达式

1. 逻辑运算符

C 语言提供了 3 种逻辑运算符：&&(逻辑与)，||(逻辑或)，!(逻辑非)。它们的运算规则如下。

(1)　&&(逻辑与)：如果两个操作数均为逻辑真，则结果为逻辑真，否则为逻辑假，即“两真为真，否则为假”或“见假为假，否则为真”。

(2)　||(逻辑或)：如果两个操作数均为逻辑假，则结果为逻辑假，否则为逻辑真，即“两假为假，否则为真”或“见真为真，否则为假”。

(3)　!(逻辑非)：将逻辑假转变逻辑真，逻辑真转变为逻辑假，即“颠倒是否”，它是逻辑运算符中唯一的单目运算符。

3 种逻辑运算符中，逻辑非的优先级最高，逻辑与次之，逻辑或最低。

2. 逻辑表达式

由逻辑运算符和运算对象所组成的合法的 C 语言表达式，称为逻辑表达式。

例如：

1 && 0。

逻辑表达式的结果也为逻辑值，只有逻辑真(1)和逻辑假(0)两个值。

逻辑运算符的操作数一般为逻辑值，如果不为逻辑值会自动转换为逻辑值。转换的规则：0 转为逻辑假，非 0 转为逻辑真。

例如：

5 && 7 的值为 1，即逻辑真。

3. 注意事项

在 C 语言中，逻辑表达式求解时，只有必须执行下一个逻辑运算符才能求出表达式的值时，才执行该运算符。

(1)　对于逻辑与(&&)，只有当运算符左边的值为真时，才计算运算符右边的值。

例如：

```
int a=1,b=1,c=1,d=1,m=1,l=1;
l=(a=0)&&(b=0);          /*执行后 l=0,a=0,b=1*/
m=(a=2)&&(b=0)&&(c=0);/*执行后 m=0,a=2,b=0,c=1*/
```

(2)　对于逻辑或(||)，只有当运算符左边的值为假时，才计算运算符右边的值。

例如：

```
int a=1,b=1,c=1,d=1,m=1,l=1;
l=(a=2)||(b=2);               /*执行后 l=1,a=2,b=1*/
m=(a=0)||(b=2)||(c=2);        /*执行后 m=1,a=0,b=2,c=1*/
```

2.3.5 位运算符

C 语言的位运算是指进行二进制位的计算。在计算时，先要将参加运算的数转换为二进制的形式，然后逐位处理。C 语言共提供了 6 种位运算符。

1. 按位与运算符(&)

按位与运算符是将参加运算的两个数，按对应位的二进制位分别进行“与”运算。当两个对应位都为 1 时，该位结果为 1，否则为 0。即

0 & 0=0，0 & 1=0，1 & 0=0，1 & 1=1。

例如：7 & 10 的结果为 2。

计算过程：

```
   00000111
&  00001010
-----------
   00000010
```

2. 按位或运算符(|)

按位或运算符是将参加运算的两个数，按对应位的二进制位分别进行“或”运算。当两个对应位都为 0 时，该位结果为 0，否则为 1。即

0|0=0，0|1=1，1|0=1，1|1=1。

例如：7|10 的结果为 15。

计算过程：

```
   00000111
|  00001010
-----------
   00001111
```

3. 按位异或运算符(^)

按位异或运算符是将参加运算的两个数，按对应位的二进制位分别进行“异或”运算。当两个对应位值相同时，该位结果为 0，否则为 1。即

0 ^ 0=0，0 ^ 1=1，1 ^ 0=1，1 ^ 1=0。

例如：7 ^ 10 的结果为 13。

计算过程：

```
   00000111
^  00001010
-----------
   00001101
```

4. 按位取反运算符(~)

按位取反运算符是将参加运算数的各个位逐位取反。即 0 变 1，1 变 0。它是位运算符中惟一的单目运算符。

例如：~ 7 的结果(以一个字节存储一个数)为 120。

计算过程：

```
~  00000111
-----------
   11111000
```

5. 左移位运算符(<<)

左移位运算符左边是移位对象，右边是移位位数。左移时，右端(低位)补 0，左端(高

位)移出部分舍弃。

例如：7 << 2 的结果(以一个字节存储一个数)为 28。

计算过程：　　00000111

0000011100

6. *右移位运算符(>>)*

右移位运算符左边是移位对象，右边是移位位数。右移时，右端(低位)移出部分舍弃；对于左端(高位)，如果是无符号数或正整数则补 0，如果是负数则有的系统补 1，有的系统补 0，补 1 称算术右移，补 0 称逻辑右移，TC 采用算术右移。

例如：7 >> 2 的结果(以一个字节存储一个数)为 1。

计算过程：　　00000111

000001**110**

除按位取反运算符外，其余位运算符均可以与赋值运算符组成复合赋值运算符：&=，|=，^=，>>=，<<=。

例如：

a & = b 等价于 a = a & b。

2.3.6　其他运算符

1. 自增、自减运算符

++是自增运算符，它的作用是使变量的值增加 1。－－是自减运算符，它的作用与自增运算符相反，让变量的值减 1。它们均为单目运算符。

例如：

```
k ++ ;     /*相当于 k = k + 1*/
k －－;     /*相当于 k = k –1*/
```

自增、自减运算符既可作前缀运算符，也可做后缀运算符。无论是前缀运算符还是后缀运算符，对于变量本身来说，都是自增 1 或自减 1，具有相同的效果；但对表达式来说，对应值却不同，采用前缀形式，在计算表达式值时，取变量增减变化后的值即新值，采用后缀形式，则在计算表达式值时，取变量增减变化前的值即旧值。两种形式中，表达式的值相差 1。

例如：

```
int k , l , i = 4 , j = 4 ;
k = i ++ ;
l = ++ j ;
```

该程序段执行完后，i 和 j 的值均为 5，而 k 的值为 4(后缀形式，取 i 的旧值)，l 的值为 5(前缀形式，取 j 的新值)。

自增、自减运算符的运算对象只能为变量，不能为常量或表达式。因为常量的值是不允许改变的，表达式的值实际上也相当于一个常量，它们都不能放在赋值号的左边。

例如：

5 ++ 应相当于 5 =5 + 1。

常量 5 到了赋值号的左边，显然不对。

2. 逗号运算符

逗号运算符的一般格式如下。

表达式 1，表达式 2，表达式 3，…，表达式 n

说明：逗号表达式在计算时，从左至右逐个计算各个表达式的值，并将最后一个表达式的值作为该逗号表达式的值。

例如：

```
a = 4, b = a + 1, c=a+b, c=a+b+c
```

从左至右计算过程：

```
a = 4, b = 5, c=9, c=18
```

整个表达式的值为 18。

3. 求字节数运算符 sizeof

sizeof 运算符用来测试变量、表达式或类型名所占用的字节数。 其一般格式如下：

sizeof(测试对象)

测试对象可以为表达式，也可以为类型名。

例如：

(1) sizeof(a);

(2) sizeof(int)。

2.3.7 运算符的优先级和结合性

1. 运算符的优先级

C 语言共提供了 34 个运算符，它们按参加运算的优先顺序共分为 15 个等级，每个级别对应若干个运算符，详细信息见附录 B。为了帮助记忆与理解运算符的优先级，特总结一些规律如下：

(1) 单目运算符一般高于双目运算符，双目运算符一般高于三目运算符。

(2) 在双目运算符中，算术运算符一般高于关系运算符，关系运算符一般高于逻辑运算符。

(3) 在算术运算符中，先乘、除、求模，后加、减；关系运算符中“= =”和“！=”低于其他关系运算符；在逻辑运算符中，逻辑非高于逻辑与，逻辑与高于逻辑或。

(4) 优先级最低的是逗号运算符，其次是赋值运算符。

注意：以上四条规律只适用于一般情况，有部分运算符可能并不满足该规律，这些特殊的运算符更应该注意。

2. 运算符的结合性

C 语言规定了各种运算符的结合方向。单目运算符、赋值运算符、条件运算符是从右至左结合，其余运算符是从左至右结合。

3. 表达式求值

【例 2-3】 设 a = 5, b = 9, c = 7，求表达式 a + a * b / b + b / c * c + a % c 的值。

```
5 + 5 * 9 / 9 + 9 / 7 * 7 + 5 % 7
=>5 + 45 / 9 + 1 * 7 + 5
=>5 + 5 + 7 + 5
=>22
```

说明：先乘、除、求模后加、减，双目运算符的结合性自左向右。

【例 2-4】 设 x = 9，求表达式 8 < x < 10 的值。

```
8 < 9 < 10
=>1 <10
=>1
```

说明：关系运算符的结合性从左至右，即当优先级相同时先算左边后算右边。

注意：表达式 8 < x < 10 与数学上相同形式的表达式完全不同。在数学上，该表达式表示 x 的取值范围在 8 到 10 之间，而在 C 语言中，则表示连在一起的两个比较运算，按先左后右的顺序计算。在 C 语言中，表示 x 的范围在 8 到 10 之间的形式为 x > 8 && x <10 。

思考：无论 x 取什么值，表达式 8 < x < 10 均为 1，为什么？

习 题

一、单项选择题

1. 以下选项中，正确的 C 语言整型常量是______。
   A. 32L B. 510000 C. −1.00 D. 567
2. 以下选项中，_____是不正确的 C 语言字符型常量。
   A. 'a' B. '\x41' C. '\101' D. "a"
3. 在 C 语言中，字符型数据在计算机内存中，以字符的________形式存储。
   A. 原码 B. 反码 C. ASCII 码 D. BCD 码
4. 字符串的结束标志是______。
   A. 0 B. '0' C. '\0' D. "0"
5. 以下运算符中，优先级最低的是______。
   A. >= B. = = C. = D. !=
6. 以下运算符中，结合性与其他运算符不同的是_______。
   A. ++ B. % C. / D. +
7. 以下用户标识符中，合法的是________。
   A. int B. nit C. 123 D. a+b
8. C 语言中，要求运算对象只能为整数的运算符是______。
   A. % B. / C. > D. *
9. C 语言中，合法的八进制整数是_____。
   A. 01 B. 081 C. 0x81 D. 018

10. 字符串“abc\\\'\101”的长度为______。

A. 5　　B. 6　　C. 7　　D. 11

11. 在 C 语言所有运算符中，优先级最低的是______。

A. 逗号运算符　　B. 赋值运算符　　C. 条件运算符　　D. 逻辑运算符

12. 只要求一个操作数的运算符，称为______运算符。

A. 单目　　B. 双目　　C. 三目　　D. 多目

二、简答题

1. 用户标识符在命名时，应注意哪几个方面？
2. 请仔细分析附录 B 运算符的优先级与结合性表，找出其中规律。
3. 设 int i=1,j=2,k=3;，请写出以下表达式的值及计算后变量 i、j、k 的值。

(1) (++i) * (++j) * (++ k)　　(2) (i++) * (++j) * (k++)

(3) i=i+j,j=j+k,k=k+i　　(4) ! (i = j) && (j = k)

4. 用 C 语言的表达式，表示以下数学命题。

(1) x 大于 y 或大于 z　　(2) x 大于等于 y，小于等于 z

(3) x 是 y 和 z 的公约数　　(4) x 是不能被 y 整除的偶数

5. float a = 5.6 , b = 6.5 ; int c = 2;计算表达式(int)a + c % 2 * (int)(a + b) + (int) a + (int)b 的值。

三、编程题

1. 设长方形的高为 1.5，宽为 2.3，编程求该长方形的周长和面积。
2. 编写一个程序，将大写字母 A 转换为小写字母 a。

实　训

实训项目：数据类型、运算符与表达式

实训性质：验证性

实训目的：

1. 理解 C 语言的基本数据类型及其特点。
2. 掌握变量的定义、使用和赋值方法。
3. 掌握常用运算符的运算规则和表达式求值方法。
4. 进一步熟悉 TC 的程序调试方法。

实训内容：

1. 上机调试以下程序。

```
#include<stdio.h>
main()
{
    int a = -1,b = 4,k;
    k=(a++<0)&&(!(b - - = 0 ));
    printf("%d,%d,%d\n",k,a,b);
}
```

2. 设长方形的高为 4.5，宽为 6.1，计算该长方形的周长和面积。

3. 设 int i=1,j=2,k=3;，编程计算以下表达式的值及计算后变量 i、j、k 的值。

(1) (++i) ∗ (++j) ∗ (++ k)　　(2) (i++) ∗ (++j) ∗ (k++)

(3) i=i+j,j=j+k,k=k+i　　(4) ! (i = j) && (j = k)

4. 设 float a = 5.6 , b = 6.5 ; int c = 2; ，编程计算表达式(int)a + c % 2 ∗ (int)(a + b) + (int) a + (int)b 的值。

5. 写出以下程序的运行结果。

```
main()
{
    int a,b;
    long c,d;
    a=15*12;
    b=155*122;
    c=1555*1222;
    d=15555*12222;
    printf("a=%d,b=%d,c=%ld,d=%ld",a,b,c,d);
}
```

实训指导：

1. 实训题 1 分析与指导

程序运行有错，主要原因是将等于号写成了赋值号，应将语句“k=(a++<0)&&(!(b – – = 0));”改为“k=(a++<0)&&(!(b – – = = 0));”。

在语句 k=(a++<0)&&(!(b – – = = 0));中，a 的自增运算符是后缀形式，先取值后增 1，所以，虽然 a 的值变为了 0，但表达式 a++的值仍为-1，比较 a++<0 时，用-1 与 0 比较，显然成立，对于&&运算符，左边为 1 时，还需计算运算符右边的值。b 的自减运算也是后缀形式，虽然 b 的值变为了 3，但表达式 b – –的值仍为 4，比较 b – – = = 0 时，用 4 与 0 比较，显然不相等，取反后结果为真。程序最后的运行结果为 1。

2. 实训题 2 分析与指导

变量定义时，长方形的长、宽、周长、面积均为实数，数据类型应选浮点型。浮点型数据在输出时要用%f 格式符。如，printf("s=%f\n",s);。

先定义好变量，然后需要给存放长方形长和宽数值的变量赋值，利用长方形的面积和周长计算公式计算出结果，最后将计算结果通过 printf 函数输出。

关键代码：

```
float a,b,l,s;
a=4.5;
b=6.1;
l=2*(a+b);
s=a*b;
printf("l=%f,s=%f\n",l,s);
```

3. 实训题 3 分析与指导

在 C 语言中，数值一般存放在一个对应的变量中，所以可定义一个变量来保存表达式的值；要通过编程来计算表达式的值，需要为表达式的计算设计一个完整的源程序。

(1) 已知 int i=1,j=2,k=3;，所以表达式 ((++i)*(++j)*(++k))的值应为一个整数，可定义一个整型的变量 x 来保存表达式的值，即 x=((++i)*(++j)*(++k));，然后添加一个输出 4 个整型变量值的输出语句，即可构成一个完整的源程序如下：

```
main()
{
    int i=1,j=2,k=3,x;
    x=((++i)*(++j)*(++k));
    printf("x=%d,i=%d,j=%d,k=%d\n",x,i,j,k);
}
```

(2) 与(1)相似，可参照(1)设计源程序。

(3) “i=i+j,j=j+k,k=k+i”是一个逗号表达式，它的优先级比赋值运算符还低，所以在赋值时应加括号，即 x= (i=i+j,j=j+k,k=k+i);，显然“i=i+j,j=j+k,k=k+i”的值为整型，可定义 x 的数据类型为整型，其他语句可参照(1)。

(4) “! (i = j) && (j = k)”是一个逻辑表达式，它的值为 1 或 0，所以 x 的类型定义为整型即可，可参照(1)设计源程序。

4. 实训题 4 分析与指导

分析表达式后能初步确定其值为整数，所以数据类型选整型。程序的源代码如下：

```
main()
{
    float a = 5.6 , b = 6.5 ;
    int c = 2,x;
    x=( int )a + c % 2 * ( int )(a + b) + (int) a + (int)b
    printf("x=%d \n",x);
}
```

5. 实训题 5 分析与指导

初步估计表达式 15555*12222 的值在 100000000~200000000 之间，显然超出 int 型范围，但在 long 型范围之内，变量 c 和 d 的数据类型取 long 是正确的。可是程序的运行结果仍然不正确。

将语句 c=1555*1222;和 d=15555*12222;改为 c=1555l*1222l;和 d=15555l*12222l;后，程序运行结果正确。

语句 c=1555l*1222l;中 1555 和 1222 后均加了一个 l(小写的 L)，这是将两个基本整型常数转为长整型(也可以只修改其中一个值)，因为在 C 语言中两个基本整型的数相乘，它们的结果仍为基本整型，如果两个数较小，相乘结果没问题，但两个较大数相乘时，很容易超出基本整型的表示范围，所以防止错误，应在计算前先将其转换为长整型。

实训思考：

实训内容第 6 题，若将程序的最后一个语句 printf("a=%d,b=%d,c=%ld, d = %ld", a, b, c, d) ;改为 printf("a=%d,b=%d,c=%d,d=%d",a,b,c,d);，结果会有什么变化。如果有变化，请解释为什么？

提示：预习第 3 章。

第 3 章　顺序结构程序设计

教学提示：计算机是通过分析执行发给它的操作指令来获取操作要求，完成指定的功能。在C语言中，操作指令称为语句，它是构成C语言最基本的成分，是本书重点介绍的关键内容之一，本章对C语言中不同类型的语句进行了整体介绍，具体使用方法将在相关章节重点介绍。

结构化程序设计有三种基本结构：顺序结构、选择结构和循环结构。其中顺序结构是最简单、最自然的结构，也是最常见的程序结构，一般情况下，程序总体结构都是顺序结构。本章介绍了顺序结构程序设计的一般方法，常用输入/输出函数的使用方法。

教学要求：要求学生了解C语言的语句类型；理解并掌握格式化输入/输出函数；掌握单个字符输入/输出函数；理解顺序结构程序设计的特点。

3.1　C 语言的语句

C 语言语句用来向计算机系统发出操作指令，所以 C 语句能用来完成一定操作任务。不难发现，C 语句就是人向计算机发出的命令，只要合法计算机就会按要求执行，就像上级给下级的命令，必须贯彻执行。一个 C 语言源程序一般会包含若干条语句，C 语言的语句都要以分号结束。

C 语言中语句可分为 5 类：表达式语句、函数调用语句、控制语句、复合语句和空语句。

1. 表达式语句

表达式语句是在表达式后加分号“；”构成。其语法格式如下：

表达式;

表达式语句中，最常见的是赋值语句。

例如：

```
x=2;
sum=a+b;
i++;
```

执行表达式语句就是计算表达式的值。

2. 函数调用语句

函数调用语句由函数名、实际参数表加上分号构成。其语法格式如下：

函数名(实际参数表);

例如：

```
printf("china\n");            /*调用库函数，输出字符串*/
```

scanf("%d,%d",&a,&b);　/*调用库函数，输入两个整型值给变量 a 和 b*/

执行函数语句就是调用函数体，并把实际参数赋予函数定义中的形式参数，然后执行被调用函数语句，求取函数值。

3. 控制语句

控制语句用于控制程序的流程，以实现程序的各种结构形式。它是 C 程序中最关键的语句，由特定的语句定义符组成。

C 语言共有 9 种控制语句，可分为以下 3 类。

1)　条件判断语句

if 语句，switch 语句。

用于选择结构程序设计，这两个语句将在第 4 章详细介绍。

2)　循环执行语句

for 语句，while 语句和 do…while 语句。

用于循环程序设计，这 3 个语句将在第 5 章详细介绍。

3)　转向语句

continue 语句，break 语句，return 语句，goto 语句。

continue 语句和 break 语句用于循环控制，另外 break 语句还经常与 switch 语句配合使用，这两个语句将在第 5 章详细介绍；return 是函数返回语句，将在第 6 章详细介绍； goto 是转向语句，应用灵活，但滥用该语句，会使程序可读性降低，提倡少用，本书不介绍。

4. 复合语句

复合语句是由一对大括号{}括起来的语句组，它将多个相关语句组成一个整体，如包含多个语句的循环体，要用复合语句。在程序中应把复合语句看成单条语句，而不是多条语句，如：

```
{
    x=y+z;
    a=b+c;
    printf("%d%d",x,a);
}
```

是一条复合语句。复合语句内的各条语句都必须以分号“；”结尾，在括号“}”外不能加分号。

5. 空语句

空语句是只有一个分号的语句，它什么也不做，一般用于一些特殊情况的处理，如空循环。

例如：

```
for(i=0;i<1000;i++);
```

这里的循环体为空语句，for 循环执行了多次，由于循环体为空，循环只是起延时的作用而已。

3.2 数据的输出

观察下面的程序：

```
main()
{
    int a=3,b=5,c;
    c=a*b;
}
```

由于程序在机器中运行时，我们不能直接看到计算机内存中的运行结果，只有将内存中运行结果打印在纸上或显示在显示器上，我们才能观察到程序的运行结果，才能去判断运行结果的正确性。以上程序虽然计算出3*5的值为15，计算结果的确存在，可是它呆在内存中，我们看不到，我们看到的只是黑色的屏幕，什么也没有！因为这个程序没有将结果输出。通常情况下，有实用价值的应用程序都有相应的输出功能。

在没有特别说明的情况，数据的输出主要是指将结果显示在显示器上。

与其他高级语言不同，C语言没有输入/输出语句。C语言通过输入/输出函数，来实现输入、输出功能。

C语言提供了多个输出函数，现在介绍其中两个常用函数：printf函数和putchar函数。

3.2.1 格式化输出函数printf

1. 函数功能

按指定格式向终端(或系统隐含指定的输出设备)输出若干个任意类型的数据。

2. 函数的语法格式

printf函数的一般格式：

printf("格式控制字符串" [,输出列表]);

实例：

```
int a=3,b=5;
printf("a=%d,b=%d",a,b);
```

说明：

(1) 格式控制字符串中，包含以%作为标志的格式说明字符和普通字符，其中普通字符按原样输出，它主要起提示作用。实例中“a=”、“, b=”均为普通字符，输出时按原样显示；而格式说明字符，在输出时则将由后面相应的输出对象替换，它只是标明输出对象的输出位置、数据类型、输出格式。

本实例中两个“%d”均为格式说明符，其中第一个“%d”表示在“a=”后以十进制整数形式输出整型变量a的值，第二个“%d”表示在“ ,b=”后以十进制整数形式输出整型变量b的值。

输出结果：a=3,b=5。

(2) 输出列表，是一组由逗号“，”分开的参数序列，每个参数可以是常量、变量或表达式，实例中“a,b”即为输出列表。

如果有输出列表，则在输出列表与前面的格式控制字符串之间一定要加逗号“，”，否则会出错。实例的书写形式为“,a,b”。输出列表可以为空，此时格式控制字符串后，不能再加逗号“，”。

例如：

若有 int a=3,b=5,c=10;，判断以下语句是否正确。

```
printf("a=%d,b=%d"a,b);        /*出错，在"""与"a"间缺少逗号*/
printf("a=%d,b=%d",);          /*出错，在"""后多了一个逗号*/
printf("a=%db=%d",a,b);        /*正确，输出：a=3b=5，输出结果条理不太清楚*/
printf("a=%d,b=%d",ab);        /*出错，在变量 a 与 b 之间缺少逗号*/
printf("a=%d,b=%d,",a,b);      /*正确，输出：a=3,b=5,，但 5 后多输出一个逗号*/
```

注意：格式控制字符串中(即双引号内)的逗号为普通字符，它按原样输出，可以自由添加或删除其中的逗号，它与输出列表中各个输出对象间的逗号(包括格式控制字符串和输出列表间的逗号)完全不同，后者为函数参数间的分隔符，它是一个专用符号，只有需要分隔两个参数时才能添加，否则不能添加。

(3) 输出列表中的常量、变量和表达式，与控制字符串中的格式说明字符个数应相等且类型一致，否则输出结果可能不是预期值。

例如：

若有 int a=3,b=5,c=10;，写出以下语句的输出结果。

```
printf("a=%d,b=%d\n,",a,b,c);
printf("a=%d,b=%d,c=%d\n",a,b);
printf("a=%d,b=%d,\n",b,a);
```

输出结果：

```
a=3,b=5
a=3,b=5,c=2012 (其中 2012 为一个随机值)
a=5,b=3,
```

实例中要输出两个整型变量的值，前面有两个格式说明字符与之对应，类型均为整型。

(4) %是格式说明符的标志，是一个专用符号，输出数据时不会输出。

但有时需要输出一般符号“%”。例如，中国人中女性所占百分数，此时要用连写两个%的形式。

其实，格式说明符“%”的处理，与转义字符标志“\”的处理完全相同，格式说明符是用两个百分号“%”，将格式说明符按普通字符输出，将转义字符标志做普通字符输出时，也是采用双斜杠线“\\”的形式。

3. printf 函数的格式说明符

printf 函数功能强大，能输出很多类型的数据。用户通过指定格式说明符，向 printf 函数传递欲输出数据的数据类型和输出格式信息。不同的格式说明符代表不同的意义，用户只要根据数据输出的需要选择相应的格式说明符即可，但是，如果格式说明符使用不当，程序将得不到预期的结果。如，在 2.5 节的实训思考题中，将语句 printf("a=%d,b=%d,c=%ld, d = %ld", a , b , c , d);中的"%ld"改为“%d”，程序运行结果出错。

表 3-1 列出了 printf 函数的常用格式说明符及其意义。

printf 格式说明符数目较多，本书重点介绍%d、%f、%c、%s 等几个最常用的格式说明符。

表 3-1　printf 函数的常用格式说明符及其意义

格式字符	输出形式	应用举例程序段	输出结果
d(i)	十进制整数(正数前无+号，负数前有−号)	int a=−74; printf("%d",a);	−74
o	八进制无符号整数(无前导小写字母 o)	int a=74; printf("%o",a);	112

x(X)	十六进制无符号整数(无前导 0X 或 0x,其中 X 的前面为数字 0，输出十六进制的 a～f 时，x 表示以小写形式输出，X 表示以大写形式输出)	int a=74;
		printf("%0x\n",a);
		printf("%X",a);
			4a
			4A

u	无符号十进制整数	int a=74; printf("%u",a);	74
c	单个字符	char a='A'; printf("%c",a);	A
s	字符串	char a[ ]= "US"; printf("%s",a);	US
f	小数形式浮点数	float a=74.58; printf("%f",a);	74.580000
e(E)	指数形式浮点数	float a=74.85; printf("%e",a);	7.45800e+01

g(G)	e 和 f 中输出宽度较小者，不打印无效 0	float a=74.5800;
		float b=745800000;
		printf("%g\n",a);
		printf("%g",b);
			74.58
			7.458e+08

%	%本身	printf("%%");	%

格式说明符%d 的作用是输出十进制整数，它输出的整数是 3 种整型类型中的哪几种？上机实践发现，当%d 输出短整型和基本整型数据时，输出结果均正常，但当用其输出较大的长整型数据(超出整数范围)时，输出结果将出错。

例如：

```
long a=74000;
printf("%d",a);
```

输出的结果不是 74000，而是 8464。说明格式说明符%d 不能输出较大的长整型的数据。

如果要输出长整型数据，则应在 d 前加一个附加格式说明符 l(小写的 L)。附加格式说明符又称修饰符。

表 3-2 列出了 printf 函数的常用附加格式说明符及其意义。

表 3-2　printf 函数的常用附加格式说明符及其意义

字　符	说　明	应用举例程序段	输出结果

l	可加在格式字符 d、o、x、u 前面，表示长整型数据	long a=74000;
		printf("%ld\n",a);
		printf("%d",a);
			
			74000
			8464

m	m 为正整数，一般加在 f 和 s 的前面，表示数据输出的最小宽度。当数据的实际宽度大于 m 时，按实际位数输出；当数据的实际宽度小于 m 时，以 m 位输出，不够位左边补空格，即“补短不截长”；当其值为 0 时表示不受限制	int a=74;
		printf("%1d\n",a);
		printf("%d\n",a);
		printf("%5d",a);
		注：上例是 ld，L 的小写，本例是 1d，数字 1
			
			74
			74
			. 74
			(注意显示位置)

n	代表一个正整数，一般加在 f 和 s 的前面，对实数表示输出 n 位小数；对字符串，表示截取的字符个数，它可与 m 结合使用，一般以 m.n 的形式出现	float a=74.58;
		printf("%f\n",a);
		printf("%4.1f\n",a);
		printf("%1.1s","ab");
			
			74.580000
			74.6
			a

-	输出的数据或字符在域内向左靠，即若数据的实际位小于显示宽度时右边补空格	float a=74.58;
		printf("%-8.1f\n",a);
		printf("%8.1f",a);
			
			74.6
			. 74.6

printf 函数是一个标准的库函数，它的函数原型在头文件“stdio.h”中，我们一般在程序的前面都可以看到这么一行：#include<stdio.h>。但由于 printf 函数使用频繁，TC 系统不要求在使用 printf 函数之前必须包含头文件“stdio.h”。但为了提高程序的可读性和兼容性，建议最好不要省略此行。

【例 3-1】 写出以下程序的运行结果。

```
main()
{
   char ch='C';
   int a=99;
   unsigned b=74;
   long c=74000;
   double y=74.58;
   float x=85.47;
   printf("line 1:%d,%c\t%d,%c\n",ch,ch,a,a);
   printf("line 2:%u\n",b);
   printf("line 3:%ld\n",c);
   printf("line 4:%f,%f\n",x,y);
```

```
    printf("line 5:%3.1,%4.1\n",x,y);
    printf("line 6:%8s%-4.2s\n","china"," china");
    printf("line 7:%10.2f\n",y);
}
```

程序运行结果：

```
67,C    99,c
74
74000
85.470000,74.580000
85.5,74.6
   chinach  (chinach 前有 3 个空格，后有 2 个空格)
      74.58 (74.58 前有 5 个空格，小数点也算一位)
```

3.2.2　单个字符输出函数 putchar

1. 函数功能

将字符输出到标准输出设备，通常是指输出到显示器。

2. 函数语法格式

putchar 函数的一般格式：

```
putchar( c );
```

其中，参数 c 表示输出对象，它可以是字符型数据或整型变量。

使用 putchar 函数时，必须在程序开头出现包含头文件“stdio.h”的行：#include<stdio.h>。而且不能省略。

【例 3-2】 在屏幕上显示字符'A'。

```
#include<stdio.h>
main()
{
    char ch;
    ch='A';
    putchar(ch);
}
```

【例 3-3】 在屏幕上显示单词。

```
#include<stdio.h>
main()
{
    char a='B',b='O',c='Y';
    putchar(a); putchar(b); putchar(c); putchar('\n');
}
```

程序执行结果：

```
BOY
```

单个字符输出时只占一位，所以 3 个字符紧挨着输出，然后输出一个换行符，使得输出的当前位置移到下一行的开头。

3.3　数据的输入

对于程序：

```
main()
{
    float r=3;
    float s=3.14*r*r;
    printf("area=%f\n",s);
}
```

大家可能知道以上程序的功能是求一个半径为 3 的圆面积，而且只要程序开发人员将程序中的半径 3 改为其他数字，即可求其他圆的面积。

但计算不同圆的面积时,每次都要修改程序，修改后又要重新编译，很麻烦且效率低，而且必须在程序运行前确定圆的半径，否则无法计算。这样就使得程序的通用性受到很大限制。能不能在程序运行时，由使用程序的用户(而不一定是程序开发人员)根据具体情况输入数据，而在程序开发时，不去考虑数据的具体值呢？其实很简单，C 语言提供的函数输入功能，就是为了解决这个问题，绝大多数的应用程序都量身定做了自己的输入功能。

C 语言提供了多个输入函数，现只介绍其中两个常用函数：scanf 函数和 getchar 函数。

3.3.1　格式化输入函数 scanf

1. 函数功能

用于输入若干个任意类型的数据。

2. 函数的语法格式

scanf 函数的语法格式：

```
scanf("格式控制字符串", 地址列表);
```

说明：

(1) scanf 函数的格式控制字符串，包含格式说明符和普通字符。格式说明符用于说明输入数据的类型，而普通字符主要起分隔作用，要求用户在输入数据时原样输入，它的作用与 printf 函数中的普通字符有所不同。

例如：

```
scanf("a=%d",&a);
```

要求输入数据格式为“a=3”<CR>，若直接输入 3 回车则不能将 3 输给变量 a。

其实，设计者意图很明显，想在用户在输入 3 时，先提示“a=”比较直观清楚，结果没给用户输入带来方便，反而添加一定麻烦。

思考：如果要实现设计者的以上设计思路，该输入语句该如何修改？

提示：必须严格区分输入与输出，输入用输入函数，输出用输出函数。本思考题的答案可以从本节有关例题中得到启发。

(2) 地址列表，由若干个地址组成，各地址间用逗号隔开。

在C语言中，"&"是取变量地址符。若已定义变量a，则a的地址为&a，初学者在使用scanf函数时很容易漏写取地址符，一定要特别留意。

例如：

```
scanf("a=%d",a);
```

是非法的，合法的形式如下：

```
scanf("a=%d",&a);
```

3. scanf函数的格式说明符

scanf函数同样有%d、%o、%x、%c、%s、%f、%e等格式说明符，而且它们与printf函数的意义也一样。

注意：在用“%c”格式说明符输入字符时，空格字符和“转义字符”都作为有效字符处理。

例如：

```
scanf("%c%c%c",&a,&b,&c);
```

若输入c c s<CR>(输入的各个字符间有1个空格)，则字符'c'送给变量a，字符空格' '送给变量b，字符'c'送给变量c，显然与用户预期输入不同。

正确的输入为ccs<CR>，中间不能加空格。

scanf函数也有几个附加格式说明符。说明如下：

(1) l(小写的L)，与其在printf函数中的意义一样，表示长整型。

(2) 域宽，指定输入数据所占宽度(列数)，域宽应为正整数，如"%2d"，只取2列。当用户所输入列数不够时，则取完为止，即“截长不补短”，与printf函数中的m刚好相反。

(3) h，用于输入短整型数据(%hd、%ho、%hx)。

(4) *， 表示本输入项在读入后，不赋给相应的变量，即跳过指定的列数。

注意：输入数据时不能规定精度。

例如：

```
scanf("%6.2f",&a);
```

是非法的。不能企图用此语句输入带2位小数的实数。

输入数据时遇空格、回车、跳格(Tab)键、输入宽度结束(如"%4d"，只取4列)、非法输入等情况，则认为该数据输入结束。

使用scanf函数时，在程序开头应出现包含头文件“stdio.h”的行：#include<stdio.h>。但由于scanf函数和printf函数一样使用频繁，TC系统也允许在使用scanf函数之前不包含头文件“stdio.h”。但为了提高程序的可读性和兼容性，建议最好不要省略此行。

【例3-4】 利用scanf函数输入下列值：a=3,b=4,c=5,d=6,e=7,f=8,g=9,h=1,i=2,j=10.01,k='A',l=74000。

```
main()
{
    int a,b,c,d,e,f,g,h,i;
```

```
    float j;
    char k;
    long l
    scanf("%d%d",&a,&b);
    scanf("%d,%d",&c,&d);
    scanf("e=%d,f=%d",&e,&f);
    scanf("%d;%d",&g,&h);
    printf("%d,%f",&i,&j);
    scanf("%c",&k);
    printf("L=");
    scanf("%ld",&l);
}
```

数据输入：

3 4<CR>(中间用空格隔开)

5,6<CR>(中间用逗号隔开，逗号是普通字符，原样输入)

e=7,f=8<CR>(7 的前面必须加“e=”，8 的前面必须加上“f=”)

9;1<CR>(中间用分号隔开，分号是普通字符，原样输入)

2,10.01<CR>

A<CR>

L=74000<CR> (前面的 L=为系统提示信息，输入数据前，显示器已显示，不用输入，建议读者书写程序时采用这先提示后输出的方法，来接收用户输入的数据)

3.3.2 单个字符输入函数 getchar

在实现单个字符输入时，C 语言也有一个很简单的函数：getchar 函数。

1. 函数功能

从标准输入设备读取一个字符，通常是指从键盘上接收一个字符。通常把输入的字符赋给一个字符变量，构成赋值语句。

2. 函数的语法格式

getchar 函数的语法格式：

```
getchar();
```

使用 getchar 函数时，必须在程序开头出现包含头文件“stdio.h”的行：#include<stdio.h>。而且不能省略。

注意：getchar 函数只能接受单个字符，输入数字也按字符处理。输入多于一个字符时，只接受第一个字符。

【例 3-5】 从键盘上输入一个字符，然后显示出来。

```
#include<stdio.h>
main()
{
    char ch;
    ch=getchar();
    putchar(ch);
}
```

3.4 顺序结构程序设计综合应用

3.4.1　顺序结构程序设计

结构化程序设计有三种基本结构：顺序结构、选择结构和循环结构。其中顺序结构是最简单、最自然的结构，也是最常见的程序结构，一般情况下，程序总体结构都是顺序结构。

顺序结构的特点，是程序从上至下逐个语句执行。

顺序结构不需要也没有专门的控制语句，这与选择结构和循环结构不同。顺序结构程序设计比较简单、自然，初学者一般首先学习顺序结构程序设计。

在学习程序设计之前，首先要了解一个简单程序的构成。一个简单程序大致分为 4 部分：

(1)　声明部分，主要是变量的定义；

(2)　数据输入部分，为数据处理提供基础；

(3)　数据处理部分，是程序的核心部分；

(4)　数据输出部分，将处理结果输出给用户检查。

按照程序的基本组成，在编写程序时，可分以下四步：

(1)　确定本程序所需变量数目及每个变量的类型；

(2)　确定需要输入哪些数据，如何输入；

(3)　用某种方法(如数学公式)处理数据，产生结果；

(4)　用输出函数输出结果。

其实，顺序结构程序设计的基本思路与加工厂的生产流程是一致的。首先准备装东西的容器，然后购买与准备原材料，将其从机器进料口倒入，然后用机器将原材料加工成成品，最后通过出口实现成品输出。

例如：设计一个程序，输入球的半径，然后计算球的体积。

1. 确定变量的数目和变量类型

球的半径由用户输入确定，需要一个变量来存放球的半径值。球的半径可以是整数，也可以是实数。显然，半径的数据类型为浮点型比较理想(当然也可为整型，但所设计的程序不能求半径为实数的球的体积，功能受限)；通过公式求出球的体积后，一般也会先放在一个变量中保存，然后再输出，所以也需一个变量。显然球的体积值为浮点型(因为圆周率是浮点型)。

分析后得出，变量定义为 float r ,v;。

2. 确定输入数据

题目要求输入球的半径，半径为浮点型 ，所以要用输入函数 scanf，浮点型用%f 格式说明符。

分析后得出，程序的输入语句为：scanf("%f",&r);。

3. 数据处理

球体积的数学公式为圆周率乘以半径的立方再乘以 3 除以 4。

分析后得出，程序的处理语句为 v=3*3.14*r*r*r/4;。

4. 输出计算结果

利用输出函数 printf 输出，浮点型用%f 格式说明符。

分析后得出，程序的输出语句为 printf("v=%f\n",v);。

从第 1 章可知，在 C 语言程序中，有且只有一个主函数，所以编写程序时，可以很自然地加上以下几行：

```
main()
{
}
```

将以上各部分组合起来，再稍加整理，可写出以下完整程序：

```
main()
{
    float r,v;
    scanf("%f",&r);
    v=3*3.1415926*r*r*r/4;
    printf("v=%f\n",v);
}
```

注意：以上程序中，还可定义一个符号常量代替圆周率。

例如：#define　Pi　3.1415926

3.4.2　应用举例

【例 3-6】 编写一个程序，从键盘输入一个小写字母，将其转换为大写字母后输出。

分析：

在 C 语言中，字母以其 ASCII 码值形式存放在内存中，如 char ch=='A'，在字符型变量 ch 中并不是存放字母'A'，而是数值 65，65 是大写字母'A'的 ASCII 码值。

仔细分析 ASCII 码表(附录 A)后，发现同一字母大小写的 ASCII 码值相差 32(或 20H)，而且小写字母的 ASCII 码值大。所以，要将输入的小写字母转为大写形式，只要将输入的小写字母直接减去 32 即可。

程序如下：

```
#include<stdio.h>
main()
{
    char ch;
    ch=getchar();
    ch=ch-32;
    putchar(ch);
}
```

思考：如何将用户输入的大写字母转为小写字母后输出？

【例 3-7】 从键盘上输入两个整数分别赋给变量 num1 和 num2，然后交换两个变量的值并输出结果。

分析：

两个变量要交换其值，不能写成 num1=num2;num2=num1;，因为变量有“喜新厌旧”的特点。当执行第一个赋值语句时，num1 的值已经被 num2 的值覆盖了，再执行第二个赋值语句时，其实是将 num2 的值赋给 num2，最后的结果两个变量的值均为 num2 的值，num1 的值丢失，交换显然失败。

其实，交换两个数的值应该像两个人交换位置。其中第一个人走到过道上，第二个人坐到第一个人的位置上，然后站在过道上人即第一个人再去坐第二个人的位置，在交换过程中，过道起了临时站人的作用。所以交换两个数的值时，也需要一个中间变量 temp，先将 num1 的值存入中间变量 temp 保护起来，然后将 num2 的值赋给 num1，此时 num1 的值已变为 num2 的值了，再将暂时存放在 temp 变量中 num1 的值赋给 num2，此时 num2 的值已变为 num1 的值了，交换成功。

交换两个数的基本流程如图 3.1 所示。注意赋值的先后顺序，即图中的①②③位置，当然也可全部反过来。

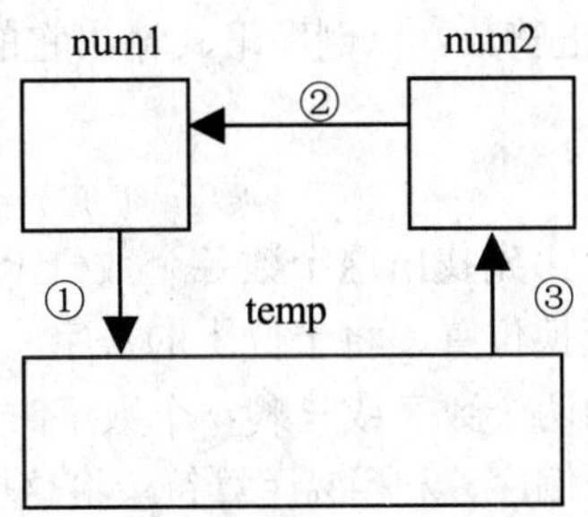

图 3.1　交换两个数的基本流程

程序如下：

```
main()
{
    int num1,num2,temp;
    scanf("%d,%d",&num1,&num2);
    printf("num1=%d,num2=%d\n",num1,num2);
    temp=num1;
    num1=num2;
    num2=temp;
    printf("num1=%d,num2=%d\n",num1,num2);
}
```

【例 3-8】 输入一个华氏温度，折算为摄氏温度后输出，显示两位小数。

分析：

华氏温度转换为摄氏温度的计算公式为 C=5*(F−32)/9。

```
main()
{
    float c,f;
    scanf("%f",&f);
    c=5*(f-32)/9;
    printf("c=%.2f\n",c);
}
```

语句 printf("c=%.2f\n",c);中的"%.2f"表示输出长度不限，但必须有两位小数，其完整的表示形式为“%0.2f”，其中 0 表示输出长度不限，可以省略。

【例 3-9】 神龙数码公司设计了一个加密算法：用 a 代替 z，用 b 代替 y，用 c 代替 x，……，用 z 代替 a。请编一个程序实现此加密功能。

分析：

找出加密规律。本加密算法是明文到 a 的距离与密文到 z 的距离相同，设明文为 ch1，密文为 ch2，则有 ch1-97=97+25-ch2，所以，ch2=(97+25)-(ch1-97)，即 ch2=219-ch1。

```
main()
{
    char ch1,ch2;
    scanf("%c",&ch1);
    ch2=219-ch1;
    printf("password=%c\n",ch2);
}
```

思考：如果神龙数码公司的明文和密文均采用大写字母，加密规律如何确定？

【例 3-10】 输入一个 3 位正整数，以倒序形式输出它的各位数。例如，输入 123，则输出 321。

分析：

将一个数倒序的基本思想为，先找出这个数各个数位上对应的数字，然后将这个数个位上的数字与最高位上的数字交换位置，将十位上的数字与第二高位上的数字交换位置，依此类推，直到交换完正中间的两个数字或只剩一个数字时，即完成数的倒序操作。

本题要求完成一个 3 位数的倒序，利用%运算符，将这个数除以 10 取余，可求出这个数个位对应的数字，利用“/”运算符(两整数相除时为整除)，将这个数除以 100，可求出这个数的最高位百位对应的数字，获取这个数十位对应的数字一般有两种方法，其一是先将这个除以 100 取余，再用“/”对余数取高位即十位，其二是先将这个数除以 10 取商，再对商用“%”取低位，本例采用第二种方法。

将这个正整数的个、十、百位分别求出后，将百位作为新数的个位，十位不变，个位作为新数的百位即完成了题目要求的倒序任务。

```
main()
{
    int a,b,c,x;
    printf("please imput x:");
    scanf("%d",&x);
    c= x%10;
    b= (x/10)%10;
    a= x %100
    printf("\nx=%d,daoshu=%d\n",x,100*c+10*b+a);
}
```

思考：如果输入一个 4 位数，该如何倒序输出呢？

习 题

一、单项选择题

1. 以下选项中，不是 C 语言语句的是______。

   A. ; B. { ; } C. a=5; D. a=5

2. int num1=3,num2=5,temp;要交换 num1 和 num2 的值，正确的程序代码段是_____。

   A. temp=num2;num2=num1;num1=temp;
   B. temp=num2;num1=num2;num2=temp;
   C. num1=temp;num1=num2;num2=temp;
   D. temp=num1;num1=num2;num2=num1;

3. 要输出长整型变量 a 的值，以下写法正确的是_______。

   A. printf("a=%d\n",a); B. printf("a=%ld\n",a);
   C. printf("a=%f\n",a); D. printf("a=%c\n",a);

4. printf("f=%3.2f%%",3.478);的输出结果是______。

   A. f=3.48% B. f=3.5% C. f=3.48% % D. f=347.8%

5. printf("f=%7.2f",3.478);的输出结果为_______。

   A. f=3.48 B. f=3.478 C. f= 3.48 D. f= 3.478

6. printf("%sand%5.2s","china","china"); 的输出结果是_______。

   A. chinaand china B. chinaandch
   C. china and   ch D. chinaand   ch

7. printf("%c,%d",'a', 'a'); 的输出结果是_____。

   A. a,97 B. a   97 C. 97,a D. 97   a

8. scanf("%c",&a); 若要给变量输入大写字母 A，则以下正确的输入是_____。

   A. 'A' <CR> B. A <CR>
   C. "A" <CR> D. 以上都不对

9. scanf("%d,%d",&a,&b); 若要输入 a=3，b=5，则正确的输入是_______。

   A. 35<CR> B. 3 5<CR>
   C. 3,5<CR> D. a=3,b=5<CR>

10. scanf("%d%d",&a,&b); 若要输入 a=3，b=5，则正确的输入是_______。

    A. a=3b=5<CR> B. 3   5<CR>
    C. 3,5<CR> D. a=3,b=5<CR>

11. scanf("%2d%*2d%2d",&a,&b); 若要输入 123456789<CR>，则变量 a 和 b 的值分别是______。

    A. a=12,b=34 B. a=12,b=56
    C. a=123,b=4356 D. a=123456789,b=0

12. 若要在给整型变量 a 输入值前，先提示“a=”，则正确的写法是_____。

A. scanf("%d",&a);　　B. scanf("a=%d",&a);

C. printf("a=%d",&a);　　D. printf("a="); scanf("%d",&a);

13. 以下合法的C语言赋值语句是______。

A. a=5　B. 5=a;　C. a=b=5　D. a=b=5;

14. 若一个int类型的数据占2字节，则程序段：int x=-1;printf("%u,%d",x,x);的输出结果是_____。

A. 65535,-1　　B. -1,65535

C. 32767,-32768　　D. -32768,32767

15. 程序段：int a=3,b=5;printf("a=%d,b=%d, ",a,b);的输出结果是_______。

A. a=3,b=5　　B. a=3,b=5,

C. 3,5　　D. 3,5,

16. int a=3,b=5;则以下输出语句中，能输出预期结果的是______。

A. printf("a=%d,b=%d, " a , b);

B. printf("a=%f,b=%f,", a , b);

C. printf("a=%d,b=%d", a , b);

D. printf("a=%f,b=%f",a , b);

17. 在TC中，getchar、putchar、printf、scanf四个函数，均包含在头文件_____中。

A. math.h　　B. stdio.h

C. stbio.h　　D. stdlib.h

18. 复合语句是用_____括起来的语句组。

A. ( )　B. [ ]　C. { }　D. < >

二、程序改错题(以下各个程序段均有5个错误，请先找出错误的位置，然后再改正)

1. 以下程序的功能是，从键盘输入一个字符并鸣笛输出。

```
# include "stdio.h"
mian()
{
    char  c
    getchar(c);
    putchar('\007') ;  /*鸣笛*/
    c=putchar();
```

2. 以下程序的功能是，输入长方形的两边长(边长可以取整数和实数)，输出它的面积和周长。

```
main
{
    int a,b,s,l;
    scanf("%d,%d",&a,&b);
    s=a*b;
    l=a+b;
    printf("l=%f,s=%f\n",l);
}
```

3. 以下程序是求两个整型变量a和b的积与商(注意不是整除)，显示结果时，积的值至少占3列，商的结果至少占5列。

```
main()
{
    int a,b,x,y;
    scanf("%f,%d",&a,&b);
    x=a*b
    y=a/b;
    printf("x=%3f\ny=%5f\n",x,y);
}
```

提示：变量在定义、输入、输出、处理时，一定要注意数据类型的一致性。当修改一个变量定义的数据类型后，该变量有关的输入/输出函数也一定要及时做相应的修改，否则程序会出错。

三、写出下列各程序的运行结果

1.

```
main()
{
    int a,b;
    scanf("%2d%*2s%2d",&a,&b);
    printf("%d\n",a+b);
}
```

运行时输入：12345678

2.

```
main()
{
    int a=3,b=5,x,y;
    x=a+1, b+6;
    y=(a+1, b+6);
    printf("x=%d\ny=%d\n",x,y);
}
```

3.

```
main()
{
    int a;
    char c=10;
    float f=100.0;
    double x;
    a=f/=c*=(x=6.5);
    printf("%d  %d  %3.1f  %3.1f\n",a,c,f,x);/*注意空格*/
}
```

四、编程题

1. 输入 3 个整数，计算它们的和与平均值，平均值的结果保留 2 位小数。

2. 输入 2 个整数，求它们整除后的商与余数。

3. 输入半径(实数)，求圆周长、圆面积、球表面积和球体积。

4. 输入 3 个浮点型的数，然后将第一个变量的值赋给第二个变量，第二个变量的值赋给第三个变量，第三个变量的值赋给第一个变量。

实　训

实训项目：顺序结构程序设计

实训性质：设计性

实训目的：

1. 熟练掌握赋值语句的使用方法。
2. 掌握各种数据的输入与输出方法。
3. 理解顺序结构程序设计的特点，掌握顺序结构程序设计的一般方法。

实训内容：

1. 设计几个简单加法器，分别能实现以下功能：

(1) 输入两个基本整型的数相加；

(2) 输入两个长整型的数相加；

(3) 输入两个单精度型的数相加；

(4) 输入一个基本整型的数加一个长整型的数；

(5) 输入一个基本整型的数加一个单精度型的数。

2. 输入三个浮点型的数，然后将第二个变量的值赋给第一个变量，第三个变量的原值赋给第二个变量，第一个变量的原值赋给第三个变量。

3. 上机调试习题中第二道程序改错题的各个小题。

4. 输入时间的总数(秒数)，将其转换成“小时：分：秒”的表示形式。

5. 天外天时尚数码科技公司有一个加密算法：a 用 Z 代替，b 用 Y 代替，c 用 X 代替，……，z 用 A 代替。请编一个程序实现此加密功能。

6. 输入三角形的三边长 a,b,c，求三角形的面积 s。

要求在输入变量 a 的值前先提示“a=”，输完 a 的值后提示“b=”，输入 b 的值后再提示“c=”。

实训指导：

1. 实训题 1 分析与指导

5 个加法器的功能相同，均是两个数相加，只是所输入加数的数据不同。注意变量定义，输入函数中变量对应的格式符与输出函数中变量对应的格式符要保持一致，同时不同数据类型相加后，和的数据类型也不相同，所以，虽然本题 5 个加法器的编程基本思路完全一致，但程序代码相差很大。

上机调试时，如果直接修改前一个加法器的代码作为下一个加法器的代码，应特别注意变量数据类型的一致性问题。很多初学者修改变量定义的数据类型后，很容易忽略相关语句行的修改，导致运行程序时产生很多错误。

2. 实训题 2 分析与指导

当变量的值变化时，注意保存变量的原值，防止被覆盖。

3. 实训题 4 分析与指导

将秒转化为小时数时，可以将秒数除以 3600，整数部分即为欲求的小时数，将余下的秒数再转为分，计算余数可用%运算符；将秒数转化为分钟数，可以将秒数除以 60，整数部分即为欲求的分钟数，余下部分就是对应的秒数。

4.　实训题 5 分析与指导

设明文为 ch1,密文为 ch2，根据加密规则可得：ch1-'a'='Z'-ch2，所以密文的计算公式为 ch2=187-ch1。

5.　实训题 6 分析与指导

输入前要提示 a=，可在变量 a 的输入即 scanf("%f",&a);前，用输出函数显示提示信息，即 printf("a=");。

在 C 语言中，开平方用 sqrt 函数，它包含在头文件 math.h 中，sqrt 函数要求参数值为非负数。

已知三角形三边长，求三角形的面积公式，可通过互联网或其他途径寻找。

实训思考：

用户在运行实训内容第 6 题时，输入：

```
a=2<CR>
b=2<CR>
c=6<CR>
```

查看程序运行结果时，发现以下结果：

```
sqrt: DOMAIN error
s=0.00000
```

思考：为什么会这样？如何修改程序。

提示：预习第 4 章。

第 4 章　选择结构程序设计

教学提示：人生每走一步面临很多选择，在我们的生活中也经常需要决策，在程序设计中，也普遍存在这种通过条件判断来选择不同操作功能的程序设计，称为选择结构程序设计。本章主要介绍选择结构程序设计的特点、一般方法和实现语句。

教学要求：理解选择结构的特点，掌握选择结构程序设计的一般方法。熟练掌握 if 语句和 switch 语句的使用方法。

4.1　选择结构程序设计

在现实生活中，经常要进行判断决策。如：如果明天不下雨，我们在操场上室外体育课，否则在 268 教室上健康理论课。到底明天在哪儿上课，我们要根据明天的天气情况(条件)才能决定。如果明天没下雨，则选择在操场上室外体育课，而放弃在 268 教室上健康理论课；如果明天下雨，则选择在 268 教室上健康理论课，而放弃在操场上室外体育课，二者只能选其一。其实，这就是日常生活中，典型的“选择结构”。

结构化程序设计中的选择结构，与日常生活中的“选择结构”一样，也是根据一个判断条件来决定执行哪一个分支，选择某个分支执行后其他分支不再执行，选择结构的特点是根据判断条件，有选择地执行其中一个分支，要且只要执行其中一个分支。

选择结构在程序设计中使用相当普遍。如第 3 章实训内容的第 6 题，如果用户输入的三边长，根本不构成三角形，计算它的面积又有何意义？所以在计算面积前，应判断输入的三边长是否可构成三角形。当用户输入的三边长分别为 2、2、6 时，有两边之和小于第三边，显然不能构成三角形，而且因为 l=5，表达式 l*(l−2)*(l−2)*(l−6)的值显然为一个负数，不满足 sqrt 函数要求参数必须为非负数的条件，所以，程序运行结果不但没有显示三角形正确的面积，反而有错误提示。

对于选择结构程序设计，首先要确定选择的条件，然后找出判断条件有多少种可能，即该条件有多少种情况(值)，最后再确定每种可能情况所要进行的处理。如，第 3 章实训思考题中，要修改完善程序：

(1)　确定判断条件，构成三角形的三边长，要满足任意两边之和大于第三边。

(2)　确定可能值，显然它有两种可能，即一种可能是构成三角形，另一种可能是不能构成三角形。

(3)　最后确定每种可能情况所要进行的处理，当输入的三边长可构成三角形时，计算三角形的面积。当输入不能构成三角形时，题目没有明确提出，可以不处理即不计算三角形的面积，当然最好能将错误信息提示给用户。

完成以上分析过程后，只要将其翻译成合法的 C 语言语句，即可完成相应的程序设计。

在 C 语言中，提供了 if 语句和 switch 语句来实现选择结构程序设计。

4.2　if 语句

在 C 语言中，用 if 语句可以构成分支结构。它根据给定的条件进行判断，以决定执行某个分支程序段。if 语句有三种书写形式。同时，在一个 if 语句中还可以包含另一个 if 语句，称为 if 语句的嵌套。

4.2.1　if 语句的简单形式

简单形式 if 语句的一般格式：

```
if(条件表达式)  语句
```

说明：

(1) 其中的条件表达式一般为逻辑表达式或关系表达式，但也可以是算术表达式、赋值表达式或字符表达式，甚至可以是一个变量，这正是 C 语言灵活性的具体表现。需要特别注意的是，条件表达式外边的括号不能省。

(2) 条件表达式后面的语句，可以是简单语句，也可以是复合语句，但只能是一个语句。如果包含多个简单语句，则一定要用大括号括起来组成复合语句，否则得不到预期值。

比较以下两段程序的输出结果(见表 4-1)。

表 4-1　两段程序的输出结果对比

程序段一	程序段二

int a=-5,x=0,y=0;
if (a>0)
{
x=a;
y=a;
}
printf("x=%d,y=%d\n",x,y);
输出结果:
x= 0, y= 0
	int a=-5,x=0,y=0;
	if (a>0)
	
	x=a;
	y=a;
	
	printf("x=%d,y=%d\n",x,y);
	输出结果:
	x= 0, y= -5

在程序段一中，语句 x=a;和 y=a;用大括号括起来，构成了一个复合语句，所以，x=a;和 y=a;都属于 if 语句，当条件 a>0 成立时，执行这两个语句，否则不执行这两个语句，因为 a= -5，显然条件不成立，所以两个语句均不执行，输出结果 x 和 y 的值均为 0。

在程序段二中，语句 x=a;和 y=a; 没用大括号括起来，if 语句只能管到语句 x=a;，语句 y=a;不属于 if 语句，所以当条件不成立时，x=a;不执行，而 if 语句外的语句 y=a;正常执行，输出结果是变量 x 的值为 0，变量 y 的值为-5。

(3) if 语句的简单形式只能处理一种可能情况(不满足条件时不处理)。

(4) 执行过程：首先计算条件表达式的值，如果条件表达式的值为真(非零)，则执行其后的语句；否则不执行其后的语句。程序的执行流程如图 4.1 所示。

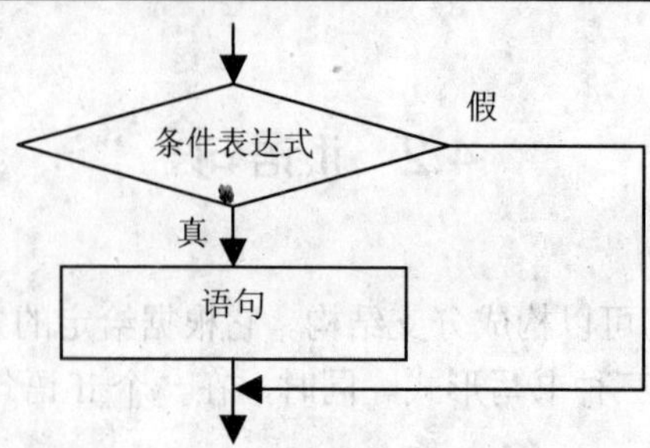

图 4.1　if 语句的简单形式的执行流程

if 语句与我们日常生活中的假设语句很相似，有些地方只是汉译英而已，如表 4-2 所示。

表 4-2

自然语言	C 语言
如果 x>0　那么 y=x	if (x>0)　y=x;

【例 4-1】 输入三角形的三边，如果构成三角形则求三角形的面积。

三角形的判断条件是任意两边之和应大于第三边。已知三角形的三边长求面积的计算公式为：

$$\text{area} = \sqrt{s(s-a)(s-b)(s-c)}$$

$$s = \frac{a+b+c}{2}$$

分析：

任意两边之和大于第三边，有三种组合，而且这三种组合必须同时成立。所以，判断三边长是否构成三角形可用以下判断条件：

```
a+b>c&&b+c>a&&a+c>b
```

程序代码：

```
#include<math.h>                /*求平方根函数 sqrt 包含在"math.h"头文件中*/
main()
{
    float a,b,c,area,s;
    scanf("%f,%f,%f",&a,&b,&c);
    if(a+b>c&&b+c>a&&a+c>b)      /*任意两边之和大于第三边*/
    {                            /*包含多个简单语句时，一定要加{}构成复语句*/
        s=(a+b+c)/2;
        area=sqrt(s*(s-a)*(s-b)*(s-c));
        printf("The area=%.2f",area);
    }
}
```

思考：如果去掉构成复合语句的大括号，程序运行结果如何？

在例 4-1 中，如果用户输入的三个边长值可构成三角形，计算结果一下就可显示出来。但如果用户输入的三边长不构成三角形，以上程序不处理，程序运行后没有任何结果显示出来。原因是数据输入有误，用户应该再次运行输入正确的值，可计算机没告知用户，用户是不知的，所以得想办法告诉用户，输入数据有误。此时，条件的两种可能结果均要处理，但 if 语句的简单形式只能处理一种情况，因此得用 if 语句的其他形式，如标准形式。

4.2.2　if 语句的标准形式

if 语句标准形式的一般格式：

```
if(条件表达式)
    语句 1;
else
    语句 2;
```

说明：

(1) 其中，条件表达式和语句的要求，与 if 语句简单形式的条件表达式和语句的要求相同。

(2) if 语句的标准形式能处理有两种可能的情况，它与 if 语句简单形式相比，多了一个 else(否则)部分，这部分用来处理条件不成立时所要进行的操作。

(3) 执行过程：先计算后面圆括号中条件表达式的值，若结果为真，执行语句 1 而不执行语句 2，否则执行语句 2 而不执行语句 1，即在此类型结构中，只执行语句 1 和语句 2 两者中的一个。程序的执行流程如图 4.2 所示。

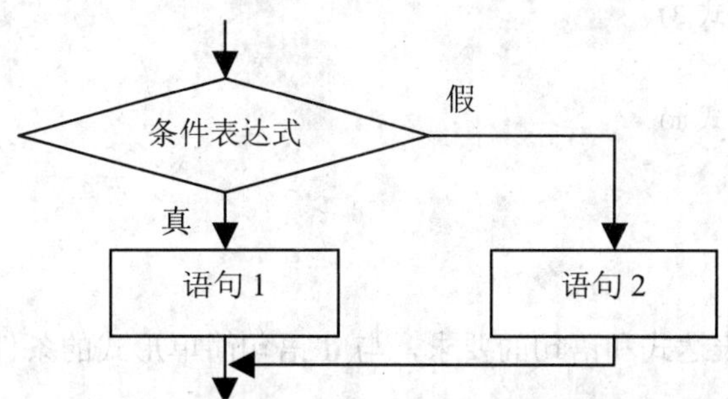

图 4.2　if 语句的标准形式的执行流程

(4) 语句 1 和语句 2 后面都必须有分号“；”。

if 语句的标准形式，可用如下自然语言来理解：

自然语言	C 语言
如果 x>0　那么	if (x>0)
y=x	y=x;
否则	else
y = − x	y=−x;

用 if 语句的标准形式设计例 4-1 的程序代码如下：

【例 4-2】 输入三角形的三边，如果构成三角形则求三角形的面积，否则提示数据错误。

```
#include<math.h>
main()
{
     float a,b,c,area,s;
     scanf("%f%f%f",&a,&b,&c);
```

```
    if(a+b>c&&b+c>a&&a+c>b)
    {
        s=(a+b+c)/2;
        area=sqrt(s*(s-a)*(s-b)*(s-c));
        printf("The area=%.2f",area);
    }
    else
        printf("data error!\n");
}
```

计算完三角形的面积后，如果用户还想知道三角形的类型，如一般三角形、等腰三角形和等边三角形等，面对有四种可能的情况(包括不是三角形)，if 语句的标准形式也不能实现，只能通过别的形式来实现，如块 if 语句。

4.2.3　块 if 语句形式

块 if 语句形式的一般格式：

```
if(条件表达式 1)
    语句 1;
else if(条件表达式 2)
    语句 2;
else if(条件表达式 3)
    语句 3;
    …
else if(条件表达式 m)
    语句 m;
else
    语句 m+1;
```

说明：

(1) 其中，条件表达式和语句的要求，与 if 语句简单形式的条件表达式和语句的要求相同。

(2) 块 if 语句中，有多个条件，能处理有多种可能的情况。

(3) 执行过程：首先判断条件表达式 1 的值，如果条件表达式 1 的值为真，则执行完其后的语句，然后结束 if 语句，继续执行 if 语句的后继语句。如果条件表达式 1 的值为假，则继续判断条件表达式 2 的值，如果条件表达式 2 的值为真，则执行完其后的语句，然后结束 if 语句，继续执行 if 语句的后继语句。如果条件表达式 2 的值为假，则继续判断条件表达式 3，依此类推，直到找到条件表达式的值为真或判断完所有条件表达式。当所有条件表达式的值均为假，如果有 else 部分则执行 else 后的语句，否则不执行任何操作，结束整个 if 语句。程序的执行流程如图 4.3 所示。

对于这种多条件的 if 语句，最关键的问题是如何科学合理地确定各个条件表达式。一个简单的方法，是先将所有情况划分为两个情况，一个是非常简单且不能再分的情况，另一个是较复杂的情况，然后按同样的方法将较复杂的情况再进行分解，直到每个情况都是非常简单不能再分为止。

在具体划分时，可将肯定情况作为简单情况，如例 4-3，也可以将否定情况作为简单情况，如例 4-4，一般建议将肯定情况作为简单情况处理，可方便程序代码的编写。

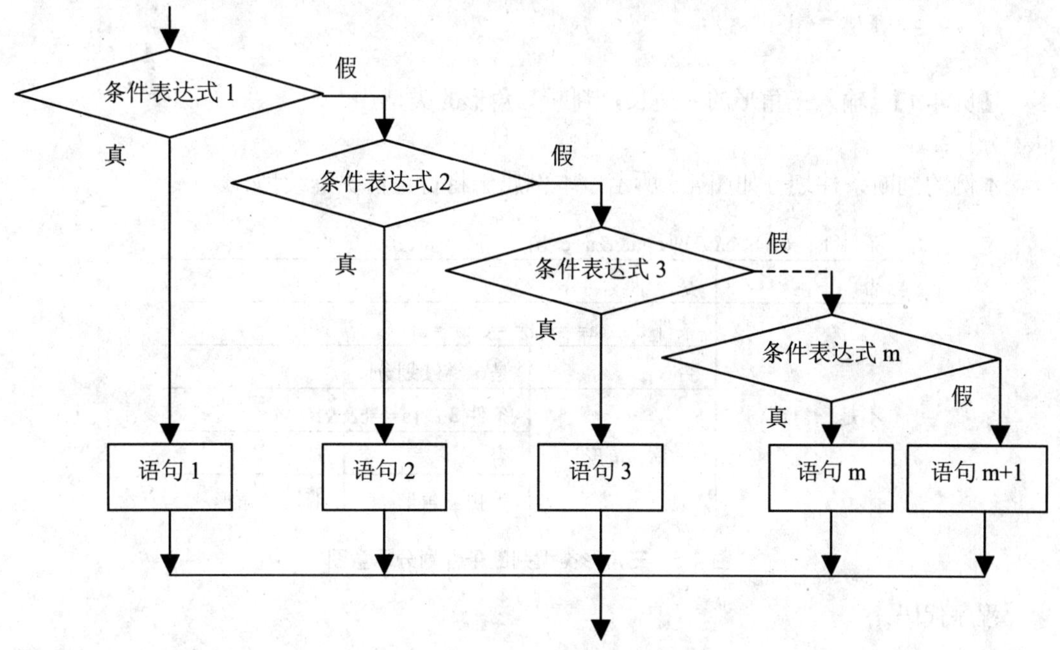

图 4.3　块 if 语句形式的执行流程

【例 4-3】 编写程序判断一个数的符号，1 表示正数，0 表示 0，-1 表示负数，即当 x>0 时，y=1；当 x=0 时，y=0；当 x<0 时，y=-1。

分析：

先判断 x 是正数还是非正数，可设置条件 1 为 x>0，当 x 为正数即条件成立时，是一个简单条件，可以直接确定 y=1；当条件不成立时，y 还有两个可能值，需要进一步划分，可再设置条件 2 为 x==0，当条件 2 成立时，y 的值为 0，当条件 2 不成立时，y 的值为-1。本例的判断条件划分如图 4.4 所示，本例属于将否定情况继续划分。

<table>
<tr><td colspan="3">条件 1：(x >0)</td></tr>
<tr><td>是</td><td colspan="2">否，继续划分</td></tr>
<tr><td rowspan="3">y=1</td><td colspan="2">条件 2：(x==0)</td></tr>
<tr><td>是</td><td>否</td></tr>
<tr><td>y=0</td><td>y=-1</td></tr>
</table>

图 4.4　符号函数的判断条件划分示意图

程序代码：

```
main()
{
    int x,y;
    scanf("%d",&x);
    if(x>0)
        y=1;
    else if(x==0)
        y=0;
    else
        y=-1;
```

```
    printf("y=%d\n",y);
}
```

【例 4-4】 输入三角形的三边长，判断三角形的类型。

分析：

本例的判断条件划分如图 4.5 所示，本例属于将肯定情况继续划分。

<table>
<tr><td colspan="4">条件 1：(a+b>c&&b+c>a&&a+c>b)</td></tr>
<tr><td>否</td><td colspan="3">是，继续划分</td></tr>
<tr><td rowspan="5">不是三角形</td><td colspan="3">条件 2：(a= =b||b= =c||a= =c)</td></tr>
<tr><td>否</td><td colspan="2">是，继续划分</td></tr>
<tr><td rowspan="3">一般三角形</td><td colspan="2">条件 3：(a= =b&&b= =c)</td></tr>
<tr><td>否</td><td>是</td></tr>
<tr><td>等腰三角形</td><td>等边三角形</td></tr>
</table>

图 4.5　三角形类型判断条件划分示意图

程序代码：

```
main()
{
    float a,b,c;
    scanf("%f,%f,%f",&a,&b,&c);
    if (!(a+b>c&&b+c>a&&a+c>b))
        printf("不构成三角形！\n");
    else if(!(a==b||b==c||a==c))
        printf("一般三角形!\n");
    else if(!(a==b&&b==c))
        printf("等腰三角形!\n");
    else
        printf("等边三角形!\n");
}
```

注意本题判断条件的表示方法，其在条件表达式的前面加了逻辑非。因为本例首先处理否定选项，而根据 if 语句的语法，在条件表达式后的语句(else 之前的语句)，只有条件表达式的值为真时才执行，所以只有将条件反过来。

思考：本程序的判断条件还有没有许多别的划分方法？哪种方法最简单？

【例 4-5】 根据考试成绩的等级打印出百分制分数段。等级与分数段的对应关系为：A 等 90~100，B 等 80~89，C 等 70~79；D 等 60~69，E 等 0~59。

```
main()
{
    char grade;
    scanf("%c",&grade);
    if(grade=='A')
        printf("90～100\n");
    else if(grade=='B')
        printf("80～89\n");
    else if(grade== 'C')
        printf("70～79\n");
    else if(grade== 'D')
        printf("60～69\n");
    else if(grade== 'E')
```

```
        printf("0~60\n");
    else
        printf(" data error\n");
}
```

4.2.4　if 语句嵌套

在一个 if 语句中又包含一个或多个 if 语句时，称为 if 语句的嵌套。在 C 语言中允许多层嵌套。if 语句的嵌套形式比较多，使用比较灵活，较难掌握。

if 语句简单嵌套形式的一般格式为：

```
if(条件表达式 1)
    if(条件表达式 2)
        语句 1
    else
        语句 2
    else
    if(条件表达式 3)
        语句 3
    else
        语句 4
```

说明：

(1)　在嵌套的 if 语句中，经常会出现多个 if 和多个 else 重叠的情况，要特别注意 if 和 else 的配套问题，else 要和对应的 if 语句匹配，每一个 else 和离它(向前)最近且尚未匹配的 if 相匹配，有时 if 可以没有相配对的 else，但建议每个 if 都配一个 else。

(2)　内嵌的 if 语句，可以放在外层 if 语句的 if 子句中，也可放在 else 子句中，还可在两个地方同时嵌套 if 语句。

(3)　在嵌套的多个条件中，应尽量将求值为真概率最大的条件，放在前面优先判断，这样可以提高 if 语句的效率。

(4)　在内嵌的 if 语句中，还可以嵌套别的 if 语句。

(5)　执行过程：首先判断条件表达式 1，如果其值为真，则执行条件表达式的 if 子句；如果 if 子句中又嵌套有另外的 if 语句，则继续判断条件表达式 2，如果条件表达式 2 的值为真则执行该内嵌 if 语句的 if 子句即语句 1，如果条件表达式 2 的值为假且该内嵌 if 语句

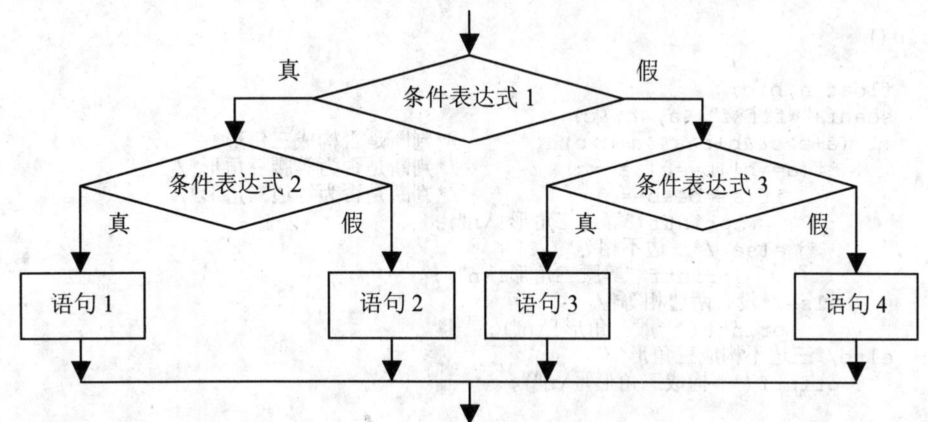

图 4.6　if 语句简单嵌套形式的执行流程

配有 else 子句，则执行该 else 子句即语句 2，若没有则不执行任何操作，结束 if 子句的内嵌 if 语句返回外层的 if 语句;如果条件表达式 1 的值为假,则执行外层 if 语句的 else 子句，如果 else 子句中又嵌套有另外的 if 语句，则继续判断条件表达式 3，如果条件表达式 3 的值为真，则执行该内嵌 if 语句的 if 子句即语句 3，如果条件表达式 3 的值为假且该内嵌 if 语句配有 else 子句，则执行该 else 子句即语句 4，若没有则不执行任何操作，结束 if 子句的内嵌 if 语句返回外层的 if 语句。具体过程如图 4.6 所示。

【例 4-6】 将例 4-2 改用嵌套的 if 语句来实现。

```
main()
{
    int x,y;
    scanf("%d",&x);
    if(x>0)
        y=1;
    else                          /*此时 x<=0，它与外层的 if 语句匹配*/
        if(x==0)
            y=0;
        else                      /*此时 x<0，它与内层的 if 语句匹配*/
            y=-1;
    printf("y=%d\n",y);
}
```

【例 4-7】 比较两个整数的大小关系(用嵌套的 if 语句实现)。

```
main()
{
    int x,y;
    printf("please input x,y:");
    scanf("%d,%d",&x,&y);
    if(x!=y)
    if(x>y)
        printf("x>y\n");
    else                              /*此时 x<y，它与内嵌的 if 匹配*/
        printf("x<y\n");
    else                              /*此时 x=y，它与外层的 if 匹配*/
        printf("x=y\n");
}
```

【例 4-8】 用嵌套的 if 语句修改例 4-4。它是一个多层嵌套的 if 语句。

```
main()
{
    float a,b,c;
    scanf("%f%f%f",&a,&b,&c);
    if (a+b>c&&b+c>a&&a+c>b)          /*判断是否构成三角形*/
        if(a==b||b==c||a==c)          /*判断是否为等腰三角形*/
            if(a==b&&b==c)            /*判断是否为等边三角形*/
                printf("等边三角形!\n");
            else /*三边不相等*/
                printf("等腰三角形!\n");
        else/*没有两边相等*/
            printf("一般三角形!\n");
    else/*三边不构成三角形*/
        printf("不构成三角形! \n");
}
```

if 语句的嵌套条理性较差，除明确要求用嵌套 if 语句外，建议用块 if 语句形式代替嵌套的 if 语句。

4.2.5 条件运算符

条件运算符是 C 语言中唯一的 1 个三目运算符，即它要求有三个参与运算的量。

条件运算符的一般形式：

表达式 1? 表达式 2：表达式 3

求值规则：

如果表达式 1 的值为真，则以表达式 2 的值作为条件表达式的值，否则以表达式 3 的值作为整个条件表达式的值。

如求 a,b 的最大值，并将其存放在变量 max 中，可用以下语句：

```
max=(a>b)?a:b ;
```

条件运算符的结合方向是自右至左，它的运算优先级低于关系运算符和算术运算符，但高于赋值运算符。

例如：语句 max=(a>b)?a:b;中条件运算符的优先级高于赋值运算符，该语句应先计算条件表达式的值，然后再把值赋给变量 max。这样，如果变量 a>b 为真，则把 a 赋给 max，否则把 b 赋给 max。

条件运算符相当于一个标准形式的 if 语句。

例如：

```
max=(a>b)?a:b;
```

可转换为：

```
if(a>b)
   max=a;
else
   max=b;
```

用条件运算符实现选择结构书写简洁，执行效率高。

【例 4-9】 求 3 个数中的大数。

```
main()
{
    int a,b,c,max;
    printf("please input three numbers:\n");
    scanf("%d%d%d",&a,&b,&c);
    max=(a>b)?a:b;
    max=(max<c)?max:c;
    printf("max=%d\n",max);
}
```

求 3 个数的最大值还可用嵌套的条件运算符实现：

```
max=(a>b)?(a>c)?a:c:(b>c)?b:c;
```

应理解为

```
max=(a>b)?((a>c)?a:c):((b>c)?b:c;)
```

即条件(a > b)的对应的表达式 2 和表达式 3 均又对应一个条件运算符。

4.3　switch 语句

if语句只有两个分支可供选择，而实际问题中常常要用到多分支的选择。如例 4-4 中，学生成绩等级就有 5 个，加上用户可能输入错误值，共有 6 至 7 个分支。对这些分支很多的选择结构，可用嵌套的 if 语句或块 if 语句来处理，但条件划分较麻烦、程序条理性差。C 语言提供了一个专门的多分支选择语句，即 switch 语句。

switch 语句的一般格式：

```
switch(表达式)
{
    case  判断值 1:
          语句组 1
          break;
    case  判断值 2:
          语句组 2
          break;
          …
    case  判断值 n:
          语句组 n
          break;
    default :
          语句组 n+1
}
```

说明：

(1)　执行过程：首先计算表达式的值，并用其结果值与其后各 case 语句的判断值逐个比较。当其与某个 case 子句的判断值相同时，则执行 case 后的语句组。执行完该 case 子句后所有语句后，如果没有 break 语句，则不再进行判断，继续逐个执行后继的各个 case 子句对应的语句组，直至遇到 break 语句或执行完 switch 语句的最后一个语句组；如果有 break 语句则直接结束 switch 语句的执行，转去执行 switch 语句后的语句。如果表达式的值与所有 case 后的判断值均不相同时，则执行 default 子句下的语句组。switch 语句的执行流程如图 4.7 所示。

(2)　swicth 语句后的条件表达式一定要用圆括号括起来，且其取值必须是整型或字符型，同时 swicth 的各个 case 子句(包括 default 子句)必须包含在一对大括号之中。

(3)　每个判断值是一个常数值，而不是一个范围，这点与 if 语句的条件有很大的区别。

(4)　各个 case 子句和 default 子句的放置位置不限，它们的出现顺序不会影响程序执行的结果。

(5)　每个 case 后的判断值应互异。

(6)　break 语句用来结束 switch 语句的执行。它一般位于各个 case 语句组的最后，确保每个 case 子句执行完后，不用执行别的 case 子句对应的语句组。有时部分 case 语句组后不用 break 语句，则说明它要与其后的 case 子句共用一组执行语句，即多个 case 共用同一语句组。

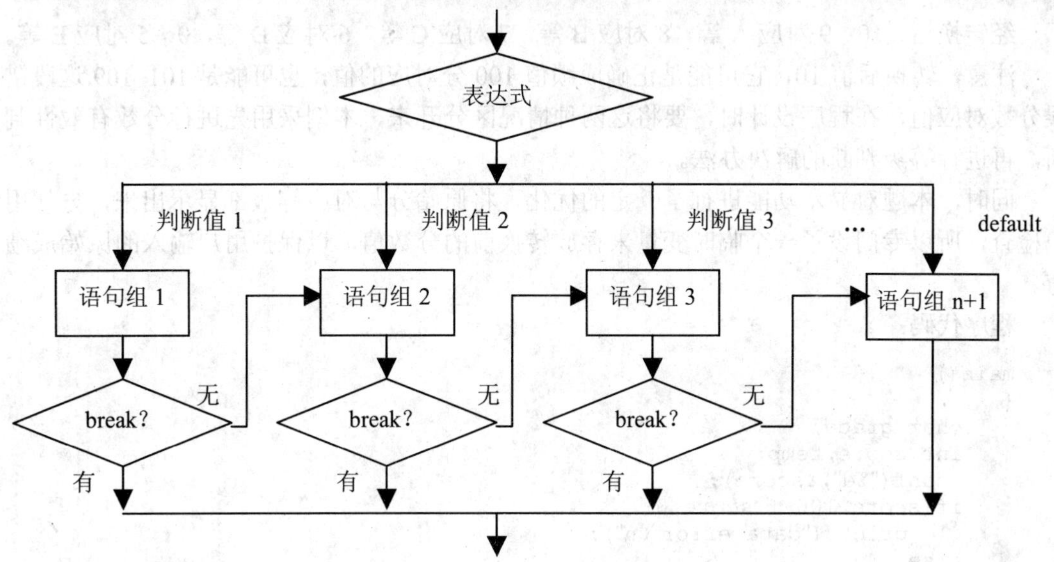

图 4.7 switch 语句的执行流程

【例 4-9】 用 switch 语句改写后的例 4-5 的程序代码如下：

```
main()
{
    char grade;
    scanf("%c",&grade);
    switch(grade)
    {
        case 'A':
            printf("90～100\n");
            break;
        case 'B':
            printf("80～89\n");
            break;
        case 'C':
            printf("70～79\n");
            break;
        case 'D':
            printf("60～69\n");
            break;
        case 'E':printf("0~60\n");
            break;
        default:
            printf("data error\n");
    }
}
```

【例 4-10】 将例 4-5 反过来转换，即输入一个整型成绩分数，显示它的等级，转换规则：90~100 为 A 等，80~89 为 B 等，70~79 为 C 等，60~69 为 D 等，0~59 为 E 等。

分析：

case 子句后的判断值只能为单个值，101 个整型成绩值要对应一百多个 case 子句，程序很长，而且重复太多效率低。所以得先将分数值进行适当处理。

仔细观察 B 等的成绩，将成绩除以(整除)10 后它们的商相等，因此可以先将成绩除以(整除)10。

经转换后，10、9对应A等，8对应B等，7对应C等，6对应D等，0～5对应E等。

注意，转换后值10，它可能是正确成绩值100分对应的值，也可能是101~109这段错误分数对应值，在程序设计时，要将这两种情况区分开来，本例采用先进行分数有效性判断，再进行等级判断的解决办法。

同时，本题对显示功能进行了一定的优化，将原始分与对应等级都显示出来，方便用户检查，所以专门设了一个临时变量来存放转换前的分数值，以保护用户输入的原始成绩值。

程序代码：

```
main()
{
    char grade;
    int score,temp;
    scanf("%d",&score);
    if(score>100 ||score<0)
        printf("data error\n");
    else
    {
        temp=score/10;
        switch(temp)
       {
        case 10:
            case 9:
                grade='A';
                break;              /*两个case共用一组语句*/
            case 8:
                grade='B';
                break;
            case 7:
                grade='C';
                break;
            case 6:
                grade='D';
                break;
        default: grade='E';
        }
        printf ("score: %d--->grade: %c\n", score, grade);
    }
}
```

4.4 选择结构程序设计综合应用

【例4-11】 输入3个整数，按从小到大的顺序输出。

分析：

可以先比较前两个数x和y的大小，将小数放在变量x中，大数放在变量y中，前两个数排序结束；然后再比较y和z的大小，同样将这两个数中的小数放在变量y中，大数放在变量z中，后两个数排序结束；至此，可以肯定3个数中最大值已存放在变量z中，说明3个数中最大值的位置已确定，余下来的工作只要确定前两个数的排列位置，需要再次比较变量x和y的大小，将小数放在变量x中，大数放在变量y中，完成整个排序过程。

注意：很多初学者认为第三次比较应该是比较变量 x 和 z，而不是比较变量 x 和 y，因为变量 x 和 y 已经比较过。虽然第一次比较后，变量 y 的值大于变量 x 的值，但当变量 y 和 z 比较后，变量 y 中存放的是 y 和 z 中的最小值，它可能是变量 y 原来的值，也可能是变量 z 原来的值，即此时的变量 y 可能是一个新值，需要再与变量 x 比较。

例如：

若 x=3,y=2,z=1，比较过程如下：

(1) 比较 x 和 y，将小数放在变量 x 中，大数放在变量 y 中，完成操作后：x=2,y=3；

(2) 比较 y 和 z，将小数放在变量 y 中，大数放在变量 z 中，完成操作后：y=1,z=3；

此时，x=2，y=1，显然要再次交换变量 x 和 y 的值。

(3) 比较 x 和 y，将小数放在变量 x 中，大数放在变量 y 中，完成操作后：x=1,y=2；

程序代码：

```
main()
{
    int x,y,z,temp;
    scanf("%d,%d,%d",&x,&y,&z);
    if(x>y)
    {
        temp=x;
        x=y;
        y=temp;
    }
    if(y>z)
    {
        temp=y;
        y=z;
        z=temp;
    }
    if(x>y)         /*注意此条件表达式*/
    {
        temp=x;
        x=y;
        y=temp;
    }
    printf("%d,%d,%d",a,b,c);
}
```

【例 4-12】 从键盘上输入一个字符，判断所输入字符的类型，类型分为大写字母、小写字母、数字字符、控制字符和其他字符五类，用块 if 语句实现。

分析：

字符的类型判断，可通过判断字符的 ASCII 码值确定，控制字符的 ASCII 码值小于等于 32，数字字符的 ASCII 码值范围为 48～57，大写字母的 ASCII 码值范围为 65～90，小写字母的 ASCII 码值范围为 97 到 122。

在程序中，也可直接比较字符的大小，如要判断字符型变量 c 的值是否为大写字母，可用判断条件：(c>='A'&&c<='Z')。

程序代码：

```
main()
{
    char c;
    scanf("%c",&c);
```

```
    if(c<0x20)          /*0x表示十六进制的20，相当于十进制的32*/
        printf("control character\n");
    else if(c>='0'&&c<'9')
        printf("digit\n");
    else if(c>='a'&&c<='z')
        printf("lower letter\n");
    else if(c>='A'&&c<='Z')
        printf("captal letter\n");
    else
        printf("other character\n");
}
```

【例 4-13】 设计一个猜拳游戏，用 1 表示石头，2 表示布，3 表示剪刀，计算机内定一个拳值，让用户来猜，如果猜对则显示“你真棒”，如果猜错则将计算机和用户所出的拳都显示出来，让用户输得心服口服。

分析：

计算机内定一个拳值，可直接给存放计算机拳值的变量 x 赋一个拳值编号，如 2(表示布)。用户出拳可由用户从键盘输入一个代表拳值的编号给变量 y，然后比较两个变量的值，如果相同则用户猜对，否则用户猜错。

```
main()
{
    int x=2,y;          /*计算机内定出拳为布*/
    printf("请出拳！提示：1表示石头，2表示布，3表示剪刀。\n");
    scanf("%d",&x);  /*用户输入拳值*/
    if(x==y)
        printf("你真棒！\n");
    else if(x>y)
        printf("猜错！计算机出拳：布，你出拳：石头。请继续努力\n")
    else
        printf("猜错！计算机出拳：布，你出拳：剪刀。请继续努力\n")
}
```

思考：本游戏设计得过于简单，没有一点灵活性，有兴趣的同学可以进一步完善本程序。

【例 4-14】 已知 1986 年是虎年，你能猜出 2035 年出生的人属哪个生肖吗？1923 年出生的人又属哪个生肖？请编写一个程序，输入一个人的出生年份，查找出他所属的生肖。

分析：

人的出生年份可能有成千上万个值，而生肖只有 12 个，说明很多年份的生肖是相同的，那么相同生肖的年份有哪些特点呢？1986 年是虎年，按照常识，1974 年、1998 年等都是虎年，即每隔 12 年又是虎年，所以虎年的特点是年份除以 12 的余数相等且都为 6。同样我们可以得出其他生肖的特点。

程序代码：

```
#include<stdio.h>
main()
{
    int year,x;
    scanf("%d",&year);
    if(year>0)          /*只处理出生年份大于0的情况*/
    {
        x=year%12;
        switch(x)
```

```
    {
        case 0:
            printf("猴\n");
            break;
        case 1:
            printf("鸡\n");
            break;
        case 2:
            printf("狗\n");
            break;
        case 3:
            printf("猪\n");
            break;
        case 4:
            printf("鼠\n");
            break;
        case 5:
            printf("牛\n");
            break;
        case 6:
            printf("虎\n");
            break;
        case 7:
            printf("兔\n");
            break;
        case 8:
            printf("龙\n");
            break;
        case 9:
            printf("蛇\n");
            break;
        case 10:
            printf("马\n");
            break;
        case 11:
            printf("羊\n");
    }
  }
  else
      printf("请输入一个大于 0 的年份\n");
}
```

思考：如何判断公元前出生的人的生肖？

习　　题

一、单项选择题

1. 程序段 int x=5;if(x>0) y=1;else if(x==0) y=0;else y=−1;printf("%d",y);的输出结果是____。

A. 1　　B. −1　　C. 0　　D. 2

2. 程序段 int x=5,y=8,max ; max=(x>y)?x:y;printf("%d",max);的输出结果是_____。

A. 5　　B. 8　　C. 3　　D. 13

3. 程序段 int x=3,a=1;switch(x) {case 4: a++;case 3: a++;case 2: a++;case 1: a++;} printf

("%d",a);的输出结果是______。

A. 1　　B. 2　　C. 3　　D. 4

4. 程序段 int x=5,y=8; if(x) y=x;printf("%d",y);的输出结果是_____。

A. 5　　B. 8　　C. 3　　D. 13

5. 程序段 int x=5,y=8,z=10;if(x=y) z=x;else z=y;printf("%d",z);的输出结果是____。

A. 5　　B. 8　　C. 10　　D. 15

6. 选择结构程序设计的特点是_______。

A. 自上向下逐个执行　　B. 根据判断条件，选择其中一个分支执行

C. 反复执行某些程序代码　　D. 以上都是

二、程序改错题

1. 以下程序段，实现找出 3 个整数中最小值的功能。程序中有 5 处错。

```
main()
{
    int x,y,z,min;
    scanf("%d,%d,%d",&x,y,&z);
    min=x;
    if min>y
        min=y;
    if(min<z)
        min= =z;
    printf("min=%f",min);
}
```

2. 以下程序功能是，输入一个不多于 3 位的正整数，求出它的位数和每位上的数字。程序中有 3 处错。

```
main()
{
    int  num;
    scanf("%d", &num);
    if (num<0)
        printf("data error!\n");
    esle if(x<10)
        printf("%d是一个1位数，数字为:%2d\n",num,num);
    else fi(num<100)
        printf("%d是一个2位数，数字分别为:%2d,%2d\n",num/10,num%10);
    else if(num<1000)
        printf("%d是一个3位数，数字分别为:%2d,%2d,%2d\n",num/100,
        num%100/10, num%10);
    else
        printf("data error!\n");
}
```

三、写出下列程序的执行结果

```
main()
{
    int x,y=1,z;
    if (y!=0)
        x=5;
    printf ("x=%d\n",x);
    if (y==0)
        x=3;
```

```
    else
        x=5;
    printf ("x=%d\n",x);
    z=-1;
    if (z<0)
        if (y>0)
            x=3;
        else
            x=5;
    printf("x=%d\n",x);
        if (z=y<0)
            x=3;
        else if (y==0)
                x=5;
    else
        x=7;
    printf("x=%d\n",x);
        printf("z=%d\n",z);
        if (x=y=z)
        x=3;
    printf("x=%d\n",x);
    printf("z=%d\n",z);
}
```

四、编程题

1. 输入 2 个整数，按从大到小的顺序输出。
2. 输入 4 个整数，找出其中的最大值。
3. 输入 3 个整数，按从大到小的顺序输出。
4. 输入 1 个整型成绩分数，显示它的等级，转换规则：90~100 为 A 等，80~89 为 B 等，70~79 为 C 等；60~69 为 D 等，0~59 为 E 等(用块 if 语句实现)。
5. 有一个数学函数，当-5<x<0 时 y=5x ，当 x=0 时 y=3x-1，当 0<x<10 时 y=2x+1，编写一个应用程序，输入 x 值时，计算并输出相关的 y 值。
6. 从键盘上输入一个月的编号(1~12)，显示该月号对应的月英文名。
7. 某商场举行购物优惠活动，(s 代购物款，r 代表折扣)：s<1600 时 r=0%, s<2400 时 r=5%, s<3200 时 r=10%, s<6400 时 r=15%, s>=6400 时 r=20%，输入一个顾客的购物款后，显示它的应付款数。
8. 编写一个程序，将公元 2000 年到公元 3000 年之间所有闰年年号显示出来。

实　训

实训项目：选择结构程序设计

实训性质：设计性

实训目的：

1. 理解选择结构程序设计的特点，掌握选择结构程序设计的一般方法。
2. 熟练掌握 if 语句和 switch 语句。
3. 结合程序掌握一些简单常用的算法。

实训内容：

1. 部分同学反映，对顺序结构程序设计和选择结构程序设计的一般设计方法还不太清楚，请设计一个应用程序可以查询这两种程序设计的一般方法。

程序运行时，先显示一个选项菜单：“1.顺序结构程序设计；(换行)2.选择结构程序设计；”，提示用户输入菜单编号，然后根据用户输入的菜单编号分别进行处理。

用户输入 1 时显示以下内容。

顺序结构程序设计一般分以下四步：

(1) 确定本程序所需变量数目及每个变量的类型；

(2) 确定需要输入哪些数据，如何输入；

(3) 用某种方法(如数学公式)处理数据，产生结果；

(4) 用输出函数输出结果。

用户输入 2 时显示以下内容。

选择结构程序设计一般分以下三步：

(1) 确定判断条件；

(2) 确定可能值；

(3) 最后确定每种可能情况所要进行的处理。

用户查询过程可参照图 4.8。

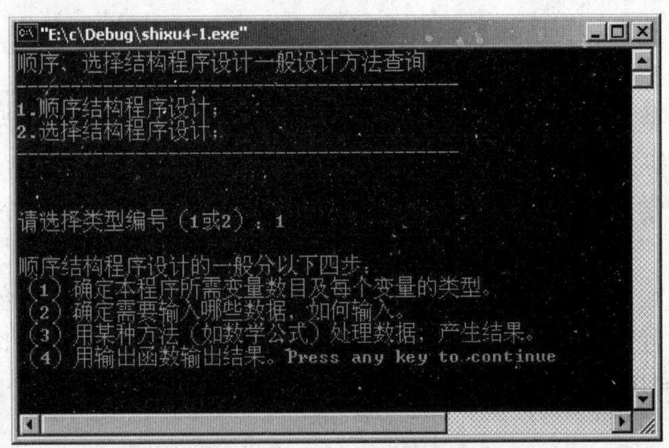

图 4.8 程序设计方法查询

2. 精彩答题游戏，游戏规则：选手先输入自己的编号，然后按计算机所给的提示逐个回答计算机提问，共有 3 道题，每道题有 4 个备选答案，答题时用户只要输入正确答案的编号即可，回答正确加 100，回答错误加 0，最后得分大于或等于 300 分者过关，否则被淘汰。

答题过程设计可参照图 4.9。

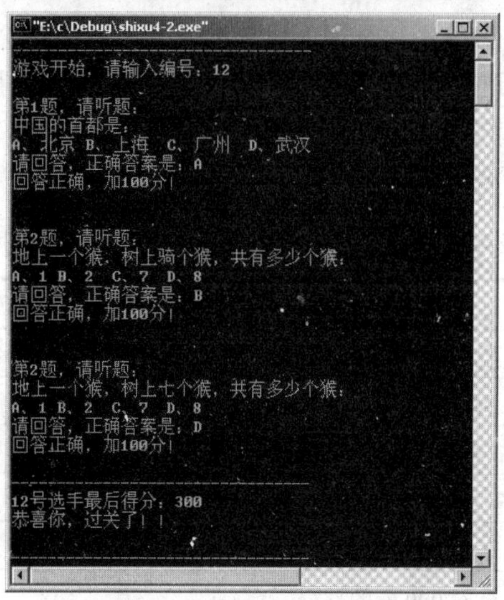

图 4.9　精彩答题游戏

3.　在客户满意度调查中发现，客户的满意度会导致不同的行为特征，见表 4-3 设计一个应用程序，输入一个客户的满意度，查询该满意程度对应的情绪反应和行为。

表 4-3　客户满意度与其行为特征

满意程度	情绪反应和行为
1．很不满意	愤慨、恼怒、投诉、负面宣传
2．不满意	气愤、烦恼
3．不太满意	抱怨、遗憾
4．一般	无明显正、负情绪
5．较满意	好感、肯定、赞许
6．满意	称心、愉快、赞扬
7．很满意	激动、正面宣传

查询过程设计可参照图 4.10。

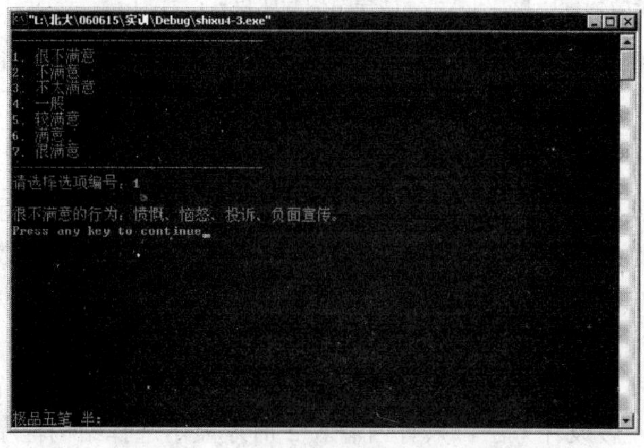

图 4.10　客户满意程度与其行为特征

4. 2005 年 10 月 27 日第十届全国人民代表大会常务委员会第十八次会议对《中华人民共和国个人所得税法》进行了第三次修正。请按照修正后所得税法，设计一个应用程序来计算用户所交税额。要求用 select case 语句实现。

提示：个人所得税税率计算见表 4-4。

表 4-4　个人所得税税率表(工资、薪金所得适用)

级数	全月应纳税所得额	税率(%)
1	不超过 500 元的	5
2	超过 500 元至 2000 元的部分	10
3	超过 2000 元至 5000 元的部分	15
4	超过 5000 元至 20000 元的部分	20
5	超过 20000 元至 40000 元的部分	25
6	超过 40000 元至 60000 元的部分	30
7	超过 60000 元至 80000 元的部分	35
8	超过 80000 元至 100000 元的部分	40
9	超过 100000 元的部分	45

注：本表所称全月应纳税所得额是指依照本法第六条的规定，以每月收入额减除费用 1600 元后的余额或者减除附加减除费用后的余额。

5. 新大新商场，在春节即将来临之际举行大型购物优惠活动。购物少于 100 元时，不优惠；购物满 100 元时，优惠 5%；购物满 200 元时，优惠 10%；购物满 500 元时，优惠 15%，设计一个应用程序，当顾客输入其购物款后，能算出他的应付款。要求应付款保留 2 位小数，用块形式 if 语句实现。

6. (选做题)输入一元二次方程的 3 个系数，求方程的根。要求考虑各种情况。

实训指导：

1. 实训题 1 分析与指导

(1) 菜单的显示直接用 printf 函数将菜单选项直接显示出来即可，例如：

```
printf("1.顺序结构程序设计; \n2.选择结构程序设计; \n");
```

(2) 获取用户输入的菜单选项可用 scanf 函数来实现，若用整型变量 key 来接收用户答案，可用以下语句：

```
scanf("%d",&key);
```

(3) 各个菜单项功能的实现，本题只有两个选项，可用 if 语句的标准形式来解决。用 if 语句对用户输入的菜单编号进行判断，如果编号为 1，可用 printf 函数显示顺序结构程序设计的一般设计方法，否则用 printf 函数显示选择结构程序设计的一般设计方法。

(4) 程序扩展，用 if 语句的标准形式实现以上程序时，用户发现，只要不是输入 1 就会显示选择结构程序设计的一般设计方法，用户想进一步限定，只有当输入 1 时才显示顺序结构程序设计的一般设计方法，只有当输入 2 时才显示选择结构程序设计的一般设计方法，当输入其他字符时提示错误输入。

2. 实训题 2 分析与指导

(1) 题目、备选答案及其他提示信息可用 printf 函数来实现。

(2) 用户答案的获取，可用 scanf 函数来接收用户的输入。

(3) 答案的判断可用 if 语句的标准形式来判断，最后能否过关也用 if 语句的标准形式来实现。

(4) 本题包含 4 个简单选择结构程序设计，代码较长，但难度不大，初学者可严格按照结构程序设计的一般方法处理每一个选择结构。

(5) 当输入字符型数据时，用户一般输入一个字符后再回车，但系统只接收一个字符，在输入缓冲区还剩一个回车符，当程序需要再次输入值时，回车符可以直接赋给相关输入函数，而不再等待用户输入，所以，本程序在运行时，经常出现回答一个题后，却显示好几个题，可用 getchar()函数“吸收”缓冲区中的回车符来解决此问题。

3. 实训题 3 分析与指导

本题要求根据用户输入的客户满意级度，查询对应的情绪反应和行为。显然是一个选择结构的程序设计，因为客户满意级度共有 7 个级别，所以本题是一个典型的多分支选择结构。多分支的选择结构一般要用嵌套的 if 语句、块形式 if 语句或 select case 语句。

4. 实训题 4 分析与指导

此题是一个典型的多分支结构，难度不大，但要注意所得税的计算方法，只是对超额部分按规定的税率计算所得税，而且如果超额部分在不同的税率范围内还应按不同的税率来计算。注意题目要求用 select case 语句来实现。

例如，小刘这个月的薪水是 8688 元，则其应交的个人所得税的计算方法如下：

500*5%+1500*10%+3000*15%+(8688-1600-500-1500-3000)*20%。

说明：小刘的本月月薪是 8688 元，其中 1600 元可免税，其余的 7088 元需要交税。7088 处于表 4-4 的第 4 级，显然前 3 级要按最大超额数来计算，第 4 级因为小刘的超额部分不够最大超额数 20000，只要将未交税的超额余数乘以税率 20%即可。

5. 实训题 5 分析与指导

这是一个典型的多分支选择结构程序设计。注意题目要求用块形式 if 语句实现。保留 2 位小数可用格式符：%0.2f。

6. 实训题 6 分析与指导

(1) 当 a=0,b=0,c=0 时，方程有无数个解。

(2) 当 a=0,b=0,c!=0 时，方程无解。

(3) 当 a=0,b!=0 时，方程只有一个解。

(4) 当 a!=0 时，一元二次方程的实根由其判别式来决定。当判别式等于 0 时，方程只有一个实根；当判别式大于 0 时，方程有两个实根；当判别式小于 0 时，方程有两个虚根。

对于实型变量 a，要判断其是否等于 0，可用 a<1e-6 的形式表示。

实训思考：

用户对本章实训的所有题目均提出一个共同的意见：每次查询或计算出结果后，应用程序结束运行，下次需要查询或计算时，需要再次运行应用程序，操作很不方便，用户希望在启动应用程序后，能接连进行查询或计算。

请以实训内容第 4 题为例完善程序，当用户完成一次查询操作后，提示用户是否需要再次查询，如果选择“是”则继续运行程序完成用户的下一次查询操作，否则结束应用程序。

提示：预习第 5 章。

第 5 章　循环结构程序设计

教学提示：人每天都要吃饭，一日三餐，天天在重复，其实，在我们的日常日活中，有很多事情是需要反复进行的。在程序设计中，也存在很多需要反复进行的操作，如果这种重复性的操作很有规律，可以用 C 语言提供的循环语句轻松实现，如 4.6 节的实训思考题就可用循环结构来实现。本章主要介绍循环结构程序设计的特点、一般方法、循环语句、循环控制等内容。

教学要求：要求学生熟练掌握 while，for，do-while 三种循环语句的使用方法；掌握 break，continue 两种循环控制语句的使用方法；理解循环结构程序设计的特点，掌握循环结构程序设计的一般方法。

5.1　循环结构程序设计

循环结构是结构化程序设计中一种很重要的结构，又称为重复结构。其特点是，在给定条件成立时，反复执行某程序段，直到条件不成立为止。给定的条件称为循环条件，反复执行的程序段称为循环体。

在进行循环结构程序设计时，关键是要设计好循环判断条件和循环体。循环判断条件主要是判断循环体是否需要再次执行，什么时候结束，所以在设计循环判断条件时一定要准确。循环体设计的主要工作是，决定哪些语句应该在循环体内，哪些语句应该放在循环体外，判断的标准是该语句是否需要多次执行，不能放错位置。循环条件和循环体设置不好，很可能得不到预期的结果，甚至出现死循环。

现在，以例 4-14 的生肖查询为例，介绍循环结构程序设计一般的设计思路。

1. 循环条件设计

如果查询人数确定，可用一个变量来记录已查询的人数，循环条件可设计为判断计数变量是否小于指定人数，源程序可以参阅例 5-6，如果不能确定查询的人数，则可约定一个查询结束键，每次查询完一个人后，要求用户输入一个是否继续的选择键，循环条件可设计为用户是否输入查询结束键，源程序可以参阅例 5-1。

2. 循环体设计

生肖判断的有关语句肯定应该放在循环体中，那么，输入出生年份语句和显示查询结果的语句呢？很显然，每次查询都要求输入出生年份，显示查询结果，即需要多次执行，所以这两个语句应放在循环体中。如果循环条件设计为是否输入查询结束键，那么查询结束键的输入语句也应放在循环体中。

4.6 节的实训思考题的循环设计，可参照以上步骤确定循环条件和循环体。

C 语言提供了 3 种循环语句：while 语句、do-while 语句和 for 语句，可以利用它们来组成各种不同形式的循环结构。

5.2 while 语句和 do – while 语句

5.2.1 while 语句

1. while 语句的一般格式

```
while （循环条件表达式）循环体语句
```

说明：

(1) 循环条件表达式，一般是关系表达式或逻辑表达式，必须用括号括起来。只要表达式的值为真(非 0)，则循环继续执行。

(2) 当循环体中超过一个语句时，必须用{}括起来，构成复合语句。

(3) 应注意循环条件的选择，避免死循环。

(4) while 语句先进行条件判断，然后决定是否执行循环体语句，如果第一次条件为假，则循环体语句一次也不执行。

(5) 循环之前要为有关变量赋初值，对于循环控制变量，一般要设置满足循环条件的初值，其他相关变量一般根据需要设置一个特殊值，如 0、1、空串等。

2. 执行过程

先计算循环条件表达式的值，如果为真(非 0)则执行循环体语句，然后再进行循环判断，直到循环条件表达式的值为假(0)，结束循环，转去执行 while 语句后面的语句。while 语句的执行流程如图 5.1 所示。

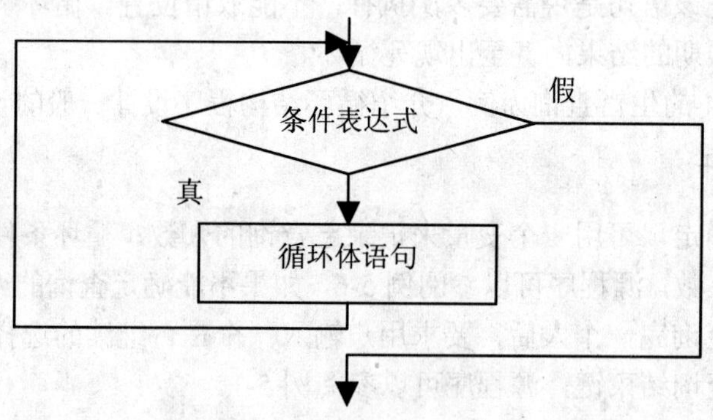

图 5.1 while 语句的执行流程

【例 5-1】 输入一个人的出生年份，显示他的生肖，要求可连续查询，按'Y'键时继续判断，按其他键结束。

```
#include<stdio.h>
main()
{
    int year,x,n;
    char c='y';                    /*注意，赋初值时应保证程序执行循环体*/
```

```
    while(c=='y'|| c=='Y')
    {/*循环体开始*/
        scanf("%d",&year);   /*输入出生年份的语句，应放在循环体中*/
        if(year>0)
        {
            x=year%12;
            switch(x)
            {
                case 0:
                    printf("猴\n");
                    break;
                case 1:
                    printf("鸡\n");
                    break;
                case 2:
                    printf("狗\n");
                    break;
                case 3:
                    printf("猪\n");
                    break;
                case 4:
                    printf("鼠\n");
                    break;
                case 5:
                    printf("牛\n");
                    break;
                case 6:
                    printf("虎\n");
                    break;
                case 7:
                    printf("兔\n");
                    break;
                case 8:
                    printf("龙\n");
                    break;
                case 9:
                    printf("蛇\n");
                    break;
                case 10:
                    printf("马\n");
                    break;
                case 11:
                    printf("羊\n");
            }
        }
        else
            printf("请输入一个大于 0 的年份\n");
        /*以下 3 个语句也应放在循环体内*/
        printf("是否要继续查询？继续查询请按<y>:");
        getchar();              /*消去缓冲区中的回车键*/
        scanf("%c",&c);
    }                           /*循环体结束*/
}
```

阅读本程序时，请重点关注与循环相关的程序语句。

【例 5-2】 求 1+2+3+4+…+99+100 的值。

分析：

本例是一个典型的累加问题。对于简单的累加问题应注意以下几点：

(1) 和变量初值为 0。

(2) 累加的开始值，即初值，本例初值为 1。

(3) 累加的结束值，即终值，本例终值为 100。

(4) 相邻两个数的间隔，即步长，本例步长值为 1。

(5) 累加的典型语句为 s=s+i;。

在程序设计时，和变量的初值可在变量定义时初始化，循环变量的初值应在循环语句前预先处理，终值在一般循环条件中体现，步长处理和累加的典型语句为 s=s+i; 则放在循环体中。

程序代码：

```
main()
{
    int i,s=0;
    i=1;                  /*初值处理*/
    while(i<=100)         /*判断条件，终值处理*/
    {
        s=s+i;
        i++;              /*步长处理*/
    }
    printf("s=%d\n",s);
}
```

思考：如果在 while(i<=100)后加一个分号，程序的运行结果将如何？

【例 5-3】 求 1*2*3*4*5*6*7 的值。

分析：

本例是一个典型的累乘问题，程序的总体结构与例 5-2 相似。同样，对于简单的累乘问题应注意以下几点。

(1) 积变量初值为 1，同时，连乘很容易产生一个很大的数，要特别注意积变量的数据类型。

(2) 累乘的开始值，即初值，本例初值为 1。

(3) 累乘的结束值，即终值，本例终值为 7。

(4) 相邻两个数的间隔，即步长，本例步长值为 1。

(5) 累乘的典型语句为 s=s*i;。

程序代码：

```
main()
{
    int i,s=1;
    i=1;
    while(i<=7)
    {
        s=s*i;
        i++;
    }
    printf("s=%d\n",s);
}
```

5.2.2　do-while 语句

1. do -while 语句的语法格式

do -while 语句的一般格式：

```
do {
        循环体语句
   }while(循环条件表达式);
```

说明：

(1)　循环条件表达式，一般是关系表达式或逻辑表达式，必须用括号括起来。

(2)　在 if 语句和 while 语句中，表达式后面都不能加分号"；"，而在 do -while 语句中，条件表达式后面的分号"；"不能省。

(3)　注意循环条件的选择，避免死循环。

(4)　do -while 语句先执行循环体，然后进行条件判断，决定是否再次执行循环体，即使第一次条件为假，循环体也要执行一次。这一点和 while 语句是不同的。

(5)　循环体中超过一个语句，必须用{}括起来，构成复合语句。

(6)　循环之前要为有关变量赋初值。

2. 执行过程

先执行循环体语句，然后进行循环条件判断。如果循环条件表达式的值为真，则再次执行循环体语句，直到循环条件表达式的值为假，结束循环。do- while 语句的执行流程如图 5.2 所示。

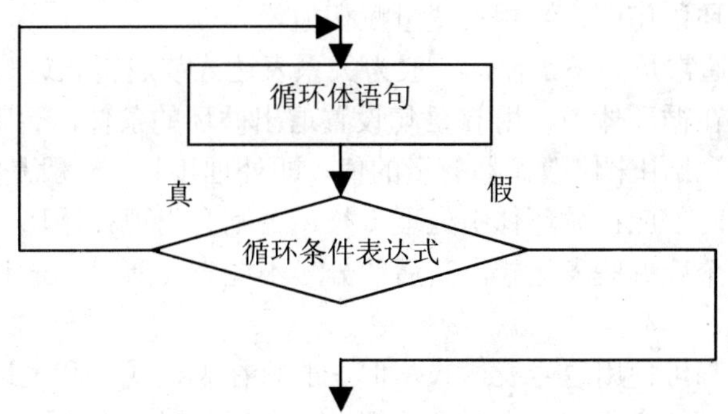

图 5.2　do- while 语句的执行流程

【例 5-4】 求 1+2+3+4+…+99+100 的值。

```
main()
{
    int i,s=0;
    i=1;                    /*初值处理*/
    do
    {
        s=s+i;
        i++;                /*步长处理*/
    } while(i<=100);        /*判断条件，终值处理*/
    printf("s=%d\n",s);
}
```

用 do-while 语句求和，与 while 语句很接近，只是将 while 的条件表达式移到循环体的后面，在循环体前加一个 do。

【例 5-5】 求 1*2*3*4*5*6*7 的值。

```
main()
{
    int i,s=1;
    i=1;
    do
    {
        s=s*i;
        i++;
    } while(i<=7);         /*注意后面的分号*/
    printf("s=%d\n",s);
}
```

5.3 for 语句

for 语句是 C 语言所提供的功能最强、使用最广泛的一种循环语句。

1. for 语句的一般格式

```
for (表达式 1; 表达式 2; 表达式 3) 循环体语句
```

说明：

(1) 表达式 1：通常用来给变量赋初值，一般为赋值表达式，表达式 1 可省略，省略表达式 1 时，应在循环语句前，给相关变量赋初值。

(2) 表达式 2：通常是循环条件，一般为关系表达式或逻辑表达式，表达式 2 也可省略，当其省略时，应在循环体中，用 if 语句设置退出循环的条件，否则会出现死循环。

(3) 表达式 3：通常用来修改循环变量的值，即处理步长，一般是赋值语句，表达式 3 也可省略，当其省略时，应在循环体中处理步长，否则会出现死循环。

(4) 无论省略哪个或哪些表达式，其后的分号不能省，所以 for 语句的括号内，有且只有两个分号。

(5) 每个表达式都可使用逗号表达式，但一般只在表达式 1 和表达式 3 中常用。

(6) 循环体只能是一个语句，当循环体超过一个语句时，应加上{}构成复合语句。

(7) 表达式 3 中，改变循环变量值时，一定要使循环趋于结束，否则会出现死循环。

在 for 语句中，可以直接处理循环变量的初值、终值、步长，在这方面比 while 语句和 do-while 语句都方便。

2. 执行过程

for 语句的执行顺序：表达式 1→表达式 2→循环体语句→表达式 3→表达式 2→循环体语句→表达式 3→…→表达式 2。

表达式 1 只执行一次。表达式 2 的值为真继续执行，否则结束循环，如果循环正常结束，则最后执行的一定是表达式 2，即一般情况下表达式 2 是循环的唯一出口。for 语句的执行流程如图 5.3 所示。

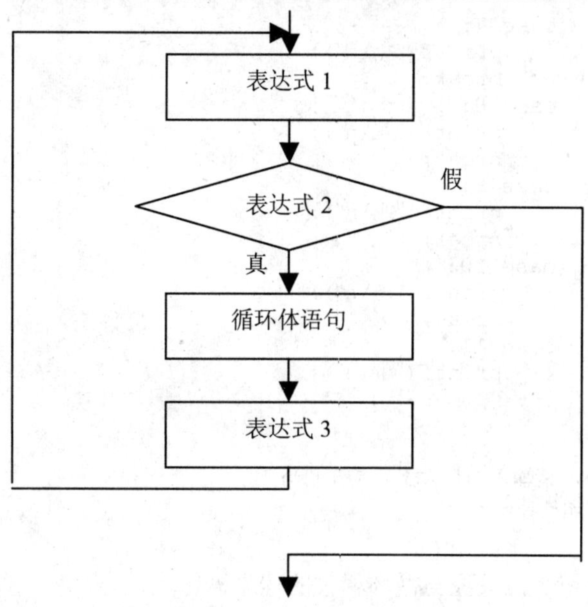

图 5.3　for 语句的执行流程

【例 5-6】 输入一个人的出生年份，显示他的生肖，一次运行可以连续查询 5 个人。

```
#include<stdio.h>
main()
{
    int year,x,n;
    for(n=1;n<=5;n++)          /*本程序可以一次查询 5 个人*/
    {                          /*循环体开始*/
    scanf("%d",&year);         /* 输入出生年份的语句，应放在循环体中*/
    if(year>0)
    {
        x=year%12;
        switch(x)
        {
            case 0:
                printf("猴\n");
                break;
            case 1:
                printf("鸡\n");
                break;
            case 2:
                printf("狗\n");
                break;
            case 3:
                printf("猪\n");
                break;
            case 4:
                printf("鼠\n");
                break;
            case 5:
                printf("牛\n");
                break;
            case 6:
                printf("虎\n");
                break;
```

```
                case 7:
                    printf("兔\n");
                    break;
                case 8:
                    printf("龙\n");
                    break;
                case 9:
                    printf("蛇\n");
                    break;
                case 10:
                    printf("马\n");
                    break;
                case 11:
                    printf("羊\n");
            }
        }
        else
            printf("请输入一个大于 0 的年份\n");
        }       /*循环体结束*/
}
```

阅读本程序时，请重点关注与循环相关的程序语句。

【例 5-7】 求 1+2+3+4+…+99+100 的值。

分析：

在程序设计时，和变量的初值可在变量定义初始化时赋值，也可放在循环的表达式 1 中，循环变量的初值可在表达式 1 中处理，终值在表达式 2 中处理，步长在表达式 3 中处理，累加的典型语句 s=s+i; 放在循环体中。

```
main()
{
   int i,s=0;                  /*和变量 s 初值为 0*/
   for(i=1;i<=100;i++)         /*循环变量 i 的初值为 1，终值为 100，步长为 1*/
     s=s+i;                    /*累加典型语句*/
   printf("s=%d\n",s);
}
```

思考：如果在 for(i=1;i<=100;i++)后加一个分号，程序的运行结果会不会改变？

【例 5-8】 求 1*2*3*4*5*6*7 的值。

分析：

在程序设计时，积变量的初值可在变量定义时初始化(也可放在循环的表达式 1 中)，初值在表达式 1 中处理，终值在表达式 2 中处理，步长在表达式 3 中处理，累乘的典型语句 s=s+i;放在循环体中。

```
main()
{
   int i,s=1;                  /*积变量 s 初值为 1*/
   for(i=1;i<=7;i++)           /*循环变量 i 的初值为 1，终值为 7，步长为 1*/
     s=s*i;                    /*累乘典型语句*/
   printf("s=%d\n",s);
}
```

【例 5-9】 输出菲波那切数列(Fibonacci 数列)的前 20 项。

分析：

所谓菲波那切数列是指数列最初两项的值均为 1，以后每一项为前两项的和，即 1，1，

2，3，5，8，13，…

在程序中，可设 3 个变量 i1、i2、i3，变量 i1 和 i2 表示数列的前两项，变量 i3 表示前两项的和，即当前项，每计算完一个数后，将 i2 的值赋给 i1，将 i3 的值赋给 i2，再计算新的 i3 值。

程序代码：

```
#include "stdio.h"
main( )
{
    int i1=1,i2=1,i3,i;
    printf("\n%5d %5d",i1,i2);
    for (i=3;i<=20;i++)
    {
        i3=i1+i2;
        printf(" %5d",i3);
        i1=i2;
        i2=i3;
    }
}
```

4. *几种循环语句的比较*

(1) C 语言提供的几种循环语句，都可用来处理同一问题，一般情况下，它们可以互相代替。

(2) while 和 do-while 循环，在 while 后面只指定循环条件，需要在循环体中包含使循环趋于结束的语句(如 i++，或 i=i+1 等)，而 for 语句可在表达式 3 中包含使循环趋于结束的语句，甚至可将循环体中的操作全部移到表达式 3 中，因此 for 语句的功能更强，凡用 while 循环能完成的，用 for 循环都能实现。

(3) 使用 while 和 do-while 语句实现循环时，循环变量赋初值操作应在 while 和 do-while 语句之前完成，而 for 语句可在表达式 1 中实现。

(4) 如果循环条件第一次执行时就为假，for 和 while 的循环体一次也不执行，而 do–while 语句则至少要执行一次循环体。

(5) 对于循环变量不是呈规则变化(递增或递减)的循环，最好用 while 或 do-while 语句。

(6) 三种循环语句都可用 break 语句跳出整个循环，用 continue 语句结束本次循环，break 语句和 continue 语句将在 5.5 节中详细介绍。

5.4　循环的嵌套

在一个循环结构中，又包含另一个完整的循环结构称为循环的嵌套。内嵌循环的循环体中还可以出现新的循环，这就构成了多重循环。

C 语言提供的 for 语句、while 语句和 do-while 语句，不但可以嵌套循环语句自身，而且可以相互嵌套，所以在 C 语言中，循环的嵌套有多种形式。

循环嵌套的执行：外层循环体每执行一次，内层循环要整体循环一次(从初值开始，一直执行到不满足循环条件为止)。嵌套循环的执行流程如图 5.4 所示(以两个 while 语句的嵌套为例)。

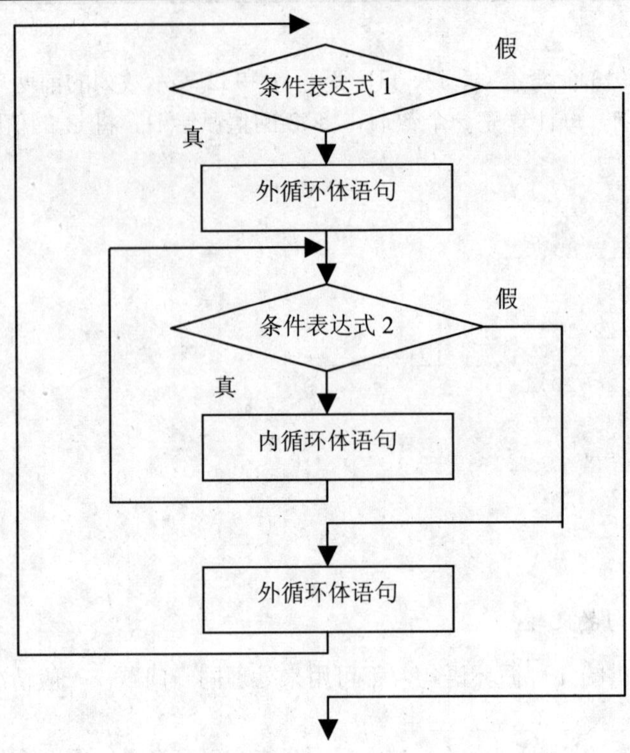

图 5.4　嵌套循环的执行流程

【例 5-10】 求 1!+2!+3!+4!+5!+6!。

分析:

本题要求 6 个数相加，6 个数相加是一个典型的累加问题，可用如下程序段实现:

```
for(i=1;i<7;i++)        (1)
    s=s+i;
```

但这 6 个数不是一个简单的值，而是一个数的阶乘。所以 s=s+i; 语句中的 i 应改为 i!，i!又是一个典型的累乘。可用以下程序段来实现:

```
for(j=1;j<=i;j++)       (2)
    t=t*j;
```

显然(1)的循环体每执行一次，即每加一个数，会对应一个数的阶乘，(2)必须完整(从循环初值一直执行到终值)地执行一次。因此本题要用循环的嵌套来实现，且累加是外循环，累乘是内循环，内外层循环联系，通过外层循环的循环变量 i 来实现。

程序代码:

```
main()
{
    int i,j,s=0,t;
    for(i=1;i<=6;i++)               /*外循环*/
    {
        t=1;                        /*思考：此语句为什么要放在该位置？*/
        for(j=1;j<=i;j++)           /*内循环*/
            t=t*j;
        s=s+t;                      /*外循环语句*/
```

```
    }
    printf("sum=%d\n",s);
}
```

本程序的执行过程：

i=1	t=1	i=5	t=1
	j=1,t=t*j=1*1=1,j++		j=1,t=t*j=1*1=1,j++
	s=s+t=0+1=1,i++		j=2,t=t*j=2*1=2,j++
i=2	t=1		j=3,t=t*j=3*2=6,j++
	j=1,t=t*j=1*1=1,j++		j=4,t=t*j=4*6=24,j++
	j=2,t=t*j=1*2=2,j++		j=5,t=t*j=5*24120,j++
	s=s+t=1+2=3,i++		s=s+t=33+120=153,i++
i=3	t=1	i=6	t=1
	j=1,t=t*j=1*1=1,j++		j=1,t=t*j=1*1=1,j++
	j=2,t=t*j=1*2=2,j++		j=2,t=t*j=2*1=2,j++
	j=3,t=t*j=2*3=6,j++		j=3,t=t*j=3*2=6,j++
	s=s+t=3+6=9,i++		j=4,t=t*j=486=24,j++
i=4	t=1		j=5,t=t*j=5*24=120,j++
	j=1,t=t*j=1*1=1,j++		j=5,t=t*j=6*120=720,j++
	j=2,t=t*j=2*1=2,j++		s=s+t=153+720=873,i++
	j=3,t=t*j=3*3=6,j++		
	j=4,t=t*j=4*6=24,j++		
	s=s+t=9+24=33,i++		

本题还有很多更简洁的实现方法，但是使用循环的嵌套实现思路最简单，初学者比较容易想到此算法，如果使用其他方法实现本题功能，需要一定的编程技巧。

思考：如果不用循环的嵌套，如何实现本题功能？

【例 5-11】 编程显示以下图形：

```
        *
       ***
      *****
     *******
    *********
```

分析：

二维图形的输出要通过双重循环来实现。输出不同的图案由 3 个要素决定，即行数、每行中图标的个数以及每行第一个图标的输出位置。其中行数是由外循环(的循环次数)来控制的，即所谓“外循环控制行”；每行中输出图标的个数由某个内循环(的循环次数)来控制，即所谓“内循环控制列”；而每行第一个图标的输出位置，则由外循环体中的循环控制变量控制。

本例输出的图形共分 5 行，其中第 1 行输出 1 个“*”，第 2 行输出 3 个“*”，第 3

行输出5个“*”，…，依此类推，第i行输出(2*i-1)个“*”。每行第一个“*”的输出，以每行向左移动一个字符位置的速度向左倾斜。

分析了以上3个要素后，就可以编程了。程序由两重for循环构成，外层for循环的循环次数为5，其循环体共分为3部分：

第一部分是for循环j，控制每行第一个“*”的输出，如果要求向左倾斜，即要使下一行输出的行首空格个数较上一行少1个，变量i前要用减号；如果要求向右倾斜，即要使下一行输出的行首空格个数较上一行多1个，变量i前就要用加法；如果不倾斜，就与变量i无关，本循环可以省略。

第二部分是for循环k，它完成各行“*”的输出，并控制每行输出的“*”的个数。每行输出的“*”个数为2*i+1，即输出的“*”个数与行数有关，可用2*i+1作为循环k的循环判断条件。

第三部分是printf("\n")，它的功能是换行，当一行的“*”输完后，一定要换行，因此它也是本程序不可缺少的组成部分。

通过以上分析得知，只要对本例稍加修改，就可以输出不同的图形。

程序代码：

```
main()
{
    int i,j,k;
    for (i=1;i<=5;i++)
    {
        for (j=1;j<=20-i;j++)
            printf(" ");
        for (k =1;k<=2*i-1;k++)
            printf("* ");
        printf("\n");
    }
}
```

思考：如何使以上图形变为钻石形，即要在例5-11显示图形的基础上再添加4行，变化规律：逐行减少2个“*”号，同时显示开始位置逐行向右移动1个位置。

说明：对于简单二维图形的显示，还有一个非常简单的方法，直接用printf函数将结果输出到屏幕上，但对于行数或列数较多的图形，使用循环的嵌套实现比较方便。

5.5 break语句和continue语句

1. break语句

(1) break语句的一般格式：

```
break;
```

(2) 语句功能：break语句只能用于switch语句或循环语句中，其功能是跳出switch语句或跳出本层循环，转去执行其他后继语句。当循环次数不确定，需要在循环语句的执行过程中提前结束循环，或需要循环语句中提供多个出口时，可用break语句。break语句使循环结构编程更加灵活、方便。

(3) 使用方法：在循环语句中，break 语句一般可与 if 语句配合使用，用 if 语句设置退出条件，break 语句则执行退出操作。

在同一个循环语句中可以使用多个 break 语句。break 语句的执行流程如图 5.5 所示。

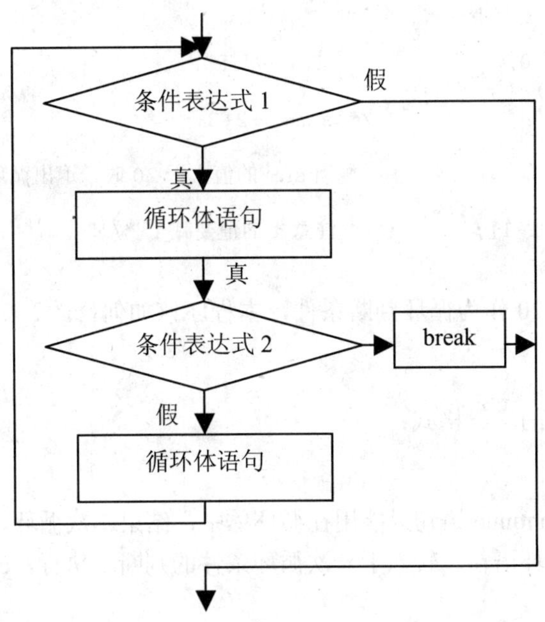

图 5.5　break 语句的执行流程

【例 5-12】 如果圆半径取整数，那么圆面积不超过 150 的最大值是多少，此时的圆半径为多大？

分析：

半径为 10 的圆面积为 314，显然大于 150，所以我们要找的圆半径肯定小于 10(当然，还可进一步精确估计可能的最大值)，那到底是 1～9 中的哪一个值呢？一个最简单的办法就是一个一个试算，当面积刚好大于 150 时结束，它的前一个圆半径，刚好是我们要求的圆半径。

提前结束循环用 break 语句实现。

```
main()
{
    int r;
    float pi=3.1415926,area;
    for(r=1;r<10;r++)
    {
        area=pi*r*r;
        if (area>150)
            break;              /* 面积刚好大于 150 时结束循环 */
    }
    r=r-1;                      /* 最大的圆半径应该是前一个 */
    area=pi*r*r;                /* 重新计算面积 */
    printf("r=%d,area=%f\n",r,area);
```

思考：本题也可直接将面积 area 作为循环结束条件，而不用 break 语句，如果用 area <=150 作为循环判断条件，本程序该如何修改？

【例 5-13】 已知 sum=1+2+3+…+i+…，求 sum 大于 20 时，i 的最小值。

```
#include "stdio.h"
main( )
{
    int i=1,sum=0;
    while (i<10) {
    sum+=i++;                   /* sum=1+2+3+… */
    if (sum>20)
        break;                  /* 当 sum 的值大于 20 时，退出循环 */
    }
    printf("%d",i-1);           /* 注意 i 的值要减 1 */
}
```

思考：如果用 s<=20 作为循环判断条件，本程序该如何修改？

2. continue 语句

(1) continue 语句的一般格式：

```
continue;
```

(2) 语句功能：continue 语句只能用在循环体中，结束本次循环，即不再执行循环体中 continue 语句之后的循环语句，转入下一次循环条件的判断与执行。continue 语句的执行流程如图 5.6 所示。

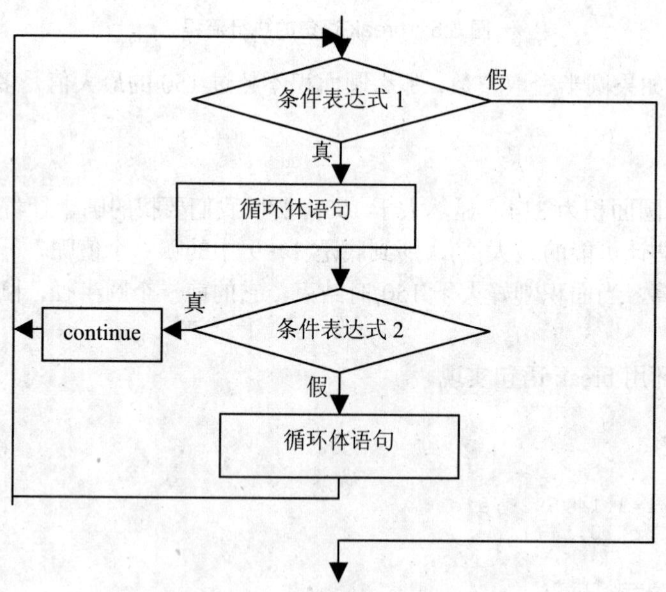

图 5.6　continue 语句的执行流程

注意，本图以 while 语句为例说明 break 语句的执行流程，如果是 for 语句，则执行 continue 语句后回到 for 语句表达式 3，而不是条件判断(即 for 语句的表达式 2)。

注意：continue 语句只是不再执行其后循环体语句，转去执行判断循环条件的操作(对于 for 语句则执行表达式 3)，并不结束本层循环，完全不同于 break 语句。认真比较以下两个程序的运行结果，找出产生不同的原因。

<table>
<tr><th>break 语句</th><th>continue 语句</th></tr>
<tr><td><pre>main()
{
   int k;
   for(k=1;k<=7;k++)
   {
       if(k%3= =0)
         break;

printf("%3d",k);
  }
printf(" k=%2d",k);
}</pre></td><td><pre>main()
{
   int k;
   for(k=1;k<=7;k++)
   {
       if(k%3= =0)
         continue;

printf("k=%3d",k);
  }
printf(" k=%2d",k);
}</pre></td></tr>
<tr><td>结果：1 2 k= 3</td><td>结果：1 2 4 5 7 k= 8</td></tr>
</table>

【例 5-14】 编程计算，从键盘上输入的 10 个整数中，所有正数之和。

分析：

每输入一个整数后，判断其是否为非正数，如果是则不参与求和，直接转到语句 i++ 处执行，如果不是则参与求和。

```
main( )
{
    int i,num, sum=0;
    printf("please input number:");
    for (i=1;i<=10;i++)
    {
        scanf("%d",&num);
        if (num<=0)
            continue;
        sum+=num;
    }
    printf("sum=%d",sum);
}
```

【例 5-15】 把 100～200 之间的不能被 3 整除的数输出。

分析：

从 100 开始，判断此数是否能被 3 整除，如果能被 3 整除，则继续寻找；如果不能被 3 整除，则输出此数。

```
#include "stdio.h"
main( )
{
    int n;
    for(n=100;n<=200;n++)
    {
        if(n%3==0)
            continue;
        printf("%d  ",n);
    }
}
```

5.6 循环结构程序设计综合应用

【例 5-16】 求 1/2+1/3+1/4+1/5+…+1/100 的值。

分析：

虽然各个加数值的变化没有规律，但各个加数的分母变化很有规律，可用一个循环变量控制分母的变化，然后将循环变量的值取倒数就变成了本题对应的加数，即 s=s+1.0/i。

```
main()
{
    int i;
    float s=0;
    for(i=2;i<=100;i++)
        s=s+1.0/i;
    printf("s=%f\n",s);
}
```

思考：在语句 s=s+1.0 / i;中，如果将 1.0 改为 1，程序的运行结果会不会改变？

【例 5-17】 输入一个大于 2 的整数 n，判断其是否为素数。

分析：

素数是除了 1 和它本身以外，不能被其他数整除的数。

设该数为 n，可以在[2, n−1]范围内逐个取数，判断该数是否能被 n 整除，如果都不能，则 n 为素数，否则不是素数。因为一个数的因子总是成对出现，显然，如果有因子，一定有一个在 n 的平方根之前(包括平方根)，而另一个一定在 n 的平方根之后(包括平方根)。判断一个数不是素数，只要找到一个除 1 和它本身的外因子即可，所以查找范围可缩小到 n 的平方根之内(包括平方根)。

在编写程序时，可用循环在 2 到 n 的平方根之内逐个数判断，如果找到一个因子，则提前结束循环，如果找不到因子则按循环条件正常结束循环，因为这两种方法结束循环时，循环控制变量的值不同，所以可以通过检查循环变量的值来确定，程序是否正常结束循环，如果循环是正常结束，则该数为素数，否则该数不是素数。判断一个数是不是 n 的因子，可用 n 除以该数取余，如果余数为 0 则说明该数是 n 的因子。

程序代码：

```
#include<math.h>
main()
{
    int n,k,i;
    scanf("%d",&n);
    k=sqrt(n);
    for(i=2;i<=k;i++)
        if(n%i==0)          /*找到一个非 1 非 n 本身的因子*/
            break;          /*提前结束循环*/
    if(i>k)                 /*循环正常结束，没找到非 1 非 n 本身的因子*/
        printf("%d 是素数\n",n);
    else                    /*提前结束循环，找到非 1 非 n 本身的因子*/
        printf("%d 不是素数\n",n);
}
```

思考：如何找出所有三位的素数？

在例 5-17 中，素数判断的方法采用对每个可能的值逐个进行处理，这种方法称为“穷举法”，这种方法虽然思路非常简单，而且效率也不高，但它却比较实用，如很多人采用这种方法来破解密码。

【例 5-18】 输入两个正整数 m 和 n，求它们的最大公约数和最小公倍数。

分析：

求最大公约数可用辗转相除法，用大数除以小数，然后将小数作大数，用余数作小数，继续相除，直到余数为 0 结束，最后一次相除时，小数即为最大公约数。

两个数的最小公倍数是两个数的乘积除以这两个数的最大公约数。

```
main()
{
    int r,i,j,t;
    printf("请输入两个整数: ");
    scanf("%d,%d",&i,&j);
    if(i<j)                    /*确保 i 为大数，j 为小数*/
    {
        t=i;
        i=j;
        j=t;
    }
    r=i%j;                     /*给余数赋初值，准备循环*/
    while(r!=0)                /*辗转相除法，直到余数为 0 结束循环*/
    {
        i=j;                   /*小数变大数*/
        j=r;                   /*余数变小数*/
        r=i%j;
    }
    printf("最大公约数为: %d\n",j);
    printf("最小公倍数为: %d\n",(m*n)/j);
}
```

思考：如何实现将输入一个分数化为最简形式？

【例 5-19】 求 1-1/2+1/3-1/4+1/5-1/6+…-1/100 的值。

分析：

用一个变量专门处理符号位，每处理一个数后，将符号位变量取反，注意符号位变量的初值，它必须与第 1 个数的符号保持一致。

```
main()
{
    int i,t=1;                 /*变量 t 作为正负符号标志*/
    float s=0;
    for(i=1;i<=100;i++)
    {
        s=s+t*1.0 / i;
        t=-t;                  /*每次取相反数*/
    }
    printf("s=%f\n",s);
}
```

思考：如果不用一个变量来处理符号位，该如何修改程序？

【例 5-20】 输入 10 个正整数，求其最大值。

分析：

正整数肯定大于 0，可先假定最大值为 0，即变量 max=0，然后用循环输入 10 个数，每输入一个数，将其与 max 比较，如果刚输入的数比 max 大，则将其值存入 max 变量中。

```
main()
{
    int i,n,max=0;
    for(i=1;i<=10;i++)
    {
        scanf("%d",&n);
        if (max<n)
            max=n;
    }
    printf("max=%d\n", max );
}
```

思考：如何求所输入 10 个数的最小值？

习　题

一、单项选择题

1. for(i=1;i<9;i+=1);该循环共执行了____次。
   A. 7　　B. 8　　C. 9　　D. 10
2. int a=2;while(a=0) a--;该循环共执行了____次。
   A. 0　　B. 1　　C. 2　　D. 3
3. 执行完循环 for(i=1;i<100;i++);后，i 的值为____。
   A. 99　　B. 100　　C. 101　　D. 102
4. 以下 for 语句中，书写错误的是_____。
   A. for(i=1;i<5;i++);　　B. i=1;for(;i<5;i++);
   C. for(i=1;i<5;) i++;　　D. for(i=1,i<5,i++);
5. ______语句，在循环条件初次判断为假，还会执行一次循环体。
   A. for　　B. while　　C. do-while　　D. 以上都不是
6. 循环结构的特点是_____。
   A. 从上至下，逐个执行　　B. 根据判断条件，执行其中一个分支
   C. 满足条件时反复执行循环体　　D. 以上都对

二、程序改错题

1. 以下程序求 1+1/3+1/5+1/7+…+1/51 的值，此程序有 4 处错误。

```
main()
{
    int i,s=0;
    for(i=3;i<52;i++);
    {
        s=s+1/i;
```

```
        i++;
    }
    printf("sum=%d\n",s);
}
```

2. 以下程序是显示[200，300]所有能被 7 整除的数，每行显示 5 个数，此程序有 5 处错。

```
main()
{
    int i,n=0; /*n 用来记录每行已打印数的个数*/
    while(i<300)
    {
        if(i%7==0)
            break;
        printf("%5d",i);
        n=n+1;
        if(n=5)/*满 5 个换行*/
        {
            printf("\n");
            n=0;
        }
    }
}
```

3. 以下程序是求 1!+2!+3!+4!+5!+6!+7！的值，其中有 3 处错误。

```
main()
{
    int i,s,t=0;
    for(i=1;i<=7;i++)
    {
        s=0;
        t=t*i;
        s=s+t;
    }
    printf("sum=d\n",s);
}
```

三、写出下列各程序的运行结果

1.

```
main()
{
    int k,n,m;
    n=10;m=1;k=1;
    while (k++<=n)
        m*=2;
    printf("%d\n",m);
}
```

2.

```
main()
{
    int x=2;
    while (x--);
    printf("%d\n",x);
}
```

3.

```
main()
{
int i=0,sum=1;
do
{
    sum+=i++;
}while (i<5);
printf("%d\n",sum);
}
```

4.

```
main()
    {
    int i,j;
    for (i=4;i>=1;i--)
        {
        printf("*");
        for (j=1;j<=4-i;j++)
            printf("*");
            printf("\n");
        }
    }
```

四、编程题

1. 求 10！的值。

2. 求 2+4+6+…+200 的值。

3. 求 2/(3*4)+4/(5*6)+6/(7*8)+…+20/(21*22)的值。

4. 从 2 开始求 n 个连续偶数之和，其中 n 由用户运行时输入。

5. 求[50，200]间能被 6 整除，但不能被 5 整除的数之和。

6. 求 1/2-2/3+3/4-4/5-5/6+…+79/80 的值。

7. 输入整型成绩，显示它的等级，转换规则： 90～100 为 A 等，80～89 为 B 等，70～79 为 C 等；60～69 为 D 等，0～59 为 E 等。输入-1 表示结束。

8. 输入一个班的成绩，求总分、平均分、最低分和最高分，成绩输入以-1 表示结束。

9. 中国天才中学 1 班要组织一次业余歌手大赛，专门请了 10 位顶级专家做评委。计分采用 10 分制，保留 1 位小数，每位选手唱完后，10 位评委分别给一个分数。将各位评委的评分收集后，先去掉最高分和最低分再将各分数相加算出总分，将总分除以 8 即得最后成绩。最终结果要求保留 2 位小数。请编写一个程序实现以上功能。

实　训

实训项目：循环结构程序设计

实训性质：设计性

实训目的：

1. 掌握 for 语句、while 语句和 do-while 语句的使用方法。

2. 掌握 break 语句和 continue 语句的使用方法。

3. 学习与掌握一些简单算法。

实训内容：

1. 修改第 4 章实训题 3，让用户每次启动程序后，用户可以查询 7 次。

2. 修改第 4 章实训题 4，在用户每次查询后，询问用户是否需要再次查询，如果用户输入“y”或“Y”则继续让用户查询，否则，结束运行应用程序。

3. 设计一个通用的累加应用程序，输入初值、终值和步长可计算出连加的和。

4. 设计一个应用程序，显示十二生肖及其编号，当用户输入一个生肖编号后，再输入查找范围即可显示该范围内对应生肖的所有年份。

查询过程设计可参照图 5.7。

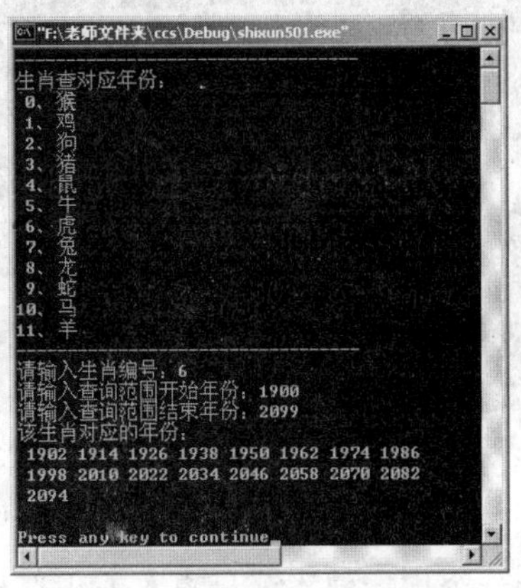

图 5.7　生肖查询年份

5. 编写一个应用程序，查找并显示最小的 10 个 4 位的素数。

6. 中国天才中学(1)班要组织一次业余歌手大赛，专门请了 10 位顶级专家做评委。计分采用 10 分制，保留 1 位小数，每位选手唱完后，10 位评委分别给一个分数。将各位评委的评分收集后，先去掉最高分和最低分再将各分数相加算出总分，将总分除以 8 即得最后成绩。最终结果要求保留 2 位小数。请编写一个程序实现以上功能。

评分计算过程可参照图 5.8。

图 5.8　比赛评分

7. 设计一个猜数游戏，计算机随机产生一个数，由用户来猜，如果猜对，则显示“好运今天属于你，强烈建议你去买足彩！”，如果猜错，则提示用户其猜测值是偏大还是偏小，一共有 10 次机会，而且要提示他正在进行第几次猜测。

提示：产生随机数可用 rand 函数，它属于 stdio.h 头文件。

游戏过程设计可参照图 5.9。

图 5.9　猜数游戏

8. 用循环结构程序设计一个你最熟悉或最喜欢或正在构想的小游戏。

实训指导：

1. 实训题 3 分析与指导

(1) 可用 3 个变量来接收用户输入的初值、终值和步长值，然后用循环语句(本题用 for 语句最方便)求和。

(2) 要注意加强对用户输入的步长值的判断，如果初值小于终值，要求步长为正，如果初值大于终值，要求步长为负，同时注意步长不能为 0，否则出现死循环(提示，若出现死循环可按【Ctrl+Pause/Break】结合键来中断程序运行)。

2. 实训题 4 分析与指导

(1) 用户已输入了查找范围，可在用户输入的范围内逐个年份去判断，是否属于指定的生肖，可将范围的起点作为循环的初值，范围的终点作为循环的终值，步长为 1。

(2) 为了优化程序，减少编程量，在设计生肖编号时，可将该生肖对应年份除以 12 的余数设为该生肖的编号。

(3) 生肖每十二年循环一次，可将循环变量的步长设为 12 来优化程序。但此时，要注意确定指定生肖在用户查找范围内的第 1 个年份。

3. 实训题 5 分析与指导

(1) 素数的判断方法，可用循环在 2 到 n 的平方根之内逐个数判断，如果找到一个因子，则提前结束循环，如果找不到因子则按循环条件正常结束循环，因为这两种方法结束循环时，循环控制变量的值不同，所以可以通过检查循环变量的值来确定程序是否正常结束循环，如果循环是正常结束则该数为素数，否则该数不是素数。判断一个数是不是 n 的因子，可用 n 对该数取余，如果余数为 0 则说明该数是 n 的因子。

(2)　查询 4 位数的素数，可在 1000～9999 范围内寻找，因为起点小于终点，所以首先寻找到的素数比其后寻找到的素数要小，前 10 个就是本题的查找目标。

(3)　数目 10 的确定，可添加一个变量用作素数计数，每找到一个素数，其值加 1，当其等于 10 时，用 break 语句结束循环。

4. 实训题 6 分析与指导

(1)　查找评委评分的最高分，其实是一个求最大值的问题，可参阅例 5-20，同时，查找最低分，其实是一个求最小值的问题。计算总分，其实是一个 10 个数求和的问题。

(2)　10 位评委的评分可通过循环语句逐个值输入。但存在一个严重的问题，评委评分值如何保存，因为变量“喜新厌旧”，当新输入一个评委的评分时，会覆盖前一个评委的评分，所以，必须在输入评委的评分后立即进行处理(求和、求最大值、求最小值操作)。

(3)　最后成绩的计算，可将已求出 10 位评委的评分，减去最高分和最低分，然后再除以 8.0 即可。

(4)　输出时显示 2 位小数，可用“%.2f”来实现。

5. 实训题 7 分析与指导

(1)　系统先用 rand 函数产生一个随机数，准备给用户来猜。当用户输入一个数时，将其与产生的随机数比较，并将比较的结果返回给用户。

(2)　用户只有 10 次猜错的机会，所以还要用一个变量来记录用户猜错的次数，当该变量的值大于 10 时就不能让用户再猜。

实训思考：

用户在操作实训内容第 7 题所对应的应用程序时，提出以下意见：

1.　一次只能猜一个数，希望每猜完一个数后设计一个提示，询问用户是否还要继续猜数，如果用户按“y”则继续，否则结束。当用户猜错时，提示用户还要多少次机会。

2.　希望能将各个评委的评分保存下来，按从高到低的顺序显示出来。

提示：

(1)　可用嵌套的循环来实现。

(2)　预习第 6 章。

第 6 章 数 组

教学提示：在程序设计时，很多时候需要处理大量的数据，如要处理全校学生的成绩，5.8 节实训思考题 2，要保存各位评委的评分等。面对大量的数据，用简单变量来处理，变量命名麻烦，管理变量更不方便。C 语言提供了数组类型，可将大量相关数据存放在一个有序的数组中，方便操作。本章主要介绍数组的有关概念、分类、定义、引用、初始化等的操作方法。

教学要求：要求学生掌握一维数组和二维数组的定义、引用及初始化；理解与掌握一维数组的应用、简单排序算法；理解字符数组与字符串的含义。

6.1 数组概述

在 C 语言中，可以将相关的变量按照一定的规则构成一个整体，统一管理，这就是 C 语言的构造类型，有人也称它为“导出类型”。C 语言的构造类型不同于基本类型，它包含多个成员，可存放多个值，是一种复杂的类型。C 语言的构造类型有数组、结构体和共用体，其中数组最简单也最常用。

数组是有序数据的集合，数组中所有成员具有相同的数据类型。同一数组具有相同的数组名，数组名用来标识整个数组的首地址，通过数组元素的下标来标识同一个数组中各个数组元素。C 语言中数组元素的下标从 0 开始计数。数组(以含 4 个元素的数组 a 为例)的有关概念如图 6.1 所示。

数组名	数组	数组元素	元素值	下标
a→	12	a[0]	12	0
	34	a[1]	34	1
	56	a[2]	56	2
	78	a[3]	78	3

图 6.1 数组示意图

数组所占空间等于每个数组元素所占空间乘以数组元素的个数。假设以上数组 a 为整型，则数组 a 所占存储空间为 8 个字节(假定一个整数占 2 个字节)。

有了数组，100 个变量的存放就很简单了，定义包含 100 个元素的数组即可。对于 5.8 节实训思考题 2，定义包含 10 个元素的数组，即可将各个评委的评分保存下来。

数组可分为一维数组、二维数组和多维数组。一维数组带有一个下标，二维数组带有两个下标。

6.2 一维数组

6.2.1 一维数组的定义

一维数组定义的一般形式：

类型说明符 数组名 [常量表达式];

说明：

(1) 类型说明符，实际上说明的是数组元素的取值类型，同一个数组，所有数组元素的数据类型一致。

(2) 数组名，属于标识符，其命名应符合标识符的命名约定。

(3) 常量表达式，必须用方括号括起来，而不是圆括号。

(4) 方括号内的常量表达式，表示数组元素的个数，即数组的长度。

(5) 不能在方括号中，用变量来表示数组元素的个数，只能是符号常量或常数。

(6) 允许在同一个类型说明中，同时定义多个数组或多个变量。

如：

```
#define N 5  int a[N];  /*正确，定义了含 5 个元素的整型数组 a*/
int b[4],c[7];          /*正确，同时定义两个数组*/
long d[10];             /*正确，定义了含 10 个元素的长整型数组 d*/
float 1d[3];            /*错误，数组名错*/
double d1[n];           /*错误，定义时数组长度不能为变量*/
int a,a[3];             /*错误，数组名与变量名在同一范围内同名*/
long f(4);              /*错误，数组名后的常量不能用圆括号括起来*/
```

思考：比较数组的定义与简单变量的定义在形式上有何不同？

如：

```
int a;
    int a[10];
```

6.2.2 一维数组的引用

数组元素是组成数组的基本单元，它其实也是一种变量，通常称为下标变量。必须先定义数组，才能使用下标变量。

在 C 语言中，只能逐个使用下标变量，而不能一次引用整个数组。

数组元素的表示形式如下：

数组名[下标]

说明：下标可以是整型常量或整型表达式，还可以是整数变量(其实还可以为字符型数据，不过很少使用)，若下标为实数，C 语言编译系统将自动取整。

注意：数组的下标从 0 开始，在引用数组元素时，下标可用变量，而定义时，不可用变量作为数组的定义长度。

例如：

```
a[1], a[3+5],a[9-2],a[i++],a[i+j]
```

都是合法的数组元素引用。

又如：

```
int a[5];
```

定义了 5 个元素，分别是 a[0]、a[1]、a[2]、a[3]、a[4]。

注意：int a[5]; 与 a[5]中数字 5 含义完全不同。int a[5]; 中的 5，表示数组 a 的元素个数，即定义数组 a 的长度为 5，a[5]中的 5，表示数组 a 的下标，即标识其为数组 a 的第 6 个元素。

6.2.3　一维数组的初始化

一维数组初始化赋值的一般形式：

```
类型说明符 数组名[常量表达式]={值，值，…，值};
```

说明：

(1) 在{ }中的各数据值，即为各元素的初值，各个值之间用逗号隔开。

(2) 可以只给部分元素赋初值，当初值的个数少于元素个数时，只给前面部分元素赋值。

(3) 只能逐个给元素赋值，不能给数组整体赋值，如不能用 int a[5]=1; 给全部元素置 1。

(4) 如果没给数值型的数组赋初值，则全部数组元素的值均为 0。

(5) 如果给全部元素均赋初值，则在数组定义时，可以不指明数组元素的个数。

例如：以下数组的初始化赋值都是合法的。

```
int a[5]={1,2,3,4,5};    /*a[0]=1, a[1]=2, a[2]=3, a[3]=4, a[4]=5*/
int a[]={1,2,3,4,5};     /*a[0]=1, a[1]=2, a[2]=3, a[3]=4, a[4]=5*/
int a[5]={1,2,3};        /*a[0]=1, a[1]=2, a[2]=3, a[3]=0, a[4]=0*/
```

但：int a[]={1,2,3};　　/* a[0]=1, a[1]=2, a[2]=3，注意其长度为 3 而不是 5*/

6.2.4　一维数组的应用举例

【例 6-1】 已知 10 个数(12,23,34,45,56,67,78,89,90,1)，求它们中的最大值。

```
main()
{
    int i,max;
    int num[10]={12,23,34,45,56,67,78,89,90,1};
    max=num[0];           /*假定第 1 个元素值最大*/
    for (i=1;i<10;i++)  /*将假定的最大值与其后的元素比较，用循环实现*/
    if (num[i]>max)
        max=num[i];       /*若发现比假定最大值大的值，则将其作新的最大值*/
    printf("max=%d\n",max);
}
```

思考：已知 10 个数，如何求其最小值？

【例 6-2】 输入 10 个整数，然后按输入时的顺序逆序输出。

分析：

因为数组元素只能逐个处理，所以输入时要一个一个元素分别输入值，因此，很容易想到以下数组元素输入语句：

```
scanf("%d",&num[0]);
```

```
scanf("%d",&num[1]);
scanf("%d",&num[2]);
…
scanf("%d",&num[9]);
```

显然，这 10 个输入语句很有规律，可用循环来实现输入，可用循环控制变量来控制数组下标的变化，其初值为 0，终值为数组最大下标值即长度减 1，步长为 1。同样，数组的输出操作也可用循环来实现。

数组的逆序输出，可直接将数组从最后一个元素开始，向前逐个元素输出，但此时，数组本身并没有真正的逆序。

程序代码：

```
main()
{
    int i;
    int num[10];
    for(i=0;i<10;i++)          /*数组输入 */
        scanf("%d",&num[i]);
    for (i=9;i>=0;i--)          /*数组输出*/
        printf("%5d",num[i]);
}
```

说明：数组的输入输出一般用循环实现，而且方法比较固定，稍作修改可应用到其他程序。

思考：

(1) printf("%5d",num[i]);中 5 有何作用？还可以用哪些方法实现此功能？

(2) 如何将数组各个元素真正逆序存放？

【例 6-3】 输入 10 个整数，计算平均值，并统计其中奇数个数。

分析：

奇数的特点，除以 2 余数为 1，可用 $n\%2==1$ 来判断 n 是否为奇数。在程序中，可以先用循环输入数组，然后再用循环对数组元素求和、判断奇偶性，也可以在输入时，每输入一个元素处理一个元素。

程序代码：

```
main()
{
    int i,sum=0, n=0,num[10];
    float ave;
    for(i=0;i<10;i++)
    {
        scanf("%d",&num[i]);
        sum=sum+num[i];
        if(num[i]%2==1)
            n++;
    }
    ave=sum/10.0;
    printf("ave=%f\n",ave);
    printf("num=%d\n",n);
}
```

【例 6-4】 输入 100 个整数，按从小到大的顺序输出。

分析：

数组只能解决数据存储问题，而不能解决排序方法问题，对个数较多的一组数据排序时，一般都要使用数组来存储数据。给 3 个数排序，用几个 if 语句很快能实现。给 100 个数排序，情况要复杂很多，需要写 4950 个 if 语句，因此，一般要通过专门的排序算法来实现。现介绍两个常用的简单排序算法：冒泡法和选择法。

1. 冒泡排序法的基本思路(按从小到大顺序排序)

从头至尾，依次比较相邻两个元素的大小，将大的放在后面，小的放在前面，整个数组扫描处理一遍后，最大的元素就排在最后(即大数沉底，小数上冒，所以称冒泡法)，至此，最大数的排列位置已确定。

然后再将前面各个较小的数(未排序的数)，按同样的方法扫描处理，可找出未排序数中的最大数(整个数组中第二大的数)，将其放在较小数的最后(数组最大数的前面)，至此，数组第二大数排列位置已确定。

按同样的方法对数组多次扫描处理，当最后只剩一个数未确定位置时，结束扫描，整个数组排序完成。

多次扫描的处理方法相同，可用循环来控制扫描次数。每轮扫描时，总是比较相邻两个数，处理方法也相同，也可用循环来实现。因此本题可用循环的嵌套来实现，外层循环控制扫描的次数，内层循环控制具体的扫描过程。

程序代码：

```
main()
{
    int i,j,temp,num[100];
    printf("input 100 numbers:\n");
    for(i=0;i<100;i++)                          /*数组输入*/
        scanf("%d",&num[i]);
    printf("\n");
    /*冒泡法排序*/
    for(i=0;i<99;i++)                           /*外层循环，控制扫描次数*/
    /*沉底的数已排序，不需再比较，所以每次扫描数的个数减 1，由 i 控制*/
        for(j=0;j<99-i;j++)                     /*内层循环，控制每轮扫描的具体过程*/
            if(num[j]>num[j+1])                 /*比较相邻两个数*/
            {
                temp=num[j];
                num[j]=num[j+1];
                num[j+1]=temp;
            }
    for(i=0;i<100;i++)
        if(i%10= =0)     /*每行输出 10 个数*/
            printf("%5d\n",num[i]);
        else
            printf("%5d",num[i]);
}
```

2. 选择排序法的基本思路(按从小到大顺序排序)

先假定第 1 个元素值最小，然后将其与其后的各个元素值逐个比较，若后面的元素值小于第 1 个元素值，则将该元素与第 1 个元素交换数值，比较完所有元素后，第 1 个元素的值真正成为数组中最小的值，第一轮扫描完成后，已确定最小数及其排列位置。

然后，假定第二个元素是未排序元素中值最小的元素，用同样的方法与其后的元素逐个进行确认比较，第二轮扫描完成后，第二个元素真正成为数组中第二小的元素。

按同样的方法多次扫描处理，直到最后只剩下一个元素未排好序时结束，整个数组排序完成。

选择排序法同样需要用循环的嵌套来实现。

在程序设计中，可对以上选择排序算法进行优化，其实，在每轮扫描中，当找到一个比假定最小元素还小的元素时，并不能完全确定该元素是真正最小的元素，只有当扫描完整个数组后才能确定真正最小的元素，如果每次找到比假定最小值还小的元素时，均将其与假定最小的元素交换值，程序在运行时，可能会频繁交换数据，影响程序执行的效率。所以，可以在找到一个比假定最小元素还小的元素时，先记下该元素的下标，而不交换值，当扫描结束后，才将找到最小值与指定位置的元素交换值，减少数据交换的次数，提高程序执行的效率。

程序代码：

```
main()
{
    int i,j,k,temp,num[100];
    printf("input 100 numbers:\n");
    for(i=0;i<100;i++)
        scanf("%d",&num[i]);
    printf("\n");
    /*选择排序法*/
    for(i=0;i<99;i++)
    {
        k=i;                  /*假定元素 i 为当前最小元素，记下 i 的值*/
        for(j=i+1;j<100;j++)    /*与其后的元素逐个比较，注意 i+1*/
            if(num[k]>num[j])
                k=j;          /*找到更小的元素，则记下其下标*/
        if(k!=i)              /* k!=i 时，说明假定的元素不是真正最小*/
            {               /*将真正最小的元素值放在 i 位置*/
                temp=num[k];
                num[k]=num[i];
                num[i]=temp;
            }
    }
    for(i=0;i<100;i++)
        if(i%10= =0)
            printf("%5d\n",num[i]);
        else
            printf("%5d",num[i]);
}
```

调试技巧：此程序数据输入量大，上机调试很麻烦。可以先调试 5 个数的排序，程序调试通过后，只要简单修改几个数据即可实现给 100 个数排序。还可以先给数组赋一些固定值，重点调试排序的关键代码，程序调试通过后，再添加数组的输入功能。

思考：5.8 节实训思考题 2，要将各位评委的评分，按从高到低顺序显示出来，该如何实现？

6.3 二维数组

6.3.1 二维数组的定义

二维数组定义的一般形式：

```
类型说明符 数组名[常量表达式 1][常量表达式 2];
```

说明：常量表达式 1 表示第一维下标的长度，常量表达式 2 表示第二维下标的长度，其余部分的含义与要求与一维数组定义相同。

例如：

```
int a[3][5];      /*定义了含 15 个元素的整型二维数组 a*/
long b[2][4];     /*定义了含 8 个元素的长整型二维数组 b*/
float d[4][4];    /*定义了含 16 个元素的单精度型二维数组 d*/
```

6.3.2 二维数组的引用

二维数组的引用形式如下：

```
数组名[下标 1][下标 2]
```

说明：下标 1 代表行号，称行下标，下标 2 代表列号，称列下标。行下标与列下标都是从 0 开始编号。行下标在左，列下标在右，它们的位置不能交换，如 a[3][4]与 a[4][3]代表两个不同的元素，前者表示第 4 行第 5 列的元素，后者是第 5 行第 4 列的元素。

注意：引用二维数组时，一定要把两个下标分别放在两个方括号内。如 a[3,4]、a[3 4]都是错误的引用。

6.3.3 二维数组的存储

二维数组在概念上是二维的，其下标在两个方向上变化，下标变量在数组中的位置也处于一个平面之中，而不是像一维数组只是一个向量。但是，实际的硬件存储器却是连续编址，存储器单元按一维线性排列。如何在一维存储器中存放二维数组？

可采用两种方式：

(1) 按行排列，存放完前一行的各个元素后，再存放后一行的各个元素。

(2) 按列排列，存放完前一列的各个元素后，再存放后一列的各个元素。

在 C 语言中，二维数组是按行排列的。

例如：

```
int a[3][4];
```

各个元素在内存中存储的排列顺序如下：

```
a[0][0] →a[0][1] →a[0][2] →a[0][3] →a[1][0] →a[1][1] →a[1][2]
→a[1][3] →a[2][0] →a[2][1] →a[2][2] →a[2][3]。
```

从以上排列顺序中，我们可以清楚地发现，列下标比行下标变化快。

在 C 语言中，二维数组可看成是一个特殊的一维数组，其每个数组元素又是一个包含若干个元素的一维数组。如以上二维数组 a 可看成由 a[0]、a[1]、a[2]3 个元素组成的一维数组，而 a[0]、a[1]、a[2]又都是包含 4 个元素的一维数组。其实，在 C 语言的编译系统中，的确把 a[0]、a[1]、a[2]作为数组名来处理。

6.3.4 二维数组的初始化

1. 按行分段赋初值

赋值时，每行的初值放在同一个{}中，不同行的初值放在不同的{}中。

例如：

```
int a[3][2]={{1,2},{3,4},{5,6}};
```

2. 按行连续赋初值

赋值时，将所有初值放在同一个{}中。

例如：

```
int a[3][2]={1,2,3,4,5,6};
```

以上两种赋初值的方法，结果完全相同。

在给二维数组赋初值时，也可以只给部分元素赋初值。当给二维数组前面连续若干个元素赋初值时，以上两种方式效果一样。

例如：

给二维数组前两个元素赋初值，可用：

```
int a[3][2]={{1,2}};
```

也可用：

```
int a[3][2]={1,2};
```

但给二维数组中不连续的元素赋初值时，只能用第 1 种方式。

例如：

给每行的第 1 个元素赋初值可写成：

```
int a[3][2]={{1}, {3}, {5}};
```

而不能写成：

```
int a[3][2]={1,3,5};。
```

6.3.5 二维数组的简单应用

【例 6-5】 求一个 4×4 矩阵的对角线上各元素之和，矩阵的值已知。

分析：

方阵对角线上元素的特征是：行标值等于列标值。

程序代码：

```
main()
{
    int a[4][4]={{1,2,3,4},{5,6,7,8},{9,10,11,12},{13,14,15,16}};
    /*设矩阵的值为以上值*/
    int i,j,sum=0;
```

```
    for(i=0;i<4;i++)
        for(j=0;j<4;j++)
            if(i==j)          /*列标值等于行标值*/
                sum=sum+a[i][j];
    printf("sum=%d",sum);
}
```

思考：根据方阵对角线元素的特点，以上程序还可以设计哪些更简单的处理方法？

【例 6-6】 有一个 4×4 的矩阵，找出其中值最小的那个元素，输出它的值以及它所在的行号和列号，矩阵的值由用户输入。

分析：

二维数组有两个下值，需要用两个变量来控制其下标变化，在二维数组输入时，需要用循环的嵌套来实现。

要显示最小元素的行标和列标，可设置两个变量，在找到最小元素时，同时将元素的行标和列标赋给相应的变量保存起来。

程序代码：

```
main()
{
    int i,j,row=0,line=0,min;
    int a[4][4];
    for(i=0;i<4;i++)                          /*二维数组输入，用嵌套的循环*/
        for(j=0;j<4;j++)
            scanf("%d",&a[i][j]);
    min =a[0][0];                             /*假设第一个元素最小*/
    for(i=0;i<4;i++)
        for(j=0;j<4;j++)                      /*行 10*/
            if(a[i][j]< min)                  /*若当前值小于最小值*/
        { min =a[i][j];row=i;line=j;}         /*将当前值小于最大值，并记下位置*/
    printf("min =%d,row=%d,line=%d\n",min,row,line);
}
```

思考：

(1) 有读者认为，行 10 应改为“for(j=1;j<4;j++)”，理由是已假定 a[0][0]最小，没有必要再与其自身比较，可以跳过去，你认为正确吗？为什么？

(2) 如何在输入时，直接查找最小值及其下标？注意 min 的初值。

【例 6-7】 一个学习兴趣小组有 5 个成员，他们一起学习 4 门兴趣课，求每个学生的总分、平均分和不及格科数。

分析：

(1) 兴趣小组有 5 个人，每个人有 4 门课，需要一个二维数组来保存所有成绩。

(2) 每个学生均有自己的总分、平均分和不及格科数，所以总分、平均分、不及格科数可用 1 个一维数组来保存。

程序代码：

```
main()
{
    int k,l,sum[5]={0,0,0,0,0},n_pass[5]={0,0,0,0,0},num[5][4];
    float ave[5];
    for(k=0;k<5;k++)
    {  /*处理每个人*/
        for(l=0;l<4;l++)                      /*处理每门课*/
```

```
        {
            scanf("%d",&num[k][l]);
            sum[k]=sum[k]+num[k][l];       /*计算每个人的总分*/
            if(num[k][l]<60)
                n_pass[k]++;               /*统计每个人的不及格科数*/
        }
        ave[k]=sum[k]/4.0;
    }
    for(k=0;k<5;k++)
    printf("%-5d,sum=%d,ave%f,num=%d",k,sum[k],ave[k],n_pass[k]);
}
```

6.4 字符数组与字符串

6.4.1 字符数组

字符数组是专门用来存放字符型数据的数组。用于存放数值型数据的数组称为数值型数组。字符数组与数值型数组一样具备数组的特点。它们的定义、引用、初始化、输入和输出操作方法基本相同，但也有一些差别。

表 6-1 以 int a[4]; 和 char c[4];为例比较了一维(整型)数值型数组和一维字符数组的异同。从表中可以清楚地发现，字符数组在初始化、输入和输出方面比数值型数组形式更多，功能更强。

表 6-1 数值型数组与字符数组的比较

	数值型数组	字符数组
定义	int a[4];	char c[4];
引用	a[2]	c[2]
初始化	int a[4]={2,5,7,9};	char c[4]={'1', '2', '3', '4'};
	int a[4]={2,5,7};	char c[4]={ '1', '2'};
	int a[]={2,5,7,9};	char c[]={'1', '2', '3', '4'};
		char c[]="1234"; /*含 5 个元素*/ char c[]={'1', '2', '3', '4', '\0'};
输入	for(i=0;i<4;i++) scanf(“%d”,&a[i]);	for(i=0;i<4;i++) scanf("%c",&c[i]);
		scanf("%s",c); /*c 不需要&*/
输出	for(i=0;i<4;i++) printf(“%d”,&a[i]);	for(i=0;i<4;i++) printf("%c",&c[i]);
		printf("%s",c);

6.4.2 字符串与字符串函数

字符串是'\0'作为结束标志的字符序列。在 C 语言中没有字符串这一数据类型，字符串可通过字符数组来存储，但它与一般的字符数组又有点区别，它一定要以'\0'结束。

采用字符串方式后，字符数组的输入、输出和初始化将变得比较简单，这一点从表 6-1 中，可以很清楚地体会到。

C 语言提供了丰富的字符串处理函数，使用这些函数可以大大减轻编程的工作量。下面介绍其中最常用的几个字符串函数。

1. 字符串输出函数 puts

puts 函数的一般格式：

```
puts (字符数组名)
```

功能：把字符数组即字符串中的字符，逐个输出到显示器，遇到第一个'\0'结束输出，并自动输出一个换行符。

本函数包含在头文件 stdio.h 中。

2. 字符串输入函数 gets

gets 函数的一般格式：

```
gets (字符数组名)
```

功能：从键盘上读入一串字符，直到读入一个换行符结束。换行符读入后，不作为字符串的内容，系统自动在读入字符串的末尾添加一个结束符'\0'。

本函数包含在头文件 stdio.h 中。

3. 字符串连接函数 strcat

strcat 函数的一般格式：

```
strcat (字符数组名 1，字符数组名 2)
```

功能：将字符数组 2 中的字符串，连接到字符数组 1 中字符串的后面，并删去字符串 1 后的标志'\0'。要求字符数组 1 必须足够大，至少应为两个字符数组 2 长度之和减 1。

注意，是将字符串 2 追加到字符串 1 后，不会覆盖字符串 1。

本函数包含在头文件 string.h 中。

4. 字符串拷贝函数 strcpy

strcpy 函数的一般格式：

```
strcpy (字符数组名 1，字符数组名 2)
```

功能：把字符数组 2 中的字符串，复制到字符数组 1 中，字符串结束标志'\0'也一同复制。字符数组 1 的长度必须不小于字符数组 2 的长度。注意，它将覆盖字符数组 1，这一点与 strcat 完全不同。

本函数包含在头文件 string.h 中。

5. 字符串比较函数 strcmp

strcmp 函数的一般格式：

```
strcmp(字符数组名 1，字符数组名 2)
```

功能：按照 ASCII 码值比较两个字符数组中的字符串，并由函数返回值返回比较结果。

字符串 1=字符串 2，返回值=0；
字符串 1>字符串 2，返回值>0；
字符串 1<字符串 2，返回值<0。

字符串的比较规则：

两个字符串比较大小时，从左至右将两个字符串对应位，按其 ASCII 码值逐位进行比较，如果第一个字符串对应位的字符 ASCII 码值大，则第一个字符串大，比较结束；如果第一个字符串对应位上字符的 ASCII 码值小，则第一个字符串小，比较结束；如果两个字符串对应位的 ASCII 码值相同，则继续比较下一个对应位，如果两个字符串对应位的 ASCII 码值均相等，则两个字符串相同。

例如：

(1)"ÁBCD"<"a";
(2)"2334">"233";
(3)"hds">"9hds"。

本函数包含在头文件 string.h 中。

6. 测字符串长度函数 strlen

strlen 函数的一般格式：

```
strlen(字符数组名)
```

功能：测出字符串的实际长度(不含字符串结束标志'\0')，并作为函数返回值返回。

本函数包含在头文件 string.h 中。

6.4.3 字符数组与字符串函数的简单应用

【例 6-8】 输入一个人的姓名，然后显示出来。

```
#include"string.h"
#include"stdio.h"
main()
{
    char message[30]="My name is";
    char name[10];
    printf("input your name:\n");
    gets(name);
    strcat(message,name);
    puts(message);
}
```

思考：为例 6-7 增加一个显示姓名的功能。

【例 6-9】 从键盘上输入一个字符串，将其存入一个字符数组中，先显示它的长度，然后将字符串复制到另一个字符数组中，检查复制成功后，输出第二个字符数组。

```
#include<string.h>
#include<stdio.h>
main()
{
    int k;
    char str1[20],str2[20];
```

```
    scanf("%s",str1);               /*也可用 gets(str1);*/
    k=strlen(str1);                 /*测试字符串的长度*/
    printf("输入字符串长度为: %d\n",k);
    strcpy(str2,str1);              /*字符串复制*/
    if(!(strcmp(str1,str2))         /*两字符串比较，检查复制是否成功*/
        puts(str2);                 /*复制成功，显示字符数组内容*/
    else
        printf("复制出错！");        /*复制失败，提示出错信息*/
}
```

【例 6-10】 输入一行字符，统计其中有多少个单词，单词间用空格隔开。

分析：

可用循环对输入的字符串逐个判断，如果是空格，则单词数增 1，但存在一个问题，如果用户有时候连输两个或更多个空格，单词的统计结果会不准确。在单词统计时，对连续输入的空格只能统计一次。

在程序中，可设一个标志变量，将其初值设为 0，在循环体中，可用(c= = ' ')作为第 1 个判断条件，如果条件 1 成立，则将标志变量置 0，若统计字符串有连续的空格，则程序反复执行“wordflag=0;”，而不会增加单词的统计数目，当连续空格判断完再判断下一个非空格字符时，条件 1(c= = ' ')不成立，继续判断条件 2(wordflag= =0)，显然成立，单词数增 1，注意要及时将标志变量置 1，准备下一个单词的判断。

程序代码：

```
#include<stdio.h>
main()
{
    char c,string[80];
    int i,num=0,wordflag=0;        /*wordflag 为标志变量*/
    gets(string);
    for(i=0;(c=string[i])!='\0';i++)
        if(c==' ')
            wordflag=0;
        else if(wordflag= =0)      /*判断前一个字符是否为空格 */
        {
            wordflag=1;            /*注意修改标志值，为判断下一个单词做准备 */
            num++;
        }
    printf("word=%d\n",num);
}
```

思考：如果将标志变量的初值置 1，行不行？为什么？

习　题

一、单项选择题

1. int a[4]={5,3,8,9};其中 a[3]的值为_____。

   A. 5　　B. 3　　C. 8　　D. 9

2. 以下 4 个字符串函数中，_____所在的头文件与其他 3 个不同。

   A. gets　　B. strcpy　　C. strlen　　D. strcmp

3. long b[3][3]={{1,2}{9,8}{7}};其中 b[1][1]的值为_____。

A. 1　　B. 7　　C. 8　　D. 9

4. int i=3,a[5]={1,2,3,4,5};则 a[i-2]的值为_____。

A. 1　　B. 2　　C. 3　　D. 4

5. 以下 4 个数组定义中，_____是错误的。

A. int a[7];　　B. #define N 5　long b[N];

C. char c[5];　　D. int n,d[n];

6. 对字符数组进行初始化，_____形式是错误。

A. char c1[ ]={'1', '2', '3'};　　B. char c2[ ]=123;

C. char c3[ ]={ '1', '2', '3', '\0'};　　D. char c4[ ]="123";

7. 在数组中，数组名表示_____。

A. 数组第 1 个元素的首地址　　B. 数组第 2 个元素的首地址

C. 数组所有元素的首地址　　D. 数组最后 1 个元素的首地址

8. 下面正确的初始化语句是_____。

A. int a[]=(1,2,2);　　B. int a[]={1,2,2};

C. int a[]={1;2;2};　　D. int a[]=[1,2,2];

二、程序改错题

1. 以下程序是将一个字符串从一个字符数组复制到另一个字符数组。程序中有 5 处错。

```
#include<stdio.h>
main
{
    char c1[10],c2[10],i=-1;
    printf("请输入一个字符串:");
    puts(c1);
    while(c1[++i] ='\0')
        c2[i]=c1[i];
    c2[1]='\0';
    printf("复制后的字符串为: %c\n",c2);
}
```

2. 以下程序的功能是：输入 10 个学生的成绩(整数)，求其总分、平均分、及格人数和不及格人数。此程序有 7 处错误。

```
#include<stdio.h>
main()
{
    int k,sum,pass_n=0,num[6];
    for(i=0;i<5;i++)
    {
        scanf("%d",&num[i]);
        sum=sum+num[i];
        if(num(i)>=60)
            pass_n++;
    }
    ave=sum/10;
    printf("sum=%d,ave=%.2f\n",sum,ave);
```

```
    printf("pass=%d,no pass=%d\n",pass_n,10-pass_n);
}
```

三、编程题

1. 输入 20 个整数，求其中最大值和最小值。

2. 求一个 4×4 矩阵对角线上的最小值，矩阵的值在程序运行时，由用户输入。

3. 输入 10 个整数存于数组 a 中，将其中的偶数复制到另一个数组 b 中。

4. 输入 3 个字符串，将它们连成一个大字符串，并显示合并后字符串的长度。

5. 输入一个字符串，将其中的大写字母改为小写字母。

6. 将数组的值逆序存放，如原来为 0、6、4、5，现在要求改为 5、4、6、0，数组长度为 6，各个元素值由用户输入。

7. 输入 10 个整数，按从大到小的顺序输出。

实　训

实训项目：数组

实训性质：设计性

实训目的：

1. 理解与掌握一维数组、二维数组和字符数组的定义、引用和初始化方法。
2. 掌握各种数组的应用。
3. 理解常用字符串函数的使用方法。
4. 学习与掌握一些典型算法。

实训内容：

1. 用“*”显示一个“王”字，要求用数组实现。

2. 设计一个应用程序，由用户输入一串字符，判断其是否以字母开头，由字母、数字和下划线组成，且长度不超过 8 个字符。

3. 设计一个抽奖器，用户输入 10 个号码，由电脑随机抽取一个作为中奖号码。

4. 输入参加世界杯的 32 支球队，由计算机产生一份分组名单，每组 4 支球队。

5. 输入一行字符，统计其中大写字母、小写字母、数字字符、空格、其他字符的个数。

6. 设计一个应用程序，输入 5 个学生的姓名、学号、语文成绩、数学成绩、计算机成绩，按总分从高到低排序。以输入学生成绩的顺序作为该学生的学号，如输入的第 1 个学生，学号为 1；第 2 个学生学号为 2，依此类推。

实训指导：

1. 实训题 1 分析与指导

可以将“王”字放入一个网格内以确定各个“*”号的位置，如图 6-2 所示(上机时显示出来的字较少，可扩大网格的规模)，然后用二维字符数组来保存各个网格内的符号，如果网格内有“*”，则对应的数组元素值为“*”，否则元素值为空格。

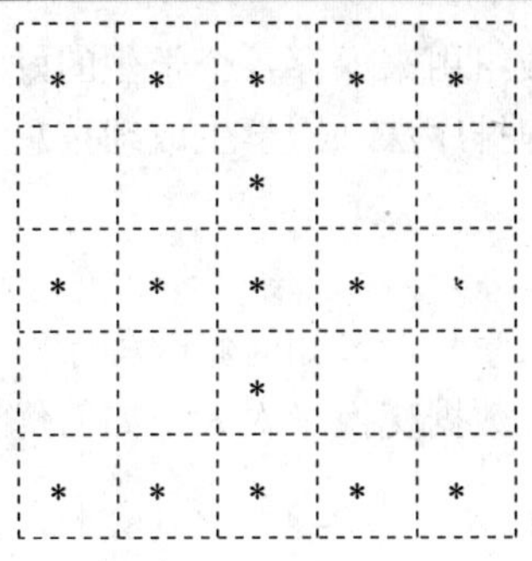

图 6.2 “王”网格图

2. 实训题 2 分析与指导

(1) 定义一个字符数组，通过 gets 或 scanf 函数接收用户输入的字符串，并赋给字符数组。

(2) 判断字符数组的第 1 个元素是否为字母或下划线。

(3) 可用 strlen 函数来返回数组的长度，判断其是否超过 8 个字符。

(4) 从字符数组第 2 个元素起，用循环逐个元素判断，检查其是否由字母、数字和下划线组成。

3. 实训题 3 分析与指导

可设置一个数组来保存用户输入的 10 个号码，然后用随机函数产生中奖号码。因为 C 语言中，随机函数产生-90~32767 范围内的数，范围很大，而 10 个号码的编号用 0～9，范围较小，产生的随机数很可能并不在 0~9 范围内，可用循环反复产生随机数，一直到产生一个 0~9 范围内的数结束循环。

4. 实训题 4 分析与指导

(1) 可用一个二维字符数组保存输入的 32 支球队名称，并假设数组的行标为球队编号。

(2) 设置一个二维数组，用来保存分组后各组中球队的编号，用循环给该二维数组的各个元素赋值，赋值内容为电脑产生的一个 1~32 范围内的编号(且不能用重复的编号)。

(3) 要将编号数组的分组名单，转为正式的球队分组名单，只要以编号数组的元素值作为球队数组的下标，输出对应的球队名称即可，将注意球队编号从 1 表示，而数组下标从 0 开始。

5. 实训题 5 分析与指导

(1) 设置 5 个简单变量，分别作为 5 类字符的计数器，都置初值为 0。

(2) 设置一个字符数组用来接收用户的输入，然后用循环逐个元素判断，各个字符类型(大写字母、小写字母、数字字符、空格、其他字符)的判断，可通过比较其 ASCII 码数值实现，每判断一个对应类型的字符数加 1。

6. 实训题 6 分析与指导

(1) 可将 5 个学生的学号、语文成绩、数学成绩、计算机成绩、总分存放在一个二维数组中，总分可在用户输入成绩后计算机自动算出。

(2) 设置一个二维的字符数组用来保存各个学生的姓名。

(3) 可用选择排序法或冒泡排序法，给学生成绩按总分排序。

实训思考：

对于实训内容第 6 题：

(1) 如果用户希望自由输入学号，该如何修改程序？

(2) 在按总分成绩排序时，数据交换量太大，如何优化以尽可能地减少数据交换？

提示：预习第 7 章。

第 7 章　函　数

教学提示：在我们的日常生活中，碰到比较复杂问题时，总是习惯性地将其分解成小问题，然后逐个问题解决，即大事化小，小事化无。其实，这种思想也早已应用到程序设计中，经常将一个较大的系统分解成若干个模块，如果模块仍较大，还可将其分解成更小的模块，然后每个模块设计一个函数或过程。在程序设计时，尽量将一些常用的功能模块编写成函数，在需要时只要调用该函数就可实现指定功能。使用函数可减少编码的工作量，精简代码，提高效率。本章主要介绍函数的有关概念、定义、调用、递归调用的操作方法，参数传递，变量的生存期和作用域。

教学要求：要求学生了解函数概念与分类；掌握函数的定义与调用方法；理解函数的参数与返回值；理解与掌握变量的生存期与作用域。

7.1　函数概述

C 语言程序是由函数组成的，所有工作均由函数来完成，所以 C 语言被称为函数式语言。

函数是一个能独立完成一定功能的程序段。它和数学中函数相似，对 0 个或多个数据(自变量)进行一定的处理，得到 0 个或一个结果(因变量)。自变量在这里称为参数，因变量在这里称为函数值或返回值。

调用(即使用函数)的函数必须存在，即只能调用函数已经定义好的函数。以前学过的函数都可以直接调用，因为系统已经预定义好。在函数定义时所带的参数称为形参，形参类似于集成块的接口。在函数调用时所带的参数称为实参，实参值是函数真正处理的数据对象，实参类似于集成块的输入值。

函数还有一点也完全类似于集成块。在外界，它们是封闭的，相当于一个黑盒子。函数与集成块的比较如图 7-1 所示。

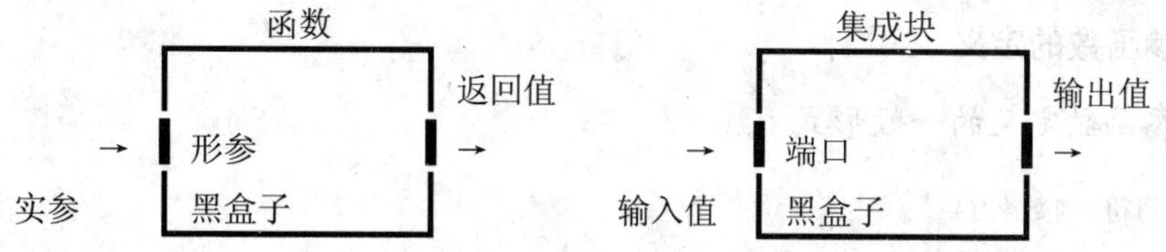

图 7.1　函数与集成块比较示意图

函数调用时会涉及到两个函数，一个主调函数，一个被调函数。函数 A 调用函数 B，则函数 A 称为主调函数，函数 B 称为被调函数。

注意：main 函数只能做主调函数。被调函数执行完后，向主调函数返回一个执行结果，称为函数返回值，函数返回值类似于集成块的输出值。

在 C 语言中，可从不同的角度对函数进行分类。

(1) 从函数定义的角度，函数可分为库函数和用户定义函数两种。

库函数是系统提供的标准函数，每一个库函数完成一定功能，用户可根据需要自由调用。调用前，一定要用 include 将函数所属的头文件包含到调用该库函数的源文件中来。Turbo C 提供的运行库包含很多个标准函数，可分为输入和输出函数、数学函数、字符函数、内存管理函数、与 BIOS 和 DOS 有关的函数、字符屏幕和图形功能函数、过程控制函数、目录管理函数等，不同类型的库函数对应不同的头文件，在调用库函数时一定要注意包含其所属的头文件。

到目前为止，我们已经学了 scanf、printf、getchar、putchar、gets、puts、strcat、strcpy、strcmp、strlen 等库函数，这些函数中前 6 个属于 stdio.h 头文件，后 4 个属于 string.h 头文件。本书附录 C 中列出常用的几类 C 语言库函数，供大家学习时查阅，要了解更多库函数请参阅有关手册。

用户自定义函数是由用户自己或他人按设计要求编写的函数。它比库函数麻烦，在调用时应有相应的函数定义，但用户自定义函数比库函数更灵活。本章主要讨论用户自定义函数。

(2) 从有无返回值的角度，函数可分为有返回值函数和无返回值函数两种。

在 C 语言中一般函数都属于有返回值函数，无返回值函数相当于其他高级语言中的过程，在 C 语言中无返回值函数较少。

(3) 从主调函数和被调函数之间数据传送的角度，函数可分为无参函数和有参函数两种。

无参函数：函数定义、函数说明及函数调用中均不带参数。被调函数不需要主调函数传送数据。

有参函数：也称为带参函数。在函数定义及函数说明时都有形参。在函数调用时也必须给出实参。进行函数调用时，主调函数将把实参的值传送给形参，供被调函数使用。

7.2 函数的定义

在 C 语言中，所有函数的定义是平行的，不能嵌套定义函数。

7.2.1 无参函数的定义

1. 无参函数定义的一般形式

```
类型说明符 函数名()
    {
        类型说明
        执行语句
    }
```

说明：

(1) 类型说明符和函数名(还包括形参表)称为函数头。

(2) 类型说明符，指明函数值的类型，即函数返回值的类型，如果没有指明类型，则系统默认为 int 型，而不是空类型，如果明确要求是无返回值，应将类型设为 void。

(3) 函数名是由用户定义的标识符，函数名后有一对空括号(括号不能少)，其中无参数。

(4) {}中的内容称为函数体，它一般包含声明部分和执行部分。

(5) 函数的返回值由 return 语句返回。

2. return 语句

return 语句的一般语法为：

```
return (表达式);
```

或

```
return 表达式; 。
```

【例 7-1】 定义一个打印一行星号的无参函数。

```
void p_star()
{
    printf("**************\n");
}
```

7.2.2 有参函数的定义

有参函数定义的一般形式：

```
类型说明符  函数名(形参表)
{
    类型说明
    执行语句
}
```

说明：

(1) 有参函数相对于无参函数，增加了形参表，形参可以是各种类型的变量，各参数之间用逗号隔开。

(2) 形参有其对应的类型，必须在定义时声明，形参的定义一般在形参表中直接进行。

【例 7-2】 编一个函数，求两个整数的和。

```
int sum_int(int x,int y) /*求和的两个数，由实参传递过来*/
{
    int sum;
    sum=x+y;
    return sum;     /*返回两数之和*/
}
```

7.2.3 函数设计的实用方法

以上只介绍了函数的定义语法，即如果我们已经设计了函数，可按以上语法写出合法的 C 语言函数。对于初学者来说，现在进行函数设计还存在许多困惑，如：函数需要哪些参数、什么类型的参数、哪些数据不需要做参数、函数该返回什么样的值、函数体中到底要包括哪些关键代码等。

我们在讨论这些问题前，先看一个例题。

【例 7-3】 编写一个程序，求输入的两整数之和，要求写完整的源程序代码。

```
main()
{
    int x,y,sum;
    scanf("%d,%d",&x,&y);
    sum=x+y;
    printf("sum=%d\n",sum);
}
```

对比例 7-2 和例 7-3，我们不难发现：完整源程序强调程序的完整性，包括了声明部分、输入部分、处理部分、输出部分；而函数只是一段能实现某一功能的独立性代码，它强调具体功能的实现过程，忽略其他细节，如，功能的关键代码 sum=a+b；在两个实例中一样。

被调函数一般将输入部分放在主调函数中，函数通过形参提供接口，间接输入值，如例 7-2 中的函数 sum_int 只知道计算 x 与 y 的和，但 x 与 y 值具体是多少，函数在定义时根本不知道，只有到函数调用时才知道。通过实参将值传给形参，可以提高函数的通过性和灵活性。

被调函数的处理结果，一般也不直接输出，而是通过 return 语句返回给主调函数，由主调函数来处理。

通过以上分析，我们可以总结出下列函数定义的实用方法：

(1) 根据设计要求(题目要求)确定函数的功能。

(2) 选择实现函数功能的数学公式或实现算法。

(3) 确定所需的数据及其类型。

(4) 如果数据需要输入(如果函数的功能本来就是实现数据的输入除外)，则用形参来实现，其他变量(一般为临时变量)在函数内定义。

(5) 确定函数的返回值及其类型(一般先用临时变量保存函数返回值)。

(6) 确定函数名，可以提前确定。

(7) 整理、完善以上各部分设计，完成函数设计。

(8) 将函数设计，用 C 语言的函数定义语法表示出来，得到完整的函数代码。

初看起来，以上设计步骤很复杂，其实在具体设计时并不难，特别是简单函数，其设计过程很简单。在函数设计时，我们首先要克服畏难情绪，相信自己。

【例 7-4】 设计一个函数，求圆的面积(半径为整数)。

设计过程：

函数功能：计算圆面积。

数学公式：圆周率乘以半径的平方。

所需数据：浮点型圆周率，整型半径。

确定形参：半径需要外界输入，确定为形参，圆周率在函数内定义。

函数值：面积，类型为浮点型(函数内定义临时变量)。

函数名：c_area。

函数代码：

```
float c_area(int r)
{
    float area,pi=3.14;
    area=pi*r*r;
```

```
    return area;
}
```

【例 7-5】 设计一个函数，求 3 个整数中的最大值。

设计过程：

函数功能：选出 3 个整数的最大值。

实现方法：先假定第 1 个最大，再与其后各个数逐个比较验证。

所需数据：3 个整数。

确定形参：3 个整数，需要外界输入，全部确定为形参。

函数值：最大值，类型为整型(函数内定义临时变量)。

函数名：max_int。

函数代码：

```
int  max_int(int x,int y,int z)
{
    int max;
    max=x;
    if(max<y)
        max=y;
    if(max<z)
        max=z;
    return max;
}
```

7.3　函数的调用

7.3.1　函数的调用

函数定义完成后，相当于集成块设计生产完成。如果真正要让集成块发挥作用，还应将该集成块组装到某一产品中去。函数也一样，函数定义完成只是具备完成某项功能的能力，并没有真正实现该功能，要通过函数调用来执行函数的功能。

函数调用的一般形式：

```
函数名(实际参数表)
```

说明：

(1) 对无参函数调用时，则没有实际参数表。

(2) 实际参数表中的参数可以是常数、变量或其他构造类型的数据及表达式，各实参之间用逗号分隔。

在C语言中，可以用以下几种方法调用函数。

1. 函数表达式

它是一种最常用的函数调用方式。

例如：

```
sum=sum_int(3,4);
```

2. 函数语句

这种调用方式，不处理函数的返回值。

例如：

```
sum_int(3,4);
```

3. 作为函数实参

这种调用方式将一个函数作为另一个函数的参数。

例如：

```
printf("%d\n", sum_int(3,4));
```

【例 7-6】 输入两个数，求其和，用函数实现。

```
main()
{
    int x,y,sum;
    scanf("%d,%d",&x,&y);
    sum=sum_int(x,y);
    p_star;
    printf("sum=%d\n",sum);
    p_star;
}
```

若输入 3 和 5，则程序的输出结果为

```
***************
   sum=8
***************
```

例 7-1 和例 7-2 已分别定义了 p_star 和 sum_int 两个被调函数，本例只给出主调函数 main。上机调试时，可将这 3 个函数放在一个源文件中。

7.3.2 函数原型说明

函数说明与函数定义不同，它不涉及函数具体功能。它只说明函数的函数名、函数形参个数和类型、返回值的类型，这种形式称为函数原型说明。

函数原型的说明形式：

类型说明符 被调函数名(类型 形参，类型 形参，……)；

或为

类型说明符 被调函数名(类型，类型，……)；

说明：

(1) 括号内可给出形参的类型和形参名，也可只给出形参类型。

(2) 函数说明时形参名可与函数定义时的形参名同名，也可不同名。

(3) 注意，函数说明之后要加分号。

如例 7-2 定义的 sum_int 函数，其原型可以为：

`int sum(int ,int);`或`sum_int(int a,int b) ;`

一般情况下，都要求对函数进行说明，但C语言中，又规定在以下几种情况时，可以省去在主调函数中对被调函数的函数说明而直接调用。

(1) 如果被调函数的返回值是整型或字符型。

(2) 当被调函数的函数定义出现在主调函数之前时。

(3) 如在所有函数定义之前，在函数外预先说明了该函数。

【例 7-7】 输入一个学生成绩，显示他的等级，用函数实现。转换规则：90~100 为 A 等，80~89 为 B 等，70~79 为 C 等，60~69 为 D 等，0~59 为 E 等。

```
main()                                    /*主函数*/
{
    char grade;
    int score;
    char s_c_g(int s);
    scanf("%d",&score);
    if(score>100||score<0)
        printf("data error\n");
    else
    {
        grade=s_c_g(score);               /*函数调用。成绩转换为等级*/
        printf ("score: %d--->grade: %c\n", score, grade);
    }
}
char s_c_g(int score)                     /*功能函数*/
{
    int temp;
    temp=score/10;
    switch(temp)
    {
        case 10:
        case 9:                           /*两个 case 共用一组语句*/
            grade='A';
            break;
        case 8:
            grade='B';
            break;
        case 7:
            grade='C';
            break;
        case 6:
            grade='D';
            break;
        default:
            grade='E';
    }
    return grade;
}
```

7.3.3　函数间数据传递

函数间数据传递的过程：

(1) 函数调用时，主调函数中的实参，将值传递给被调函数的对应的形参。

(2) 被调函数对传入的值，按函数的设计要求对数据进行加工处理。

(3) 被调函数处理完成后，将处理结果通过 return 语句返回给主调函数。

图 7.2 所示是以例 7-6 为例，说明函数间数据传递的全过程，图中对主程序进行了适当处理。

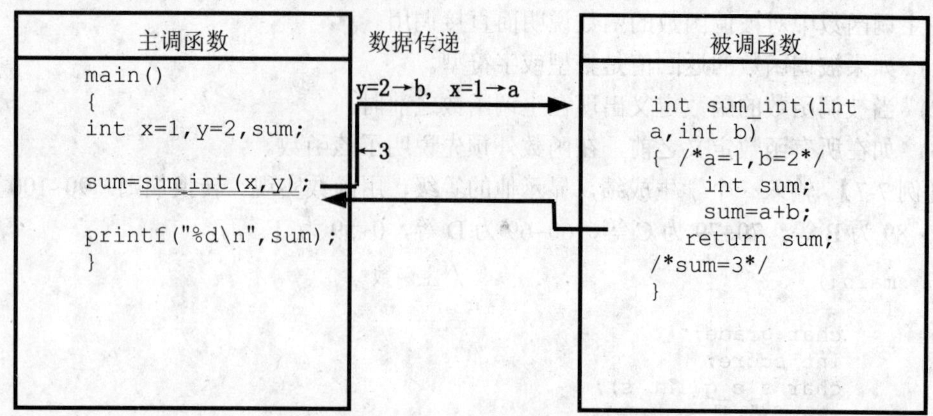

图 7.2　函数间数据的传递

从图 7.2 中可以看出，函数间数据传递构成一个完整的环，即数据传递的起点和终点都是同一点，即主调函数中对被调函数的调用处。但主调函数传出的是源数据，传入的是加工后的目标数据，这两种数据意义完全不同。

在函数定义时，可以不设形参(在函数调用时不需要实参)，也可以不返回值，那么数据传递就不像图 7-2 那样完整。

数据在主调函数与被调函数间时都是单向传递的。但也存在一些特殊情况，如：可让实参将地址值传给形参。此时，实参变量和形参变量共享一段存储空间，形参对数据的修改会影响实参的值，正像两个人共看一本书，其中一个人在书上做重点标记，另一个人同样能看到，此时，形参并没有将值传回给实参，只是实参对形参地址值的单向传递，但实现了“双向”传递的效果，即实参的值已修改。

对于函数的形参、实参和返回值还要注意以下几点：

(1) 形参变量只在被调函数调用时，才分配内存空间，在函数调用结束时，立即释放内存单元；

(2) 实参可以是常量、变量、表达式、函数等，但无论为何种类型，在函数调用时，必须有确定值，否则可能得不到预期的结果；

(3) 实参与形参在数量和顺序上均要求严格一致；

(4) 如果函数体中，函数返回值的数据类型与函数类型不一致时，以函数类型为准；

(5) 函数中没有 return 语句，并不代表函数没有返回值，此时返回一个不定值，若明确不需要返回值，则函数类型说明符必须用 void。

7.4　函数的嵌套与递归调用

7.4.1　函数的嵌套调用

C 语言中，不允许函数嵌套定义。但允许在一个函数的定义中，出现对另一个函数的调用。这样就出现了函数的嵌套调用。

【例 7-8】 计算(3^2)! 的值。

程序代码	语句块编号

main()
{
    long sum;
    long fun2(int x);
	①

sum=fun2(3);	②
printf("sum=%ld\n",sum); }	③

long fun1(int n)
{
    long r;
    r=n*n;
    return r;
}
	④

long fun2(int m)
{
    long s=1,i,t;
	⑤

t=fun1(m);	⑥

t=fun1(m);
for(i=1;i<=t;i++)
s=s*i;
return s;
}
	⑦

程序的执行过程:

(1) 执行 main 函数的开头部分，至 fun2 函数调用语句前，即语句块①。

(2) 函数调用语句先不执行，准备转去执行功能函数 fun2，即语句块②。

(3) 执行功能函数 fun2，至 fun1 函数调用语句前，即语句块⑤。

(4) 函数调用语句先不执行，准备转去执行功能函数 fun1，即语句块⑥。

(5) 执行功能函数 fun1，即语句块④。

(6) fun1 函数执行完后，又回到 fun2 函数中调用 fun1 函数的调用语句位置，并执行该调用语句，即⑥。

(7) 执行 fun2 函数余下来的语句，即语句块⑦。

(8) fun2 函数执行完后，又回到 main 函数中调用 fun2 函数的调用语句位置，并执行该调用语句，即②。

(9) 执行 main 函数余下来的语句，即语句块③。

从以上执行过程中，我们发现，C 语言程序一定要从 main 函数开始执行，而且还必须在 main 函数中结束，即 C 语言的 main 函数是程序的执行点，也是程序的结束点。如果有函数调用，遇到函数调用语句，系统先不执行该调用语句，立即转出执行被调函数，被调函数执行完后回到函数调用语句处，执行函数调用语句及其后的语句。

7.4.2　函数的递归调用

在调用一个函数的过程中，又出现直接或间接地调用该函数本身，称为函数的递归调用。它是一种特殊的函数嵌套调用。

函数的递归调用有两种形式：直接递归调用和间接递归调用。一个函数在它的函数体内调用它自身，称为直接递归调用。若函数 a 的函数体内调用函数 b，函数 b 的函数体内又调用函数 a，这种递归调用称为间接递归调用。本书只介绍函数的直接递归调用形式。

直接递归调用一般要满足以下两个条件：

(1) 有一已知项，即有初始值，它是递归结束的条件；

(2) 存在递归公式，即后一项能用前一项来表示，而且所有项的表示方法一致。

【例 7-9】 5 个人坐在一起，有人问第 5 个人今年多少岁？他说比第 4 个人大 2 岁。问第 4 个人岁数时，他说比第 3 个人大 2 岁。问第 3 个人岁数时，又说比第 2 个人大 2 岁。问第 2 个人岁数时，他说比第 1 个人大 2 岁。最后问第 1 个人岁数时，他说今年 15 岁。请问第 5 个人到底多少岁。

显然这是一个递归问题。其数学公式如下：

$$\begin{cases} n=1 \text{ 时} & age(n)=15; \\ n>1 \text{ 时} & age(n)=age(n-1)+2; \end{cases}$$

第 5 个人年龄的计算过程，是一个递归的计算过程，如图 7.3 所示。

回推过程				递推过程
回	age(5)=age(4)+2		age(5)=21+2=23	递
推	age(4)=age(3)+2	↓　　↑	age(4)=19+2=21	推
过	age(3)=age(2)+2		age(3)=17+2=19	过
程	age(2)=age(1)+2	→	age(2)=15+2=17	程
		age(1)=15		

图 7.3　递归计算过程

由以上计算过程得知：递归问题求解分为两个阶段，回推阶段和递推阶段。

程序代码：

程序代码	语句块编号

`main()`
`{`
`    int n=5,agen;`
	①

`    agen=age(n);`	②
`    printf("age=%d\n",agen);` `}`	③

`int age(int n)`
`{`
`    int m;`
	④

`  if(n==1)`	⑤
`      M=15;`	⑥
`    else` `      M=age(n-1)+2;`	⑦
`  return m;` `}`	⑧

程序的执行过程：

(1) 执行语句块①②④(具体过程略)，此时 n=5。

(2) 执行语句块⑤，n(5)>1 执行语句块⑦。

(3) 递归调用自己，先不执行立即转到④，此时 n=4。

(4) 执行语句块⑤，n(4)>1 执行语句块⑦。

(5) 执行语句块④⑤⑦④⑤⑦④，n 的值分别为 3、2、1。

(6) 执行语句块⑤，n(1)=1 执行语句块⑥。

(7) 执行语句块⑧，完成 n=1 时函数调用过程。

(8) 返回函数调用处⑦，执行⑦，计算出 n=2 时的 m 值。

(9) 执行语句块⑧⑦⑧⑦⑧⑦⑧，分别计算出 n 为 3、4、5 时，m 的值，m 最后值就为目标结果。

(10) 执行语句块②③，程序运行结束。

【例 7-10】 求 n!(12>n>0)。

数学公式：

$$\begin{cases} n=1\text{ 时}，fun(n)=1； \\ n>1\text{ 时}，fun(n)=fun(n-1)*n； \end{cases}$$

程序代码：

```
main()
{
    int n;
    long y;
    long fun(int n);
    scanf("%d",&n);
    y=fun(n);
    printf("%d!=%ld\n",n,y);
}
long fun(int n)
{
    long s;
    if(n==1)
        s=1;
    else
        s=fun(n-1)*n;
    return s;
}
```

思考：参照例 7-9，写出程序的执行过程。请特别注意参数 n 的值。

7.5 数组作为函数的参数

数组也可作为函数的参数使用。数组用作函数参数有两种形式：一种方法是把数组元素即下标变量作为实参使用；另一种方法是把数组名作为函数的形参和实参使用。

7.5.1 数组元素作为函数的参数

数组元素作函数实参的使用方法，与普通变量作函数参数并无不同。函数调用时，把作为实参的数组元素的值传送给形参，实现单向值的传送。

【例 7-11】 输入 15 个学生的成绩(整数)，打印出不及格学生的学号及成绩，学号就是输入的顺序号。

```
main()
```

```
{
    int num[15],k;
    int f_npass(int n);                        /*返回值为整型，可不声明*/
    for(k=0;k<15;k++)
        scanf("%d"&num[k]);
    printf("num        score"\n);              /*输出列标题*/
    for(k=0;k<15;k++)
        if(f_npass(num[k])                     /* 或 if(f_npass(num[k])=1*/
            printf("%3d%10d\n",k+1,num[k]);    /*注意 k+1*/
}
int f_npass(int n)                             /*不及格返回 1，及格返回 0*/
{
    if(n>=60)
        return 0;
    else
        return 1;
}
```

7.5.2 数组名作为函数的参数

数组名也可作函数参数使用，但它与用数组元素作实参有以下几点不同。

(1) 用数组名作函数参数时，要求形参与实参均为数组(指针)。

用数组名作函数参数时，要求形参和相对应的实参都是类型相匹配的数组(还可为以后要学的指针)。形参与实参都要求有明确的数组声明，但形参数组与实参数组的长度可不等，形参在声明时甚至还可省略数组长度。

其实，形参数组在声明时只要告诉系统，形参是一个什么类型的数组就行。

(2) 用数组名作函数参数时，传送的是数组首地址值。

数组名不仅是一个数组的标识符，它还代表数组存储的首地址。在用数组名作函数参数时，传送的正是数组首地址值，而不是各个数组元素的值。即不是把实参数组的每一个元素值，都一一赋予形参数组的各个元素。

形参数组并不存在，编译系统不为形参数组分配内存空间。实际上形参数组与实参数组共享同一数组，共用一段内存空间。正因为此，当程序在被调函数中，通过形参改变数组元素值时，在主调函数中，通过实参数组得到的元素是改变以后的元素值。从这个意义上讲，形参可以反过来修改实参的值，但它并不是双向传递。

以数组名作函数参数，传递数组首地址，与其他高级语言中的按地址传递一致，与一般变量做函数参数进行单向的值传递完全不同。

【例 7-12】 输入 15 个学生的成绩(整数)，打印出他们的总分。

```
main()
{
    int num[15],s;
    int sum(int n[]);
    for(k=0;k<15;k++)
        scanf("%d"&num[k]);
    s=sum(num);
    printf("sum=%d\n",s);
}
int sum(int n[ ])                              /*形参声明中省略数组大小*/
{
    int k,s;
    for(k=0;k<15;k++)
        s=s+n[k];
```

```
    return s;
}
```

【例 7-13】 用冒泡法对输入的 10 个数，按从小到大的顺序排序。

```
main()
    {
        int i,num[10];
        void sort(int n[ ]);
        printf("input 10 numbers:\n");
        for(i=0;i<10;i++)
            scanf("%d",&num[i]);
        printf("\n");
        sort(num);
        for(i=0;i<10;i++)
            printf("%5d",num[i]);
    }
void sort(int num[])                                    /*冒泡法排序函数，返回值为空*/
{
    int i,j,temp;
    for(i=0;i<9;i++)
        for(j=0;j<9-i;j++)
            if(num[j]>num[j+1])
            {
                temp=num[j];
                num[j]=num[j+1];
                num[j+1]=temp;
            }
}
```

7.6 局部变量与全局变量

【例 7-14】 写出以下程序的运行结果。

```
int a=8;                                        /*位置□ */
main()
{
    int b=7;                                    /*位置□ */
    {
        int a=12,b=16;                          /*位置□ */
        printf("a=%d,b=%d\n",a,b);
    }
    printf("a=%d,b=%d\n",a,b);
}
```

程序的运行结果：a=12，b=16

a=8，b=7

完全一样的语句，在不同位置输出的结果完全不同，为什么？这是因为在C语言中，两处打印语句中变量 a 和 b 虽然同名，但它们却是不同的变量。位置③定义的变量 a 和 b，只在其所在复合语句中有效，在该复合语句外，它已经不存在。这说明每个变量都有它的作用范围。正像北京市的市长，在北京市他可以管每个人，但到了上海市，他却谁也管不了，因为上海已经不在北京市市长的管辖范围之内。

变量有效范围称变量的作用域。C语言中所有的量都有自己的作用域。变量说明的方式不同，其作用域也不同。

C 语言中的变量，按其作用域范围不同可分为两种：局部变量和全局变量。可以认为全局变量是一个中央政府官员，如国家总理可以管辖全国各个省，而局部变量是一个地方官，它只能管辖一部分区域，而且地方官有省、市、县一级等不同级别，局部变量也一样，存在不同级别，如例 7-14 中，位置②和位置③都是局部变量，但它们的作用范围还是不同，后者作用范围更小。

7.6.1 局部变量

局部变量也称作内部变量，它是在函数内部定义的变量。局部变量的作用域仅限于函数内部，离开该函数后再使用这种变量是非法的。例 7-14 中，位置②处定义的变量 b、位置③处定义的变量 a 和 b 均为局部变量。

关于局部变量要注意以下几点。

(1) 在主函数中定义的变量，只能在主函数中使用，不能在其他函数中使用，主函数中也不能使用其他函数中定义的变量。

(2) 形参变量是属于被调函数的局部变量。

(3) 不同函数中可使用同名局部变量，它们分配不同的存储单元，代表不同对象，互不干扰。

(4) 复合语句内也可定义自己的局部变量，其作用域只在复合语句范围内。

【例 7-15】 写出以下程序的运行结果。

```
main()
{
    int a=1,b=2,c=3;
    b*=a+c;
    {
        int b=4,c=15;
        c/=b*2;
        a-=c;
        printf("a=%d,b=%d,c=%d\n",a,b,c);
        a+=-c;
    }
    printf("a=%d,b=%d,c=%d\n",a,b,c);
}
```

程序的运行结果：a=0,b=4,c=1
a=-1,b=8,c=3

7.6.2 全局变量

全局变量也称作外部变量，它是在函数外部定义的变量。全局变量不同于局部变量，它不属于某一个函数，可在多个函数中使用。例 7-14 中，位置①处定义的变量 a 为全局变量。

关于全局变量要注意以下几点。

(1) 全部变量的定义必须在所有的函数之外，且只能定义一次。其定义的一般形式为：

```
[extern] 类型说明符 变量名;
```

说明：其中方括号内的 extern 可以省去不写。

例如：

```
int a,b;
```

等效于：

```
extern int a,b;
```

(2)　全局变量增加了各个函数模块之间的数据联系的渠道。

使用全局变量方便函数间数据共享，增加了程序设计的灵活性。但全局变量在加强函数模块之间的数据联系同时，会增加函数间的依赖性，降低函数的独立性。另外，它还会占用系统资源，降低程序的清晰性。因此，在不必要时尽量不要使用全局变量。

(3)　在同一源文件中，允许全局变量和局部变量同名。

当局部变量与全局变量同名时，在局部变量的作用域内，局部变量有效，全局变量不起作用。在局部变量的作用域外，局部变量不再有效，全局变量起作用。

(4)　为了区别全局变量与局部变量，在C语言程序设计中，有一个不成文的约定(不是规定)，将全局变量的首字符大写。

【例7-16】输入3个整数，按从小到大的顺序输出，用函数实现，但不用数组作参数。

```
int a,b,c;
main()
{
    void sort();
    scanf("%d,%d,%d",&a,&b,&c);
    printf("排序前：\n");
    printf("%d,%d,%d\n",a,b,c);
    sort();
    printf("排序后：\N");
    printf("%d,%d,%d\n",a,b,c);
}
void sort()
{
    int t;
    if(a>b)
    {
        t=a;
            a=b;
            b=t;
    }
    if(b>c)
    {
        t=b;
            b=c;
            c=t;
    }
    if(a>b)
    {
        t=a;
            a=b;
            b=t;
    }
}
```

本程序是利用全局变量，在函数间实现数据共享。全局变量a、b和c在主函数中输入和输出值，而排序则用sort函数实现，在整个过程中并没有数据传递。请特别注意，在主函数和 sort 函数中，不能再定义这 3 个变量，否则程序达不到预期结果。

思考：在主函数和 sort 函数中，再定义这 3 个变量 a、b、c，程序的运行结果如何？

7.7　变量的存储类别

从变量的作用域(即从空间)角度，将变量划分为局部变量和全局变量。其实，变量还可以从其值存在的时间(即生存期)角度，分为静态存储方式和动态存储方式。静态存储方式是指在程序运行期间，分配固定的内存空间。动态存储方式则是指在程序运行期间，根据需要动态的分配存储空间。

在 C 语言中，变量有两个重要属性：数据类型和存储类别。数据类型是指变量存储时所占空间的多少，如整型一般占 2 个字节。变量的存储类别是指变量占用内存空间的方式，也称为变量的存储方式。

在 C 语言中，对变量的存储类别声明有 4 种类型：auto(自动变量)、static(静态变量)、extern(外部变量)、register (寄存器变量)。

1. 自动变量(auto)

C 语言规定，函数内凡未加存储类别声明的变量均视为自动变量，即自动变量可省去声明符 auto。自动变量是 C 语言默认的存储类型，使用最广泛。前面各章程序中，所定义的变量都是自动变量(未加存储类型声明符)。

自动变量属于动态存储方式。只有在使用它即定义该变量的函数被调用时，才给它分配存储单元，开始它的生存期。当函数调用结束后，立即释放其所占的存储单元，结束其生存期。自动变量的值会随着其生存期的结束而丢失，在程序设计时，一定要特别注意这一点。

自动变量都是局部变量。

【例 7-17】 写出以下程序的运行结果。

```
main()
{
    auto int i;
    void fun();
    for(i=0;i<5;i++)
        fun();
}
void fun()
{
    int j=0;
    ++j;
    printf("%3d",j);
}
```

程序运行结果：1　1　1　1　1

2. 静态变量(static)

有时希望函数中局部变量的值，在函数调用结束后仍然保存在内存中，即其所占用存储单元不释放，在下次再调用该函数时，变量的值就是该函数上次调用后的值。这时，应将变量指定为静态变量。

静态变量包括静态局部变量和静态全局变量。

1)　静态局部变量

在局部变量的说明前，加上 static 关键字就构成静态局部变量。

静态局部变量属于静态存储方式。静态局部变量在整个源程序运行期间始终存在，即它的生存期为整个源程序运行时间。

静态局部变量的生存期虽然为整个源程序的运行时间，但是其作用域仍只能在定义该变量的函数的范围之内。退出该函数后，尽管该变量还继续存在，但不能使用它。

对于基本类型的静态局部变量，如果没有初始化，则系统会自动赋初值 0，而对自动变量，若不初始化系统、不赋初值，即其值不定。

2)　静态全局变量

在全局变量的说明之前，加 static 关键字可构成静态全局变量。(非静态)全局变量的作用域是整个源程序，当一个源程序由多个源文件组成时，(非静态)全局变量在各个源文件中都有效。静态全局变量可限制变量的作用域，只在定义该变量的源文件内有效，而在同一源程序的其他源文件内无效。在多人共同开发的大型项目中，为了防止别人错误修改变量值，可将其设为静态全局变量。

注意：把局部变量改变为静态变量，是改变了变量的存储方式即生存期；把全局变量改变为静态变量，是改变了变量的作用域，即限制了变量的使用范围。

【例 7-18】 写出以下程序的运行结果。

```
main()
{
    int i;
    void fun();
    for(i=0;i<5;i++)
        fun();
}
void fun()
{
    static int j=0;
    ++j;
    printf("%3d",j);
}
```

程序运行结果：1　2　3　4　5

3. 外部变量(extern)

外部变量也称全局变量，它们是一回事，只是从不同的角度来分析。从变量的作用域角度，称为全局变量；从变量的生存期角度，称为外部变量。

外部变量的作用域是从该变量定义处开始，到该程序末尾结束。如果在该变量定义前的函数中想使用该全局变量，在欲使用的函数中进行声明。

如果一个源程序有多个源文件，其中有两个或多个源文件要共用同一个外部变量，此时只能在一个源文件中定义，在其他需要使用该全局变量的源文件中声明。

4. 寄存器变量(register)

寄存器变量与前面三种类型不同，它的值不是存储在计算机内存中，而是直接存储在CPU的寄存器中。因此，寄存器变量的读取速度比其他三种类型更快，效率更高，一般用于存放读写频率很高的简单变量。

寄存器变量在使用时，要注意以下几点：

(1) 只有局部自动变量和形参才可以定义为寄存器变量。

寄存器变量属于动态存储方式，凡是需要采用静态存储方式的变量均不能定义为寄存器变量。

(2) 寄存器变量数量的约定。

一个计算机系统中的寄存器变量的数目是有限的，不能定义任意多个寄存器变量。不同系统允许使用的寄存器个数不同，且对寄存器变量的处理方法也不同。当没有足够的寄存器来存放指定变量，或C语言程序认为指定的变量不适合放在寄存器中时，将按自动变量(auto)处理。其实，寄存器变量的说明只是对编译程序提出的一种建议，不具备强制性。

(3) 一般只将定点数(整型或字符型)定义为寄存器变量。

(4) 寄存器变量的说明，应放在尽量靠近其使用的地方，同时，用完后尽快释放，以提高寄存器的利用效率。

习　题

一、单项选择题

1. C语言总是从_____函数开始执行。

A. main　　B. 处于最前的　　C. 处于最后的　　D. 随机选一个

2. 函数在定义时，省略函数类型说明符，则该函数值的类型为______。

A. int　　B. float　　C. long　　D. double

3. 以下_____函数，真正地没有返回值。

A. int a(){int a=2;return (a);}　　B. void b(){printf("c");}

C. int a(){int a=2;return a;}　　D. 以上都是

4. 在C语言中，有关函数的说法，以下正确的是_____。

A. 函数可嵌套定义，也可嵌套调用

B. 函数可嵌套定义，但不可嵌套调用

C. 函数不可嵌套定义，但可嵌套调用

D. 函数不可嵌套定义，也不可嵌套调用

5. 以下函数调用语句中，含有实参的个数为_____。

fun((2,3),(4,5+6,7));

A. 1　　B. 2　　C. 5　　D. 6

6. 以下哪个函数不属于系统库函数______。

A. printf 函数　　B. strcmp 函数

C. sqrt 函数　　D. 小明今天写的 sum 函数

7. 函数调用可以在______。

A. 函数表达式中　　B. 函数语句中

C. 函数参数中　　D. 以上都是

8. 被调函数返回给主调函数的值称为_______。

A. 形参　　B. 实参　　C. 返回值　　D. 参数

9. _______，可以不进行函数类型说明。

A. 被调函数的返回值是整型或字符型时

B. 被调函数的定义在主调函数定义之前时

C. 在所有函数定义前，已在函数外预先说明了被调函数类型

D. 以上都是

10. 被调函数通过______语句，将值返回给主调函数。

A. if　　B. for　　C. while　　D. return

11. 被调函数调用结束后，返回到_____。

A. 主调函数中该被调函数调用语句处

B. 主函数中该被调函数调用语句处

C. 主调函数中该被调函数调用语句的前一语句

D. 主调函数中该被调函数调用语句的后一语句

12. 在函数定义和调用时的参数分别称为______。

A. 形参、形参　　B. 形参、实参

C. 实参、形参　　D. 实参、实参

13. 以下有关递归的说法错误的是_______。

A. 递归是特殊的嵌套

B. 递归要注意两点：递归终止条件和递归公式

C. 递归可以轻松转为选择结构

D. 递归可分两个阶段，即回推和递推

14. 有关数组名作为函数参数说法错误的是_____。

A. 用数组名作为函数参数时，要求形参与实参都是同一类型的数组

B. 用数组名作为函数参数时，实参传给形参的是数组的首地址

C. 用数组名作为函数参数时，实参将数组各个元素值传给形参

D. 用数组名作为函数参数时，实参与形参共享同一数组

15. 以下有关 main 函数的说法，正确的是_____。

A. main 函数可以作被调函数

B. main 函数可使用其他函数的局部变量

C. main 函数是程序的结束点

D. main 函数中的局部变量可被其他函数使用

16. 在函数内部定义的变量称_____。

A. 全局变量　　B. 局部变量　　C. 外部变量　　D. 静态变量

17. 静态变量的说明符为______。

A. auto　B. static　C. extern　D. register

18. C 语言中默认的存储类别为______。

A. auto　B. static　C. extern　D. register

二、写出以下程序的运行结果

1.

```
int a=1,b=2,c=3;
main()
 {
     int a=11,b=12;
     b*=a+c;
     {
         int b=24,c=25;
         c+=b*2;
         a-=c;
         printf("a=%d,b=%d,c=%d\n",a,b,c);
     }
     a+=c;
     printf("a=%d,b=%d,c=%d\n",a,b,c);
 }
```

2.

```
main()
{
    int i=1,p;
    p=fun(i,i+1);
    printf("%d\n",p);
}
int fun(int a,int b)
{
    int f;
    if(a>b)
        f=1;
    else if(a==b)
        f=0;
    else
        f=-1;
    return f;
}
```

三、程序填空题

1. 以下程序是求 n!(12>n>0)。

```
main()
{
    int n;
    long s;
    ______(1)______
    scanf("%ld",&n);
    ______(2)______
    printf("s=%ld\n",s);
______(3)______
long fun(int n)
______(4)______
    int k;
```

```
    ______(5)______
    for(k=1; k<=n; k++)
        s=s*k;
    _______(6)______
}
```

2. 以下函数是求 x 的 y 次方。

```
double fun(double x,int y)
{
    int k;
    double z=0;
    for(k=1;k____(1)_____;k++)
    z=____(2)________;
    ______(3)________z;
}
```

四、编程题

1. 编写一个函数求两数的和，并写出调用该函数的主程序。
2. 设计一个函数，求长方体的体积(边长为整数)，要求写出相应的主函数。
3. 输入两个整数，求最大值，用函数实现。
4. 编写一个函数，函数功能为给出年、月、日值，计算它是该年第几天。
5. 编写一个函数，判断一个数是否为素数。
6. 编写一个函数，求出给定两个数的最大公约数。
7. 编写一个函数，将两个字符串连接起来(不用 strcat 函数)。
8. 用递归函数，求小于等于 *n* 的所有正整数之和。

实 训

实训项目：函数
实训性质：设计性
实训目的：

1. 理解函数的特点。
2. 掌握函数的定义、调用方法。
3. 理解与掌握全局变量与局部变量。
4. 了解函数的嵌套与递归。
5. 了解数组作为函数参数的使用方法。

实训内容：

1. 设计一个函数，求长方形的周长(边长为整数)，要求写出相应的主函数。
2. 输入一个学生成绩，显示他的等级，用函数实现。转换规则：90~100 为 A 等，80~89 为 B 等， 70~79 为 C 等，60~69 为 D 等， 0~59 为 E 等。
3. 编写一个函数，求出给定两个整数的最大公约数。
4. 编写一个函数，实现：给出年、月、日值，计算它是该年第几天。
5. 用选择法对输入的 10 个数排序，按从小到大的顺序输出(用函数实现)。

6. 用函数递归，求小于等于 n 的所有正整数之和。

7. 输入参加世界杯的 32 支球队，由计算机产生一份分组名单，每组 4 支球队。用函数实现，主要设计 3 个函数，第 1 个函数用于输入各支球队，第 2 个函数用于产生分组名单，第 3 个函数输出分组名单。

8. 用函数实现 5.8 节实训内容第 6 题。主要设计 4 个函数，第 1 个函数用于输入各位评委的评分，第 2 个函数计算总成绩，第 3 个函数给各位评委的评分排序，第 4 个函数显示输出结果。

实训指导：

1. 实训题 1 分析与指导

本函数要求两个整型形参，返回值类型也为整型。

2. 实训题 2 分析与指导

(1) 本函数要求一个形参，可为整型或实型，返回值为一个字符类型。

(2) 将考试成绩由具体分数转为对应的等级，是一个典型的多分支结构，可用块 if 语句、if 语句的嵌套、多分支语句来实现。

3. 实训题 3 分析与指导

(1) 本函数要求两个整型形参，返回值类型为整型。

(2) 可用辗转相除法求最大公约数：用大数除以小数，然后将小数做大数，用余数做小数，继续相除，直到余数为 0 结束，最后一次相除时，小数即为最大公约数。

4. 实训题 4 分析与指导

(1) 本函数要求 3 个参数，分别表示年、月和日的值，返回一个整型值。

(2) 函数功能的实现：将日期中的天数值，加上以前各个月的天数即可算出指定日期是该年的第几天。在计算每月天数时，1、3、5、7、8、10、12 月份每月 31 天，2 月份闰年 29 天，平年 28 天，其他月份 30 天。

(3) 要确定某年 2 月份的天数，需判断该年是否为闰年。闰年的判断方法：能被 4 整除但不能被 100 整除的年份求能被 400 整除的年份为闰年，否则不是闰年。

5. 实训题 5 分析与指导

(1) 本函数要求一个数组名作为形参，数组作实参时，形参与实参共享同一数组，所以排好序的数组不用函数返回值返回。本函数的返回值可以为空。

(2) 从前至尾依次比较两个数的大小，一次扫描可找出一个最大值且置于数组最后，继续扫描，可查找出第二大的数、第三大的数，当只剩一个数时结束扫描，排序结束。多次扫描的处理方法相同，可用循环来控制扫描次数。每轮扫描时，总是比较相邻两个数，处理方法也相同，也可用循环来实现。因此本题可用循环的嵌套来实现，外层循环控制扫描的次数，内层循环控制具体的扫描过程。

6. 实训题 6 分析与指导

(1) 本函数要求有一个形参，数据类型为整型。函数返回值可为整型或长整型。

(2) 递归结束条件是当n=1时，和为1；当n>1时，n个数之和等于前n−1个数之和加第n个数。

7. 实训题7分析与指导

(1) 在主函数中定义一个二维字符数组和一个二维数值型数组，作为函数调用的实参，然后以二维字符数组为参数调用第1个函数来输入数组元素值，以二维数值型数组为参数调用第2个函数来产生分组名单，最后以两个数组为参数调用第3个函数输出结果。

(2) 第1个函数的功能是输入各支球队，可用循环来实现。

(3) 第2个函数的功能是产生分组名单，用形参数组来保存分组后各组中球队的编号，用循环给该二维数组的各个元素赋值，赋值内容为计算机产生一个1～32的编号(不能用相同的编号)。

(4) 第3个函数的功能是输出分组名单，由编号数组的分组名称，转为正式的分组球队名单，只要以编号数组的元素值作为球队数组的下标，输出对应的球队名称即可(注意：球队编号从1表示，而数组下标从0开始)。

8. 实训题8分析与指导

(1) 在主函数中可定义一个一维数组来保存各个评委的评分，定义一个简单变量来保存第2个函数返回的总成绩，然后依次调用各个相关功能函数完成指定功能即可。

(2) 第1个函数的功能是输入各位评委的评分，用循环实现一维数组值的输入。

(3) 第2个函数的功能是计算总成绩，可先计算所有元素之和，找出最高分和最低分，然后用总和减去最高分和最低分，除以有效评委人数即可。

(4) 第3个函数的功能是给各个评委的评分排序，相当于给10个数的一维数组排序，可用冒泡排序或选择排序来实现。

(5) 第4个函数的功能是显示输出结果，实际是一个简单变量和数组变量的输出问题，比较简单，只是要通过参数将要输出的对象传给本函数。

实训思考：

实训内容第5题不用数组作参数，排好序的数组如何传给主函数。

提示：可利用全局变量或指针实现。用指针的实现方法可参阅第8章。

第 8 章 指 针

教学提示：指针是 C 语言中使用最广泛的一种数据类型。利用指针可以有效地表示复杂的数据结构，能直接处理内存地址，动态分配内存等。

指针功能强大，使用广泛，应用灵活，不少人认为能否正确理解与应用指针是学好 C 语言的一个重要标志。本章主要介绍指针的概念和简单应用。

教学要求：理解与掌握指针的概念、指针变量的定义和运算。了解指针作为函数参数的使用。掌握指针与数组的关系。掌握指针与字符串的关系。

8.1 指针的概念

1. 地址

计算机的内存是由一个个的存储单元组成的，为了方便信息的查找，每个存储单元均对应一个唯一的编号，称为该存储单元的地址。存储在存储单元内的值就是该存储单元对应的存储内容，存储内容与内存地址完全不同。

如有定义 char c='a'; int a=21;，则变量 c 和 a 在内存的存储如图 8.1 所示(假设起始地址值为 2000)。其中，变量 c 的存储地址为 2000，存储内容为'a'，变量 a(整型占 2 个字节)的存储起始地址为 2001，存储内容为 21。存储地址类似于电影院内座位编号，存储内容类似于某个座位上所坐的观众。

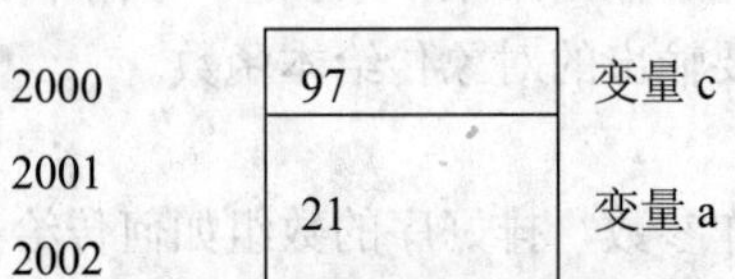

图 8.1 内存地址与存储内容

从图 8.1 可知：

(1) 内存地址唯一，根据内存地址可找到该内存单元中所存放的内容；

(2) 不同类型的变量，所占的连续内存单元数目可能不相等。

2. 指针

由于通过地址可以找到所需的变量的存储单元，也就是说，地址“指向”该变量所对应的存储单元，因此在 C 语言中，将地址形象地称为“指针”。如图 8.1 所示，根据地址值 2000 就能找到变量 c 的存储单元，从而读取其中的值。

指针就是内存单元的地址，一个变量的地址称为该变量的指针。如果变量占用多个内存单元，则变量的指针指向这些连续内存单元的首地址。

3. 指针变量

如果定义一个变量，专门用来存放另一个变量的地址(即指针)，则称该变量为“指针变量”。指针变量的值是指针(地址)，也就是某个变量所占内存单元的首地址。如变量 c 的指针值是 2000，变量 a 的指针值是 2001。

指针变量与普通变量一样，变量内容可变，但两者的存储内容却完全不同。

如有定义 int a=21,*p=&a;，其存储结构如图 8.2 所示。

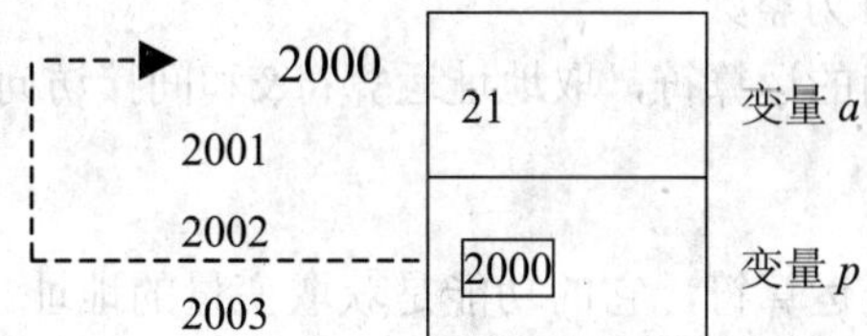

图 8.2 指针变量 p 与普通变量 a

变量 a 中存储的是数值 21，而变量 p 中存储的内容为 2000，并非普通的数值 2000，而是变量 a 的存储地址 2000。

8.2 指针变量的定义与运算

8.2.1 指针变量的定义

C 语言规定所有变量在使用前必须先定义，指定其类型，并按此分配内存单元。指针变量虽不同于前面已学过的变量，是专门用来存放地址的，但也要在使用前事先定义，且必须定义为“指针类型”。

指针变量定义的一般形式：

类型 *指针变量名;

例如：

```
int *p1;
float *p2;
char *p3;
```

说明：

(1) 类型是指针变量所指向的变量的类型，说明指针变量只能指向该类型的变量，不能指向其他类型的变量。

(2) 指针变量名前有一个“*”，表示该变量是指针类型的，它是指针变量的标志，如前面定义了一个整型指针变量 p1，而非*p1。

(3) 指针变量名要满足标识符的命名约定。

(4) 指针变量一旦定义，其所占内存空间固定。一个指针变量只能指向同一类型的变量，不能一会儿指向一个整型变量，一会儿指向一个实型变量。

8.2.2 指针变量的运算

指针变量是用来存放地址即指针的，所以不能将一个整型量或任何其他非地址类型的数据赋给一个指针变量。

下面的赋值是不合法的：

```
int *p;
p=2000;
```

说明：p 为指针变量，2000 为整数。

C 语言中，指针有两个专门的运算符，取地址运算符&和间接访问运算符*。

1. 取地址运算符

取地址运算符&是一个单目运算符，它的功能是获取变量的地址。其运算对象要求是一个变量，不能是常量或表达式。

例如：

```
int a=5,*p=&a;                  /*正确，将变量 a 的地址赋给指针变量 p*/
float b,*p1=&b,*p2;p2=p1;       /*正确，同类型指针变量可相互赋值*/
long *p3;p3=&5;                 /*错误，常数不能取地址*/
char c,*p4;p4=c;                /*错误，普通变量表示一个值，不表示一个地址*/
```

2. 间接访问运算符

间接访问运算符*也是一个单目运算符，它的功能是取特定地址中存放的内容，即指针变量所指变量的值。它的运算对象要求是一个指针变量。

注意，“*”在不同场合出现，可表示不同的含义：

(1) 一个普通的字符星号；

(2) 乘号运算符；

(3) 定义变量时指针变量的标志；

(4) 间接访问运算符。

例如：

```
int num=10,*p1=&num;         /含义(3)*/
printf("num=%d\n",*p1);      /*正确，输出结果为 num=10。含义(4)*/
```

又如：

```
long n=2,*p2=&n;
printf("n=%d\n",*n);         /*错误，普通变量不能间接访问*/
```

间接访问运算符是取地址运算符的反运算。

例如：

```
int a=5;
printf("%d\n",*(&a));
```

输出结果：5。

3. 指针变量的运算

(1) 赋值运算：

例如：

```
float x=6.2,*p1=&x,*p2,*p3;      /*实型指针变量 p1 指向了实型变量 x*/
char *pc;
p2=&x;                           /*实型指针变量 p2 也指向了实型变量 x*/
p3=p2;                           /*实型指针变量 p3 和 p2 指向了同一个实型变量 x*/
pc="I love you!";                /*字符型指针变量 pc 指向了一个字符串*/
```

说明：将一个指针变量赋给同类型的另一个指针变量前，该指针要先赋值。

下面的赋值是不合法的：

```
float x=6.2,*p1,*p2;
p2=p1;
```

说明：p1 没有指向哪个变量，它的值是不确定的，不能赋给 p2。

所以在定义了指针变量，但没有给它赋值之前，指针变量的值是不确定的，因此不能使用没有赋值的指针变量，否则将造成难以预料的后果。

【例 8-1】 输入 a 和 b 两个整数，按从大到小的顺序输出 a 和 b。

```
main( )
{
   int  *p1,*p2,*p,a,b;
   scanf("%d,%d",&a,&b);          /*①*/
   p1=&a;                         /*②*/
   p2=&b;                         /*②*/
   if(a<b)
  {                               /*利用 p 交换 p1 和 p2，让 p1 指向 b，p2 指向 a*/
      p=p1;
      p1=p2;
      p2=p;
   }
   printf("\na=%d,b=%d\n",a,b);
   printf("max=%d,min=%d\n",*p1,*p2);
}
```

运行结果如下：

```
10,20<CR>
a=10,b=20
max=20,min=10
```

根据输出可以发现 a 和 b 的值并未交换，它们仍保持原值，但 p1 和 p2 的值改变了。p1 的值原为&a，后来变成&b，p2 的值原为&b，后来变成&a。这样在输出*p1 和*p2 时，实际上是输出变量 b 和 a 的值。

本算法不交换整型变量的值，而交换两个指针变量的值(即 a 和 b 的地址)。

如果把上例中的①和②的 3 个语句改成下面两种形式：

a.　scanf("%d,%d",p1,p2);

　　p1=&a;

　　p2=&b;

b.　p1=&a;

```
p2=&b;
scanf("%d,%d",p1,p2);
```

思考：这两种形式是否正确？为什么？

(2) 指针移动：

例如：

```
int num[5]={1,2,3,4,5},*p=num,a,b,c;
a=*p;                        /*变量 a 得到了数组元素 num[0]的值 1*/
p++;                         /*指针变量 p 指向了数组元素 num[1]*/
b=*p;                        /*变量 b 得到了数组元素 num[1]的值 2*/
p+=1;                        /*指针变量 p 指向了数组元素 num[2]*/
++p;                         /*指针变量 p 指向了数组元素 num[3]*/
c=*p;                        /*变量 c 得到了数组元素 num[3]的值 4*/
p--;                         /*指针变量 p 指向了数组元素 num[2]，即*p 的值为 3*/
printf("%d,%d,%d,%d\n",a,b,c,*p);
```

以上程序段的输出结果为：1，2，4，3。

注意，数组名本身就代表一个地址，所以可以直接赋给指针变量。++p 并不是简单地将 p 的值加 1，它表示将指针向下移动一个类型长度，具体移动多少个字节与指针变量所指变量的类型有关。同样--p 就表示将指针向上移动一个类型长度。

例如：

```
int a[3]={0,1,2},*p=a;
printf("%d\n",*p);          /*输出 0*/
p++;
printf("%d\n",*p);          /*输出 1*/
```

此程序段中的 p++，指针移动的就是 2 个字节(整型)。如图 8.3 所示。

图 8.3　指针的移动

指针变量除了可以进行上述的自加和自减运算以外，也可以和一般的整数作加、减运算。

例如：

```
int a[5]={0,1,2,3,4},*p=a;  /*指针变量 p 指向了数组元素 a[0]*/
p+=3;                        /*指针变量 p 指向了数组元素 a[3]*/
```

(3) 指针变量相减：两个相同类型的指针变量相减，结果为两个指针变量间的元素个数，即两个指针(地址)值相减后，再除以单个元素所占字节数。但两个相同类型的指针变量相加，却毫无实际意义。

例如：

```
int num[5]={1,2,3,4,5},*p1=num,*p2=num+3;
```

```
p1++;
printf("%d\n",p2-p1);
```

以上程序段的输出结果为：2。

(4) 指针变量的比较：对于指向同一数据类型的指针变量 p1 和 p2：

(1) 如果 p1==p2，说明两个指针变量指向同一地址；

(2) 如果 p1>p2，说明 p1 指向比 p2 地址高的元素；

(3) 如果 p1<p2，说明 p1 指向比 p2 地址低的元素。

还可用 p1==0 来判断指针变量 p1 是否为空指针。

8.3　指针变量作函数参数

函数的参数不仅可以是整型、实型、字符型等，还可以是指针类型。用指针作为函数参数，实参与形参间传递的是地址值，可以实现“双向”传递。

当用指针变量作为函数参数时，要求形参与实参是相同类型的指针变量。

【例 8-2】 输入两个整数，按从大到小的顺序输出，用指针作为函数参数来实现。

```
main()
{
    int a,b,*p1=&a,*p2=&b;
    void fun(int *,int *);
    scanf("%d,%d",p1,p2);    /*指针变量本身就是地址，不需加&*/
    if(*p1<*p2)
       fun(p1,p2);
    printf("%d,%d\n",*p1,*p2);
}
void fun(int *q1,int *q2)
{
    int t;
    t=*q1;         /* *q1 相当于变量 a*/
    *q1=*q2;      /* *q2 相当于变量 b*/
    *q2=t;
}
```

运行时，输入 47,74<CR>

结果显示：74,47

本程序中，实参指针变量 p1 与形参指针变量 q1 指向同一地址，即均指向&a，实参指针变量 p2 与形参指针变量 q2 指向同一地址，即均指向&b，所以*p1 与*q1 都相当于变量 a，*p2 与*q2 都相当于变量 b，交换指针变量所指变量值时，指针并没有变化。其交换过程如图 8.4 所示。指针变量 p1 和 p2 在被调函数中无效，图 8-4 中用虚线表示。

例 8-2 是通过交换两指针变量所指变量的值，来实现从大到小排序的功能，程序运行结果是 a 和 b 两个变量按从大到小排序。如果要求用交换两个指针变量来实现排序，结果会怎样呢？

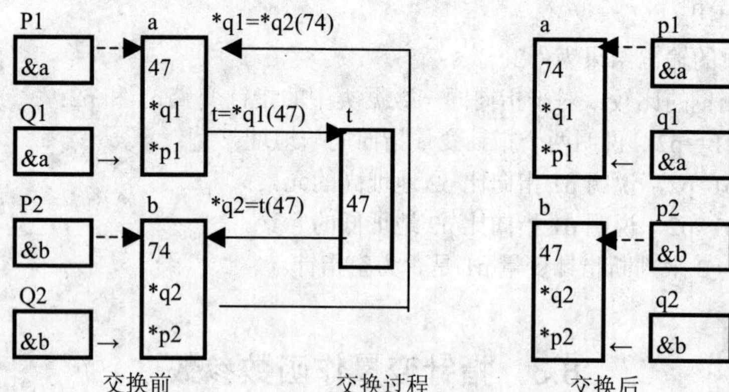

图 8.4　数据交换示意图

【例 8-3】 写出以下程序的运行结果。

```
main()
{
    int a,b,*p1=&a,*p2=&b;
    void fun(int *,int *);
    scanf("%d,%d",p1,p2);
    if(*p1<*p2)
        fun(p1,p2);
    printf("%d,%d\n",*p1,*p2);
}
void fun(int *q1,int *q2)
{
    int *t;
    t=q1;
    q1=q2;
    q2=t;
    printf("%d,%d\n",*q1,*q2);
}
```

运行时，输入 47，74<CR>

结果显示：74,47

　　　　　47,74

在函数内，交换两个指针变量的值，由显示结果可知，已实现从大到小排序功能。但是形参不能将结果反过来传给实参，虽然 q1 和 q2 的值已交换，但不会影响 p1 和 p2 的值，也不会影响变量 a 和 b 的值，所以在主函数中输出变量 a 和 b 的值，并没有按从大到小排序。其交换过程如图 8.5 所示。指针变量 p1 和 p2 在被调函数中无效，图中用虚线表示。

C 语言中实参变量和形参变量之间的数据传递是单向的“值传递”方式，指针变量作为函数参数也要遵循这一规则。调用函数不能改变实参指针变量的值，但可以改变实参指针变量所指变量的值。

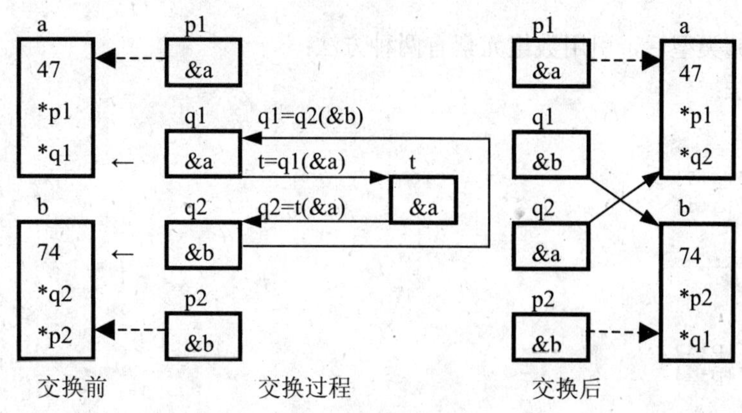

图 8.5　交换示意图

8.4　数组与指针

8.4.1　指向数组元素的指针

指向数组元素的指针的定义方法与普通指针变量的定义方法相同。

例如：

```
int a[10],*p=&a[0],*q=&a[8];
```

将数组 a 的第 1 个元素的首地址赋给指针变量 p，将数组 a 的第 9 个元素的首地址赋给指针变量 q。

在 C 语言中，数组名不仅是一个数组的标识符，而且还代表一个数组的首地址，它是一个地址常量，不是指针变量，所以不能对数组名进行赋值、自加、自减等运算。

例如：

```
a=p;
a++;
```

以上两个语句均非法。

数组名指向数组的首地址，数组第一个元素的首地址也是整个数组的首地址，因此，以下两个语句等效，都是将数组 a 的首地址赋给指针变量 p。

(1)　p=&a[0];

(2)　p=a;

同时，p+1 或 p++都是指向下一个元素，即指向 a[1]。

8.4.2　通过指针引用数组元素

C 语言规定：如果指针变量 p 已指向数组中的某个元素，则 p+1 表示指向同一数组的下一个数组元素，p-1 表示指向同一数组的上一个数组元素，而不是将指针上、下移动一个字节。

例如，若数组元素数据类型为 char，则移动一个字节；若数组元素数据类型为 int，则移动 2 个字节。

学习完指针类型后，引用数组元素有两种方法：

(1) 下标法：

如：

```
a[1] ⇔ *(a+1)
a[i] ⇔ *(a+i)
```

(2) 指针法：

例如：

```
p[1] ⇔ *(p+1)
p[i] ⇔ *(p+i)
```

若 p 的初值为 a 或&a[0]，则 a+i 和 p+i 是数组元素 a[i]的地址，*(a+i)和*(p+i)是 a+i 和 p+i 指针所指向的数组元素。因此要表示数组 a 中下标为 i 的数组元素有 4 种方法，即：

```
a[i] ⇔ p[i] ⇔ *(p+i) ⇔ *(a+i)
```

【例 8-4】 由计算机随机产生 10 个数，然后显示在屏幕上。

(1) 用下标法引用数组。

```
#include<stdio.h>
#include<stdlib.h>

main()
{
    int i;
    float num[10];
    for(i=0;i<10;i++)
    {
        num[i]=rand();
        printf("%.2f\n",num[i]);
    }
}
```

(2) 用指针法引用数组。

```
#include<stdio.h>
#include<stdlib.h>
main()
{
    int i;
    float num[10],*p=num;
    for(i=0;i<10;i++,p++)
    {
        *p=rand();
        printf("%.2f\n",*p);
    }
}
```

利用指向数组元素的指针变量 p++这种方法，对数组进行操作很方便，效率也很高。但要注意指针变量的当前值，如例 8-5。

(3) 通过计算元素地址，确定数组元素。

```
#include<stdio.h>
#include<stdlib.h>
main()
```

```
{
    int i;
    float num[10],*p=num;
    for(i=0;i<10;i++)
    {
        *(p+i)=rand();       /* p+i 可改为 a+i */
        printf("%.2f\n",*(p+i));
    }
}
```

注意 p++和 p+1 的区别，虽然两者可得到同一地址，但前者指针变量值改变了，p 指向下一个地址，而后者指针不会移动。

【例 8-5】 写出以下程序的运行结果。

```
#include<stdlib.h>
#include<stdio.h>
main()
{
    int i;
    float num[10],*p=num;
    for(i=0;i<10;i++,p++)
        *p=rand();             /*循环结束，p 指向 num 数组的末尾*/
    for(i=0;i<10;i++,p++)      /*在这之前，应加上 p=num;*/
        printf("%.2f\n",*p);
    }
```

显然，程序设计者的目的也是先随机产生 10 个数，然后输出。可是输出的结果根本不是设计者所期望的值。

其实，只要认真分析一下程序代码，不难发现其中的错误。第 1 个循环语句，每执行循环体一次产生一个随机数，将随机数赋给指针变量后，指针变量向下移动一个单位，以便存放下一个随机数，程序完全正确。当第 1 个循环语句结束时，指针变量已指向数组最后一个元素后的内存单元。当用第 2 个循环输出数组元素值时，它实际上是输出数组后面连续内存单元内的值。因此，在第 2 个循环前，一定要将指针再次移到数组的首地址，即应在程序第 2 个循环语句前加一个赋值语句：

```
p=num;
```

指针变量的值是可改变的，初学者一定要时刻注意指针变量的当前值。

当同时出现*和自加(++)、自减(--)运算符时，要注意指针变量的运算。若 p 指向数组 a(即 p=a;)，则：

(1) 由于*和++同优先级，且结合方向自右而左，所以*p++ ⇔ *(p++)，其作用是先输出*p 的值，再使指针 p 值加 1。

(2) *(p++)与(*p)++作用不同，(*p)++表示对 p 所指的元素值加 1。

如，a[0]=1，则*(p++)的值是 a[0]=1，执行后 p 指向 a[1]；而(*p)++的值是 a[0]+1=2，执行后 p 仍指向 a[0]。

(3) *(p++)与*(++p)作用不同。前者是先取*p 的值，后使 p 加 1；后者是先使 p 加 1，再取*p 的值。

如，*(p++)是先得到值 a[0]，后使 p 指向 a[1]；而*(++p)是先使 p 指向 a[1]，后得到其值 a[1]。

8.4.3　指向二维数组的指针

1. 二维数组的地址

假设有一个二维数组 num，它有 3 行 4 列，其定义为：

```
int num[3][4]={{1,2,3,4},{5,6,7,8},{9,10,11,12}};
```

num 是一个数组名。num 数组包含 3 行，即 3 个元素：num[0]，num[1]，num[2]。而每一元素又是一个一维数组，它包含 4 个元素，如 num[0]又包含 4 个元素：num[0][0]、num[0][1]、num[0][2]、num[0][3]。如图 8.6 所示。

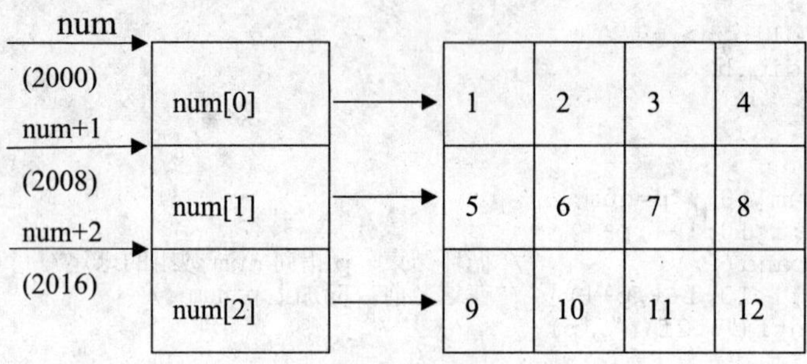

图 8.6　二维数组的存储

从图 8.6 来看，num 代表整个二维数组的首地址，也就是第 0 行的首地址。num+1 代表第 1 行的首地址。如果二维数组的首地址为 2000，则 num+1 为 2008，因为第 0 行有 4 个数据，因此 num+1 的含义是 num[1]的地址，即 num+4×2=2008。num+2 代表第 2 行的地址，它的值是 2016。

由于 num 代表第 0 行的首地址，则 num[0]是第 0 行第 0 列的首地址，即指向数组元素 num[0][0]。依次地 num[0]+1 就指向数组元素 num[0][1]，…由此可得

```
num[i][j]=*(num[i]+j)
```

即：

```
num[i][j]=*(*(num+i)+j)
```

2. 指向二维数组的指针(数组指针)

二维数组指针变量定义的一般格式：

```
类型说明符 (*指针变量名)[长度];
```

例如：

```
int  (*num)[5];
```

此处括弧不能少，否则成为

```
int  *num[5];
```

此时，定义的是“指针数组”。

刚开始时，num 指向一个二维数组的首地址，num+1 并不是指向数组的下一个元素，

而是指向数组的下一行元素的首地址，即 num+1 表示下移一行(在此为移动 5 个元素)，num++也表示下移一行。num[i]表示第 i+1(下标从 0 开始)行元素的首地址。

【例 8-6】 一个 3*4 的二维数组中存放 1～12 共 12 个数，输入行数和列数显示对应的数组元素的值。

```
main()
{
    int num[3][4]={1,2,3,4,5,6,7,8,9,10,11,12};
    int (*p)[4];
    int i,j;
    p=num;
    printf("intput i,j\n");
    scanf("%d,%d",&i,&j);
    printf("num[%d,%d]=%d\n",i,j,*(*(p+i)+j));
    printf("\n");
    for(i=0;i<3;i++)
        {
        for(j=0;j<4;j++)
            printf("%4d",*(*p+j));
        printf("\n");
        p++;
        }
    }
```

8.4.4 数组名作函数参数

数组名作为函数参数时，要求形参和实参均为数组类型，在参数传递时，实参将数组的首地址传给形参，实参和形参共享存储单元。指针可指向数组的首地址，在实参与形参中，可改用指向数组的指针。

【例 8-7】 计算机随机产生 10 个数，通过自定义的函数找出最大值。

```
#include<stdio.h>
main()
{
    int i;
    float res,num[10],*p=num;
    float max(float *q,int n);
    for(i=0;i<10;i++)
        *(num+i)=rand();
    res=max(num,10);            /*实参为数组类型*/
    printf("\n");
    for(i=0;i<10;i++,p++)
        printf("%.2f\n",*p);
    printf("max=%.2f\n",res);
}
float max(float *q,int n)            /*形参为指针类型*/
{
    int i;
    float m=*q++;
    for(i=1;i<n;i++,q++)
        if(*q>m) m=*q;
    return m;
}
```

8.5 字符串与指针

8.5.1 字符串的表示形式

在 C 语言中，字符串除了可用字符数组进行处理之外，还可通过字符指针来处理。一个字符串常量本身代表了该字符串的首地址(相当于数组名)，也可以定义一个字符指针指向一个字符串。

【例 8-8】 写出以下程序的运行结果。

```
#include<stdio.h>
main()
{
    char mystr[20]="China";
    char *pstr="China";
    printf("mystr is %s\n",mystr);
    printf("pstr is %s\n",pstr);
}
```

数组 mystr 和指针变量 pstr 在内存中的存储如图 8.7 所示。

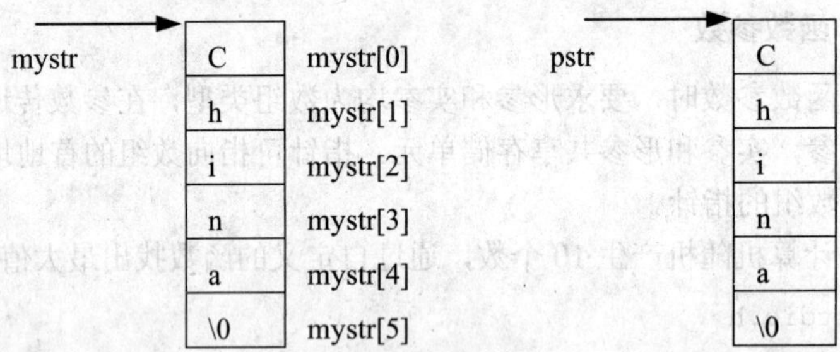

图 8.7 字符串的存储

由图 8.7 可清楚地看出，用字符数组存储字符串时，整个字符串均存储在指定的数组中，而用指针变量存储字符串时，指针变量只是指向字符串的首地址，字符串存储在以指针为首地址的连续区域内。

【例 8-9】 从键盘上输入一行字符，统计其中字母的个数。

```
#include<stdio.h>
main()
{
    char s[80],*pstr=s;
    int n=0;
    scanf("%s",pstr);
    while(*pstr)
    {
        if(*pstr>='a' && *pstr<='z' || *pstr>='A' && *pstr<='Z')
            n++;
        pstr++;
    }
    printf("n=%d\n",n);
}
```

注意：在初始化时，可直接将字符串整体赋给字符数组或字符指针，但在一般赋值语句中，只能将字符串整体赋给指向字符串的指针变量，而不能整体赋给一个字符数组。

例如：

(1)　char mystr[20]="This is my book.";　　/*正确*/

(2)　char *pstr="This is my book.";　　/*正确*/

(3)　char *p;
　　p="This is my book.";　　/*正确*/

(4)　char str[80];
　　str="This is my book.";　　/*错误*/

8.5.2　指向二维字符数组的指针

二维字符数组指针变量定义的一般格式：

```
char (*指针变量名)[长度];
```

例如：

```
char  (*ps)[5];
```

刚开始时，ps 指向一个二维数组的首地址，ps+1 并不是指向数组的下一个元素，而是数组的下一行元素的首地址，即 ps+1 表示下移一行(在此为移动 5 个元素)，ps++也表示下移一行，ps[i]表示第 i+1 行(下标从 0 开始)的首地址。

【例 8-10】 输入 5 个字符串，然后在屏幕上显示出来。

```
#include<string.h>
main()
{
    char s[5][80],(*p)[80]=s;
    int i,j;
    for(i=0;i<5;i++)
        gets(p[i]);
        printf("\n");
    for(i=0;i<5;i++)
        printf("%s\n",*p++);
}
```

8.5.3　字符串指针作函数参数

将一个字符串从一个函数传递到另一个函数，可以用地址传递的办法，即用字符数组名或用指向字符串的指针变量作参数。在被调用的函数中，可以改变字符串的内容，在主调函数中可以得到改变后的字符串。

【例 8-11】 输入一行字符，通过自定义函数求出它的长度。

```
#include<stdio.h>
main()
{
    char s[80],*pstr=s;
    int n=0;
    int length(char *p);
    gets(pstr);
    n=length(pstr);
    printf("n=%d\n",n);
}
int length(char *p)
```

```
{
    int len=0;
    while(*p++) len++;
    return len;
}
```

【例 8-12】 输入两个字符串，通过自定义函数将它们连接起来。

```
#include<stdio.h>
main()
{
    char s1[80],s2[80];
    void cat(char *p1, char *p2);
    gets(s1);
    gets(s2);
    cat(s1,s2);
    printf("%s\n",s1);
}
void cat(char *p1,char *p2)
  {
    while(*p1)p1++;       /*将指针定位在第 1 个字符串的结束标志处*/
    while(*p2)
        *p1++=*p2++;      /*逐个复制字符*/
   *p1='\0';              /*添加字符串的结束标志*/
}
```

【例 8-13】 编写一个程序，在主函数中输入两个字符串，通过自定义函数比较两个字符串的大小，并通过主函数输出比较结果。

```
#include<stdio.h>
main()
{
    char s1[80],s2[80],*ps1=s1,*ps2=s2;
    int str_comp(char *ps1,char *ps2);
    gets(ps1);
    gets(ps2);
    if(str_comp(ps1,ps2)>0)
        printf("%s>%s\n",s1,s2);
    else if(str_comp(ps1,ps2)==0)
        printf("%s=%s\n",s1,s2);
    else
        printf("%s<%s\n",s1,s2);
}
int str_comp(char *ps1,char *ps2)
{
    while((*ps1!='\0')&&(*ps2!='\0')&&(*ps1==*ps2))
    {
        ps1++;
        ps2++;
    }
    return (*ps1-*ps2);
}
```

8.6 返回指针值的函数

前面我们介绍了函数可以带回整型、实型、字符型等值，事实上，函数也可以带回指针型的值，即地址，这类函数称为“指针函数”。当函数的返回值类型为指针时，函数定义的一般格式如下：

```
类型说明符 *函数名([形参列表])
    {
        类型说明
        执行语句
    }
```

返回指针类型的函数与其他类型的函数定义格式的区别，只是在函数名前加一个*号，其余格式相同。*表示此函数是指针型函数，即函数值是指针。类型说明符表示返回的指针是指向整型变量的。

例如：

```
int *num(int x,int y);
```

定义了一个函数 num，其返回值类型为指向整型变量的指针(地址)。x、y 是函数 num 的形参，是整型。

【例 8-14】 输入 10 个字符串，找出最大值。

```
#include<string.h>
main()
{
    char p[10][80],*t;
    int i;
    char *maxc(char ps[][],int n);
    for(i=0;i<10;i++)
        gets(p[i]);
    t=maxc(p,10);
    printf("max=%s\n",t);
}
char *maxc(char ps[10][80],int n)
{
    int i;
    char *max=ps[0];
    for(i=1;i<n;i++)
        if(strcmp(max,ps[i])<0)
            max=ps[i];
    return max;
}
```

8.7 指针数组和指向指针的指针

8.7.1 指针数组

指针数组是指一个数组的各个元素均为指针类型数据，即指针数组中的每一个元素都相当于一个指针变量。一维指针数组的定义形式如下：

```
类型名 *数组名[数组长度]
```

例如：

```
int *num[4];
```

由于运算符[ ]比*优先级高，因此 num 先与[4]结合，形成 num[4]形式，这显然是数组形式，它有 4 个元素。然后再与 num 前面的“*”结合，“*”表示此数组是指针类型的，每个数组元素都是一个指针变量，可指向一个整型变量。

注意：*数组名外不能加括号，添加括号后变为指向一维数组的指针，即数组指针。

例如：

(1)　int *num[4];
是指针数组，它表示含有 4 个指针类型元素的数组。

(2)　int (*num)[4];
是数组指针，它表示指向含 4 个元素的一维数组的指针。

可以简单地理解，int *num[4];和 int (*num)[4];都是二维的，前者的 4 表示行数，后者的 4 表示列数。

指针数组适用于指向若干个字符串，使字符串处理更方便灵活，效率更高。例如，要将若干个字符串(如书名、国名等)进行按字母顺序排序、查询等。

按通常方法，一个字符串本身就是一个一维字符数组，要处理若干个字符串要用到二维字符数组。但二维数组的列数确定后，每一行的元素个数都相等，而实际上各字符串长度往往是不相等的。如按最长的字符串来定义列数，则会浪费许多内存单元。

因此可以设计一个一维指针数组，并使数组中的元素(指针变量)分别指向各个字符串。这样不必直接对字符串进行处理，只要对指针数组进行处理(改变指针变量的指向)即可。同时各字符串的长度可以不同，且移动指针要比移动字符串的速度快得多。

【例 8-15】　输入 10 个字符串，按从小到大的顺序排序输出。

```
#include<string.h>
#include<stdio.h>
main()
{
char s[10][80], *p[10],*t;
int i,j;
for(i=0;i<10;i++)
{
    p[i]=s[i];
    gets(p[i]);
}
for(i=0;i<9;i++)
    for(j=0;j<9-i;j++)
    if(strcmp(p[j],p[j+1])>0)
    {
        t=p[j];
        p[j]=p[j+1];
        p[j+1]=t;
    }
for(i=0;i<10;i++)
printf("%s\n",p[i]);
}
```

8.7.2　指向指针的指针

在指针数组的定义中：

```
int *num[4];
```

指针数组的名字 num 代表该指针数组的首地址，它的每一个数组元素都是指针型数据，其值为地址，即 num+i 是 num[i]的地址，它就是一个指向指针型数据的指针，简称指向指针的指针(二级指针)。

指向指针的指针变量定义的一般格式如下：

数据类型符 **指针变量名

例如：

```
int **pp;
```

【例 8-16】 二级指针的使用。

```
main()
{
    int a,*p1,**p2;
    scanf("%d",&a);
    p1=&a;
    p2=&p1;
    printf("%d\n",**p2);
}
```

习　　题

一、单项选择题

1. 指针 pstr 所指字符串的长度为_____。

   char *pstr="\t\"1234\\abcd\n"

   A. 15　　B. 14　　C. 13　　D. 12

2. 对于 char **pstr；，以下正确的是______。

   A. *pstr="Hi"　　B. pstr="Hi"　　C. *pstr='Hi'　　D. **pstr="Hi"

3. 以下程序段的输出结果为_____。

```
char astr[5]="1234";
char *pstr=astr;
printf("%c",pstr[1]-'0');
```

   A. 1　　B. 2
   C. ASCII 码值为 1 的字符　　D. ASCII 码值为 2 的字符

4. 下述程序段的输出结果为_____。

```
char astr[]="abcde";
char *pstr=&astr[5];
while(--pstr>=astr)
    putchar(*pstr);
putchar('\n');
```

   A. abc　　B. cba　　C. abcde　　D. edcba

5. 以下程序段的输出结果为_____。

```
int num[4]={1,2,3,4},*p,**k;
p=num;
k=&p;
printf("%d",*(p++));
```

```
printf("%3d\n",**k);
```

A. 12　　B. 1　2　　C. 23　　D. 2　3

6. 若有定义 int a=1,*b,c;，以下不正确的是______。

A. b=a　　B. b=&a　　C. b=&a,c=*b　　D. c=a

7. int a[]={1,2,3,4},*p=&a;printf("%d\n",*p++);的值为 ______。

A. 1　　B. 2　　C. 3　　D. 4

8. 以下程序段的运行结果为_______。

```
int num={1,2,3,4,5,6,7,8,9},*pnum=&num[2];
pnum++;
++pnum;
printf("%d\n",*pnum);
```

A. 3　　B. 4　　C. 5　　D. 6

9. 以下程序段的运行结果为______。

```
char *pstr="My name is Tom";
int n=0;
while(*pstr++!='\0')
    n++;
printf("n=%d\n",n);
```

A. 12　　B. 14　　C. 16　　D. 不确定

10. 以下程序段的运行结果为_____。

```
int num[9]={1,2,3,4,5,6,7,8,9},*p;
p=num;
*(p+1)=0;
printf("%d,%d,%d\n",*p,p[1],(*p)++);
```

A. 2,0,1　　B. 1,0,2　　C. 2,2,2　　D. 1,1,1

11. 以下程序段的运行结果为______。

```
int a=5,*p=&a,b,*q;
a=10;
*p=15;
q=p;
*q=20;
b=*q;
p=&b;
printf("a=%d,b=%d,*p=%d,*q=%d\n",a,b,*p,*q);
```

A. a=5,b=10,*p=15,*q=20　　B. a=20,b=15,*p=10,*q=5

C. a=20,b=20,*p=20,*q=20　　D. a=15,b=15,*p=15,*q=15

12. 已知 char *p,*q;，以下语句正确的是______。

A. p*5;　　B. p/=q;　　C. p+=5;　　D. p+=q;

13. 以下程序段的运行结果为______。

```
int fun(char *pstr)
{
    char *temp=pstr;
    while(*temp++);
    return(temp-pstr-1);
}
main()
```

```
{
    printf("%d\n",fun("abc"));
}
```

A. 1　　B. 2　　C. 3　　D. 4

14. 以下程序段的运行结果为______。

```
f(char *s)
{
    int k=0;
    while(*s)  k+=*s++-'0';
    return k;
}
main( )
{
    printf("%d",f("1475"));
}
```

A. 1475　　B. 5741
C. 17　　D. '1'. '4'. '7'和'5'的 ASCII 码值之和

15. 以下程序段的运行结果为______。

```
int **k,*j,i=10;
j=&i;
k=&j;
pritnf("%d\n",**k);
```

A. 10　　B. &i　　C. &j　　D. &k

16. 以下函数的功能为______。

```
int fun(char *s1,char *s2)
{
    while((*s1)&&(*s2)&&(*s1==*s2))
    {
        s1++;
        s2++;
    }
    return(*s1-*s2);
}
```

A. 求字符串的长度　　B. 将字符串 s1 复制到字符串 s2
C. 比较两个字符串的大小　　D. 将字符串 s1 追加到字符串 s2

17. 以下程序段的运行结果为______。

```
char ch[3][4]={"123","456","789"},*p[3];
int i;
for(i=0;i<3;i++)
    p[i]=ch[i];
for(i=0;i<3;i++)
    printf("%s",p[i]);
```

A. 123456789　　B. 123 456 789
C. 12 34 56 78 9　　D. 12345 6789

18. 若有 char a[5],*p1=a;int b[5],c,*p2=&c;，则以下输入方法不正确的是______。

A. gets(a);　　B. scanf("%s",p1);
C. gets(b);　　D. scanf("%d",p2);

二、编程题(本章所有习题均要求用指针实现)

1. 从键盘上输入 3 个整数，然后按从大到小的顺序输出。

2. 输入 10 个整数，然后第 1 个数和倒数第 1 个数交换，第 2 个数与倒数第 2 个数交换，依此类推，直到交换所有的数。

3. 输入一串字符，统计它的字符总数和其中大写字母的个数(不用字符串函数)。

4. 编写一个程序，实现将一个字符串复制到另一个字符串中(不用字符串函数)。

5. 编写一个程序，实现将一个字符串追加到另一个字符串中(不用字符串函数)。

6. 已知一个四位数 x2y3，该数能被 23 整除，求此四位数。

7. 输入 5 个字符串，按从小到大的顺序输出。

实 训

实训项目：指针

实训性质：设计性

实训目的：

1. 理解与掌握指针的概念、指针变量的定义和运算。

2. 了解指针作为函数参数的使用。

3. 掌握指针与数组的关系。

4. 掌握指针与字符串的关系。

实训内容：

说明：所有实训题目均要求用指针实现。

1. 从键盘上输入 3 个整数，然后按从小到大的顺序输出。

2. 设计一个程序，输入一个字符串后，能输出字符串的长度(不用字符串函数)。

3. 用户从键盘上输入一行字符，其中有字母和数字字符，如“ab12cd34efgh5abc6789”，将其中连续的数字字符转为一个数，并按转换先后顺序将其存入一个数组 num 中，如 num[0]=12，num[1]=34 等。

4. 有 n 个整数，将前面各个数按顺序往后移动 k 个位置，将最后的 k 个数按顺序移到最前面。

5. 输入 3 个字符串，按从大到小的顺序输出。

6. 输入参加世界杯的 32 支球队，由电脑产生一份分组名单，每组 4 支球队。用指针实现。

7. 用指针实现 5.8 节实训内容第 6 题。

实训指导：

1. 实训题 2 分析与指导

将指针从字符串的开始位置移动到字符串结束符'\0'前一个字符，统计其移动的次数即字符串的长度。

2. 实训题 3 分析与指导

通过字符 ASCII 码值的大小可辨别出用户输入字符串的数字字符，具体转换时，可从字符串的左边开始一个一个字符地判断，如果找到数字字符则将变量原来值乘以 10 后再加上该数字字符，继续判断下一个字符，如果仍为数字字符则用相同方法处理，如果下一个不是数字字符，则将变量值赋给数组对应元素后将该变量置 0，继续判断下一个字符直到结束。

3. 实训题 5 分析与指导

字符串的比较、复制需要用专门的字符串函数进行。

实训思考：

实训第 3 题，如果要处理小数，该如何完善程序。如“ab1.2cd3.4efgh5abc6789”，num[0]=1.2，num[1]=3.4 等。

第 9 章　预处理、结构类型与文件

教学提示： C 语言与其他高级语言的一个重要区别是可以使用预处理命令和具有预处理功能。本章第 1 节主要介绍了宏定义和文件包含的操作方法。

数组只能存放同类型的数据，而结构体类型可存放不同的数据类型，本章第 2 节主要介绍了结构体类型的定义、结构体变量的定义和使用、结构体数组、指向结构体类型的指针。

计算机内存中的信息只能临时存放，一般要将其保存到外存储中的文件中才能长久保存，本章第 3 节主要介绍文件的概念、文件指针和文件的有关操作。

教学要求： 掌握宏定义和文件包含；了解结构体的特点，文件的概念；掌握结构类型的定义，结构类型变量的定义、结构成员的引用方法；理解结构类型数组和指向结构类型的指针；掌握文件的打开、读、写和关闭操作。

9.1　预　处　理

在第 2 章中介绍了符号常量，符号常量可用#define 来定义。其实，符号常量在程序编译前，已自动替换为其所代替的字符串。

C 语言编译系统中有一个“编译预处理”部分，在对程序进行编译之前，可以对源程序中一些特殊命令，先进行“预处理”，然后将预处理的结果和源程序一起再进行通常的编译处理。C 语言与其他高级语言的一个重要区别是可以使用预处理命令和具有预处理功能。

为了和一般的 C 语句言语句相区别，预处理命令都是以“#”号开头，每条指令占一行。

例如：

```
#difine
#include
```

C 语言提供了 3 种编译预处理功能：

(1) 宏定义；

(2) 文件包含；

(3) 条件编译。

9.1.1　宏定义

宏定义又称宏替换，其基本功能是用一个指定的标识符即“宏名”来代替一个常量或一段程序代码，以提高程序的通用性。宏名必须先定义后使用，一般习惯将宏定义置于程序首部。

宏定义有两种形式：不带参数的宏和带参数的宏。

1. 不带参数的宏

不带参数的宏定义格式为：

```
#define 宏名 字符串
```

说明：

(1) 宏名是一个标识符，命名时要遵循标识符的命名规定，而且一般习惯用大写字母表示(也可用小写字母表示)。

(2) define、宏名和字符串间一定要加空格，且字符串的后边没有分号，宏定义不是 C 语言语句，如果加了分号会连分号一起进行替换。宏定义中的字符串也不必用引号括起，否则引号也会作为字符串内容一起进行替换。

(3) 每条宏定义命令占一行，如果超过一行，在行末用一反斜杠续行。

(4) 字符串可以为空，且不作正确性检查。

【例 9-1】 输入圆的半径，计算其周长和面积。

```
#define PI 3.1415926   /*不带参数的宏定义*/
main()
{
    int r;
    float l,s;
    scanf("%d",&r);
    l=2*PI*r;          /*替换后，结果为：l=2*3.1415926*r */
    s=PI*r*r;          /*替换后，结果为：l=3.1415926*r*r */
    printf("l=%f,s=%f\n",l,s);
}
```

2. 带参数的宏

带参数的宏定义格式为：

```
#define 宏名(参数列表) 字符串
```

说明：

(1) 宏名是一个标识符，命名时要遵循标识符的命名规定，而且一般习惯用大写字母表示 C(也可用小写字母表示)。

(2) define、宏名和字符串间一定要加空格，但宏名和参数列表外的括号间不能加空格，否则将空格以后的字符都作为替代字符串的一部分(此时相当于没有参数的宏定义)。字符串的后边不加分号。

(3) 每条宏定义命令占一行，如果超过一行，在行末用一反斜杠续行。

(4) 字符串可以为空。

(5) 带参数的宏定义中，参数只写参数名，不指明数据类型。

(6) 为了正确地进行替换，一般应给字符串中各个参数加上括号。

【例 9-2】 若圆的半径为 3，计算其周长和面积(用带参数的宏实现)。

```
#define PI 3.1415926
#define L(r)  2*PI*r  /*带参数的宏定义*/
#define S(r)  PI*r*r
main()
{
    printf("l=%f,s=%f\n",L(3),S(3));
```

```
/*替换后，结果为：printf("l=%f,s=%f\n",2*3.1415926*3,3.1415926*3*3) */
}
```

思考：在例 9-2 中，若将语句：

```
printf("l=%f,s=%f\n",L(3),S(3));
```

改为：

```
printf("l=%f,s=%f\n", L(1+2) , S(1+2));
```

结果会不会是一样呢？
程序运行结果：
修改前：l=18.849556,s=28.274333
修改后：l=8.283183,s=7.141593
为什么会出现这样的结果呢？
带参数的宏在替换时，它只是简单地将参数值(实参)代替形参，所以语句：

```
printf("l=%f,s=%f\n",L(1+2),S(1+2));
```

替换后，结果为：

```
printf("l=%f, s=%f\n",2*3.1415926*1+2,3.1415926*1+2*1+2);
```

显然与 printf("l=%f,s=%f\n",2*3.1415926*3, 3.1415926*3*3)结果完全不同。
为了解决此问题，在宏定义时，给字符串的形参加上括号，修改后程序为：

```
#define PI 3.1415926
#define L(r)  2*PI*(r)        /*带参数的宏定义*/
#define S(r)  PI*(r)*(r)
main()
{
   printf("l=%f,s=%f\n",L(1+2),S(1+2));
/*替换后，结果为
printf("l=%f,s=%f\n",2*3.1415926*(1+2),3.1415926*(1+2)*(1+2))*/
}
```

从表面上看，带参数的宏与函数相似，但它们本质上完全不同。其主要区别如下。

(1) 函数调用时，先计算实参表达式的值，然后传给形参，而使用带参数的宏只是进行简单的字符串替换，不存在值传递过程。

(2) 在程序控制上，函数调用时，程序将由主调函数转移到被调函数中执行，而带参数的宏不需要转移。

(3) 函数调用时，形参与实参要求数目与数据类型一致，而带参数的宏的参数不存在数据类型问题，它只是简单的替换。

(4) 函数调用是在程序运行时进行处理，需要分配临时的内存空间，而带参数的宏是编译时预先处理的，根本不需要分配临时内存空间，它只占编译时间，不占运行时间。

(5) 函数可返回一个值，而带参数的宏不存在“返回值”，但可得到多个结果。

9.1.2 文件包含

文件包含是指在一个 C 源程序文件中，又包含另一个 C 源程序文件的全部内容，一般用#include 命令来实现。

程序编译预处理时，碰到文件包含命令时，就用指定文件的全部内容替换包含命令行的内容。

文件包含命令的使用格式有以下两种形式。

格式一：

```
#include <文件名>
```

格式二：

```
#include "文件名"
```

说明：

(1) 文件名一般是以.h 为扩展名的头文件。

(2) 一个#include 命令只能指定一个被包含文件，若需要包含多个文件，需要使用多个#include 命令。

(3) 使用格式一时，系统直接按系统规定的路径去查找被包含的文件，此时，文件名不能包含路径信息，常用于包含系统提供的头文件。

(4) 使用格式二时，系统先在当前路径查找被包含文件，若找不到再到系统规定路径去找，可在文件名中指定文件路径。

(5) 经“文件包含”处理后，被包含文件与其所在的当前文件已成为同一个文件。

在 include 子目录下，系统提供多个头文件，常用的有 stdio.h、math.h、alloc.h、string.h 等。

【例 9-3】 在头文件 c1.h 中定义 PI，在文件 f1.c 中计算圆的周长和面积。

```
/*头文件 c1.h，保存在 F 盘根目录下*/
#define PI 3.1415926
/*文件 f1.c*/
#include <stdio.h>
#include "f:\c1.h"
main()
{
    int r;
    float l,s;
    scanf("%d",&r);
    l=2*PI*r;
    s=PI*r*r;
    printf("l=%f,s=%f\n",l,s);
}
```

9.1.3 条件编译

条件编译是设置编译条件，根据编译条件的取值来选择不同的编译内容。条件编译的目的是为了使程序能在不同的计算机系统上运行，减少程序移植时对定义的修改。

9.2 结构体类型

9.2.1 结构体类型概述

我们在描述一个学生的有关情况时，会涉及这个学生的学号、姓名、性别、年龄、成绩等信息，这些信息可用多个不同的简单变量来表示，但它们不能反映这些信息的内在联系，同时，使用数组也不行，因为数组要求所有数组元素为相同类型的数据，在学生信息中有些信息是字符型，如姓名、性别等，还有一些信息是数值型，如年龄、成绩等。为了可以较好地解决不同类型数据的存储问题，C 语言提供的另一个构造类型即结构体类型。

例如：

```
struct student
{
    int num;
    char name[10];
    char sex;
    int age;
    float score;
};
```

注意：在右花括号的后面一定要加分号。

结构体类型可以包含若干个成员，每个成员可以是一个基本数据类型，也可以是一个构造类型。结构体类型在使用前必须先定义。

结构体类型的定义格式：

```
struct  [结构体名]
{
    类型名 1  成员名 1;
    类型名 2  成员名 2;
    ……
    类型名 n  成员名 n;
};
```

9.2.2 结构体类型变量

1. 结构体类型变量的定义

前面用户定义了一个结构体类型，其中并无具体数据，系统也不给其分配实际的内存单元。为了能在程序中使用结构体类型的数据，应当定义结构体类型的变量，并在其中存放具体的数据。结构体类型的变量有以下三种定义方法。

(1) 先定义结构体类型，再定义结构体类型变量。

例如：

```
struct book                       /*先定义了一个 book 结构体类型*/
{
    int bno;
    char bname[10];
    float price;
};
    struct book bk1,bk2;          /*再定义了两个 book 结构体类型的变量 bk1 和 bk2*/
```

在定义了结构体类型变量后，系统会为之分配内存单元，其所需存储空间为各成员所需存储空间之和。

例如，bk1 和 bk2 在内存中各占 16 个字节(2+10+4=16)。

(2) 在定义结构体类型的同时定义结构体类型变量。

例如：

```
struct book
{
    int bno;
```

```
    char bname[10];
    float price;
}bk1,bk2;
```

注意：在右花括号与第1个结构体类型变量间不能加分号。

(3) 直接定义结构体类型变量。

例如：

```
struct
{
    int bno;
    char bname[10];
    float price;
}bk1,bk2;
```

关于结构体类型，有以下几点需要说明：

(1) 类型与变量是不同的概念，不要混同。

只能对变量进行赋值、存取或运算，而不能对一个类型赋值、存取或运算。在编译时，对类型是不分配空间的，只对变量分配空间。

(2) 对结构体中的成员，可单独使用，可像普通变量一样进行各种运算。

(3) 成员也可以是一个结构体类型变量，即结构体类型可以嵌套定义。

(4) 成员名可以与程序中的变量名相同，二者不代表同一对象。

例如，程序中可以另定义一个变量 price，它与 struct book 中的 price 互不干扰。

2. 结构体类型变量的初始化

和其他类型变量一样，结构体类型变量也可以在定义时指定初始值。

例如：

```
struct book
{
    int bno;
    char bname[10];
    float price;
}bk={10001,"China",23.5};
```

注意：赋初值的数据，必须和结构体类型中对应成员的数据类型相符。

3. 结构体类型变量的引用

在程序中使用结构体类型变量时，一般不能将其作为一个整体来引用，如不能对结构体类型变量进行整体的输入和输出操作。

在 ANSI C 中除了允许具有相同类型的结构体类型变量可以相互赋值外，一般对结构体类型变量的使用，包括赋值、输入、输出等操作都通过其成员来实现。

结构体类型变量成员引用的一般方式为：

```
结构体变量名.成员名
```

其中点号称为成员(分量)运算符，它在所有运算符中优先级最高。

例如：

```
bk1.bno=10001;
bk2.bname="China"。
```

9.2.3 结构体类型数组

一个结构体类型变量中可以存放一组数据，如果有多组相同类型的数据需要处理，可以用结构体类型数组对这些数据进行存储和处理。

结构体类型数组中的每个元素均为同一结构体类型。

【例 9-4】 输入一个班的成绩(共有 5 个学生)，显示不及格学生的名单。

```
#include"stdio.h"
struct student
{
    char name[10];
    int score;
}c_stu[5];
main()
{
    int i;
    for(i=0;i<5;i++)
    {
        printf("name is ");
        gets(c_stu[i].name);
        printf("score=");
        scanf("%d",&c_stu[i].score);
        getchar();
    }
    printf("\n Name");
    for(i=0;i<5;i++)
    {
        if(c_stu[i].score<60)
            printf("%s\n",c_stu[i].name);
    }
}
```

9.2.4 指向结构体类型数据的指针

1. 结构体类型指针变量的定义

结构体类型指针变量的定义格式：

struct 结构体类型名 *结构体类型指针变量名

【例 9-5】 指向结构体变量的指针的应用。

```
#include"stdio.h"
#include"string.h"
struct student
{
    char name[10];
    int score;
};
main()
{
    struct student stu,*p;
    p=&stu;
    strcpy(stu.name,"LiLin");
    stu.score=79;
```

```
    printf("\nname:%s   score:%d",stu.name,stu.score);
    printf("\nname:%s   score:%d",(*p).name,(*p).score);
}
```

程序运行结果如下：

```
name:LiLin   score:79
name:LiLin   score:79
```

可见两个 printf 函数输出的结果是相同的。

2. 结构体类型变量成员的引用

在引入了指向结构体类型变量的指针后，要访问结构体类型变量成员有以下 3 种方式：

(1) 结构体类型变量名.成员名；

(2) (*结构体指针变量名).成员名；

(3) 结构体指针变量名->成员名。

例如：

```
stu.score ⇔ p->score ⇔ (*p).score
```

注意：->是指向运算符，它只能用于结构体指针变量名之后，不能用于结构体类型变量名之后。

例如：

```
stu->score 错误
```

指向运算符的运算级别高于单目运算符。

例如：

(1) p->n　　得到 p 指向的结构体类型变量中的成员 n 的值。

(2) p->n++　　得到 p 指向的结构体类型变量中的成员 n 的值，用完该值后使它加 1。

(3) ++p->n　　得到 p 指向的结构体类型变量中的成员 n 的值使之加 1(先加)。

3. 用指向结构体的指针作函数的参数

用结构体变量作函数的参数，属于“按值传递”。用结构体指针作函数的参数，属于“按地址传递”。

在结构体的应用和编程中常使用结构体指针作函数的参数。

【例 9-6】 有一个结构体变量 stu，内含学生学号、姓名和 3 门课的成绩。要求在主函数中赋以值，在另一函数 print 中将它们打印输出。

```
#define FORMAT "\n%d\n%s\n%4.1f\n%4.1f\n%4.1f"
struct student
{
   int num;
   char name[20];
   float score[3];
}stu={12345,"LiLin",67.5,89,78.6};
main()
{
   void print(struct student *);
   print(&stu);
}
```

```
void print(struct student *p)
{
   printf(FORMAT,p->num,p->name,p->score[0],p->score[1],p->score[2]);
}
```

程序运行结果如下：

```
12345
LiLin
67.5
89.0
78.6
```

9.2.5 共用体类型简介

共用体能使几个不同的变量共占一段内存，共用体所占空间为共用体最长成员的长度。

1. 共用体类型变量的定义

共用体类型变量的定义方法与结构体类型变量的定义方法相似，不过所使用的关键字不同。

例如：

方法一：

```
union book                  /*先定义了一个 book 共用体类型*/
{
    int bno;
    char bname[10];
    float price;
};
union book bk1,bk2;         /*再定义了两个 book 共用体类型的变量 bk1 和 bk2*/
```

方法二：

```
union book
{
    int bno;
    char bname[10];
    float price;
}bk1,bk2;                   /*在定义共用体类型的同时定义共用体类型变量*/
```

方法三：

```
union
{
    int bno;
    char bname[10];
    float price;
}bk1,bk2;                   /*直接定义共用体类型变量*/
```

2. 共用体类型变量成员的引用

共用体类型变量成员的引用方法与结构体类型变量成员的引用方法相同。

例如：

```
int n;
n=bk1.bno;
```

9.3　文　　件

9.3.1　文件概述

文件是一组相关数据的有序集合。文件通常存储在外部介质上，在使用时需要先调入内存。

C 语言中把输入/输出设备也看作文件，称为设备文件。如把键盘作为输入文件，显示器和打印机作为输出文件。通常所说的“文件”，是指磁盘文件。可将一批数据存放在磁盘上。

1. 文件按数据存储组织的形式可分为两类

① ASCII 码文件，又称为文本文件，它的每一个字节存放一个 ASCII 码值，代表一个字符；

② 二进制文件，是把内存中的数据按其在内存中的存储形式直接输出到磁盘中保存。

2. 按数据的处理方式可分为两类

① 缓冲文件系统；

② 非缓冲文件系统。

注意：ANSI C 标准取消非缓冲文件系统。

3. 按数据流的输入/输出控制方式可分为两类

① 流式文件，仅受程序控制而不受物理符号(如回车换行符)控制。C 语言中的数据文件属于流式文件，不是由记录组成的，存取是以字符(字节)为单位的；

② 非流式文件。

9.3.2　文件指针

在缓冲文件系统中，所有对文件的操作都是建立在“文件指针”基础上的。系统在内存中为每个正在使用的文件开辟一个缓冲区，用来存放有关该文件的信息。文件指针是指向保存这些信息的结构体变量的结构体指针。该结构体类型由系统定义，取名为 FILE。

通过文件指针可以对文件指针所指文件进行各种操作。

文件指针定义的一般形式：

```
FILE *指针变量标识符;
```

注意：FILE 必须大写，它是在头文件 stdio.h 中定义的一个类型，所以在使用时，必须在源文件中包含 stdio.h。

例如：

```
FILE *fp;
```

说明：fp 是一个指向 FILE 类型结构体的指针变量，通过该结构体变量中的文件信息能够访问该文件。

9.3.3 文件操作

文件操作的一般顺序为打开文件、读/写文件、关闭文件。

1. 文件的打开

对文件进行读/写操作之前应先“打开”该文件，即为该文件申请一个文件缓冲区。文件打开用 fopen 函数，其调用的一般形式为：

```
文件指针变量名=fopen(文件名,使用的文件打开方式);
```

例如：

```
FILE *fp;
fp=fopen("cj.txt","r");
```

说明：以只读方式打开文本文件 cj.txt。

在打开一个文件时，通知编译系统以下三个信息：

① 需打开的文件名；

② 使用文件的方式；

③ 让哪一个指针变量指向被打开的文件。

说明：

① 用 fopen 打开文件时只是将文件置于打开状态，它与 Word 等软件文件菜单下的打开命令的功能有很大区别。

② 文件的打开方式及含义见表 9-1。

表 9-1　文件的打开方式及含义

打开方式	含　义	备　注
"r"	只读打开一个文本文件，只能读数据	文件必须存在
"w"	只写打开一个文本文件，只能写数据	若文件已存在将被覆盖
"a"	追加打开一个文本文件，文件尾追加数据	文件必须存在
"rb"	只读打开一个二进制文件，只能读数据	文件必须存在
"wb"	只写打开一个二进制文件，只能写数据	若文件已存在将被覆盖
"ab"	追加打开一个二进制文件，文件尾追加数据	文件必须存在
"r+"	读写打开一个文本文件，可读写数据	文件必须存在
"w+"	读写打开或新建一个文本文件，可写读数据	若文件已存在将被覆盖
"a+"	读写打开一个文本文件，或读或在文件尾追加数据	文件必须存在
"rb+"	读写打开一个二进制文件，可读写数据	文件必须存在
"wb+"	读写打开或新建一个二进制文件，可写读数据	若文件已存在将被覆盖
"ab+"	读写打开一个二进制文件，或读或在文件尾追加数据	文件必须存在

③ 当不能实现打开任务时，fopen 函数会返回一条出错信息。

④ 将文本文件读入内存时，需将 ASCII 码转为二进制，写回磁盘时要将二进制转为

ASCII 码，所以文本文件的读写时间相对于二进制文件要慢。

⑤　系统会自动打开 3 个标准文件，标准输入文件(键盘)、标准输出文件(显示器)和标准出错文件，可直接使用，对应的文件指针为 stdin、stdout、stderr。

2. 文件的读/写操作

1)　fgetc 函数

fgetc 函数用于从指定的文件读入一个字符，其一般格式为：

```
字符变量=fgetc(fp);
```

例如：

```
ch=fgetc(fp);
```

说明：

①　读完一个字符后，文件的当前位置指针加 1；

②　输入成功返回 ch，否则返回 EOF；

③　在读字符时如遇到文件结束符，函数返回一个文件结束标志 EOF(即-1)，它不是可输出字符，不能在屏幕上显示，它只适用于 ASCII 码(文本)文件，因为字符的 ASCII 码不可能出现“-1”，不适用于二进制文件。

例如：

```
char ch;
while((ch=fgetc(fp))!=EOF)
{
    putchar(ch);
}
```

2)　fputc 函数

fputc 函数用于向文件指针所指向的文件写入一个字符，其一般格式为：

```
fputc(字符变量,fp);
```

例如：

```
fgetc(ch ,fp);
```

说明：

①　ch 可以是单个字符常量或字符变量，fp 为文件指针；

②　写完一个字符后，文件的当前位置指针加 1；

③　输出成功返回 ch，否则返回 EOF。

3)　文件结束检测函数(feof 函数)

feof 函数用于判断文件指针所指向文件的位置指针是否已到文件尾，其一般格式为：

```
feof(fp)
```

说明：若指针已到文件尾返回 1(真)，否则返回 0(假)。

例如：在读文件时，常用以下程序段实现：

```
while(!feof(fp))
    {
        ch=fgetc(fp);
```

```
        ...
    }
```

【例 9-7】 从键盘输入一些字符，逐个把它们送到磁盘上，直到输入一个“#”为止。

```
#include <stdio.h>
main( )
{
   FILE *fp;
   char  ch,filename[20];
   printf("Input the filename: ");
   scanf("%s",filename );
   if((fp=fopen(filename,"w"))==NULL)
   {
      printf("Can't open file:%s\n",filename);
      exit(0);
   }
   ch=getchar();    /*此语句用来接收在执行 scanf 语句时最后输入的回车符*/
   while((ch=getchar())!='#')
   {
      fputc(ch,fp);
      putchar(ch);
   }
   fclose(fp);
}
```

注意：exit(0)函数的作用是关闭所有文件，停止正在运行的过程，以便程序员查错。

【例 9-8】 将一个磁盘文件中的数据复制到另一个磁盘文件中。

```
#include "stdio.h"
main( )
{
   FILE *in,*out;
   char ch,infile[10],outfile[10];
   printf("Input the infile name:\n");
   scanf("%s",infile);
   printf("Input the outfile name:\n");
   scanf("%s",outfile);
   if((in=fopen(infile,"r"))==NULL)
   {
      printf("Can't open infile\n"); exit(0);
   }
   if((out=fopen(outfile,"r"))==NULL)
   {
      printf("Can't open outfile\n"); exit(0);
   }
   while(!feof(in)) fputc(fgetc(in),out);   /* while((ch=fgetc(in))!=EOF)
fputc(ch,out); */
   fclose(in);
   fclose(out);
}
```

4) fgets 函数

fgets 函数一般用于从文件指针所指向的文件读入一串字符，在最后加一个'\0'字符，并存入字符数组，其一般格式为：

```
fgets(字符数组名,n,文件指针);
```

例如：

```
fgets(str,11,fp);
```

说明：

① str 为字符数组的首地址；

② n 是一个正整数，表示读取的字符串长度为 n-1 个字符，第 n 个字符为字符串结束符'\0'；

③ fp 为文件指针；

④ 读入字符串后，文件的当前位置指针加该字符串的长度；

⑤ 输入成功返回地址 str，否则返回 NULL。

5) fputs 函数

fputs 函数一般用于向文件指针所指向的文件写入一串字符，其一般格式为：

```
fputs(字符数组名,文件指针);
```

例如：

```
fputs(str,fp);
```

说明：

① str 可以是字符串常量或字符指针变量；

② fp 为文件指针；

③ 写完字符串后，文件的当前位置指针加该字符串的长度；

④ 输出成功返回 0，否则返回 EOF。

【例 9-9】 从键盘上输入一行字符，将其保存在文件 mytext.txt 中。

```
#include<stdio.h>
main()
{
    FILE *fp;
    char str[80];
    if((fp=fopen("e:\mytext.txt","w"))==NULL)
    {
        printf("Can't open file\n"); exit(0);
    }
    gets(str);
    fputs(str,fp);
    fclose(fp);
}
```

【例 9-10】 将文件 mytext.txt 中的内容显示在屏幕上。

```
#include<stdio.h>
main()
{
    FILE *fp;
    char str[80];
    if((fp=fopen("e:\mytext.txt","r"))==NULL)
    {
        printf("Can't open file\n"); exit(0);
    }
    fgets(str,80,fp);
    fclose(fp);
    printf("\n%s\n",str);
}
```

6) fread 函数

fread 函数用来向文件指针 fp 所指向的文件读取首地址为 buffer 的 count 个数据项。每个数据项的长度是 size 个字节，其一般格式为：

```
fread(buffer,size,count,fp);
```

说明：

① 输入成功返回 count，否则返回 0；

② 参数 size 和 count 为 unsigned 型的整数；

③ 这一函数通常用于二进制文件。

7) fwrite 函数

fwrite 函数用来向文件指针 fp 所指向的文件写入首地址为 buffer 的 count 个数据项。每个数据项的长度是 size 个字节，其一般格式为

```
fwrite(buffer,size,count,fp);
```

说明：

① 输入成功返回 count，否则返回 0；

② 参数 size 和 count 为 unsigned 型的整数；

③ 这一函数通常用于二进制文件。

【例 9-11】 从已有的二进制文件 stu_data 中读入 4 个学生的有关数据，并把它们转存到文件 stu_list 中去。

```
#include <stdio.h>
#define SIZE 4
struct stud_type
{
   char name[10];
   int num;
   int age;
   char addr[15];
}stud[SIZE];
void load( )
{
   FILE *fp;
   int i;
   if((fp=fopen("stu_data","rb"))==NULL)
   {
      printf("Can't open file\n"); return;
   }
   for(i=0;i<SIZE;i++)
      if(fread(&stud[i],sizeof(struct stud_type),1,fp)!=1)
      {
         if(feof(fp)) return;
         printf("file  read  error\n");
      }
}
void save( )
{
   FILE *fp;
   int i;
   if((fp=fopen("stu_list","wb"))==NULL)
   {
      printf("Can't open file\n"); return;
```

```
        }
        for(i=0;i<SIZE;i++)
            if(fwrite(&stud[i],sizeof(struct stud_type),1,fp)!=1)
                printf("file write error\n");
    }
    main( )
    {
        int i;
        load();
        save();
    }
```

8) fscanf 函数

fcanf 函数用来向文件指针所指向的文件按格式字符串所指定的格式输入到输入表列中，其一般格式为：

```
fscanf(文件指针，格式字符串，输入表列);
```

输入成功返回 0，否则返回-1。

9) fprintf 函数

fprintf 函数用来向文件指针所指向的文件按格式字符串所指定的格式输出到输出表列中，其一般格式为：

```
fprintf(文件指针，格式字符串，输出表列);
```

说明：

① 输出成功返回 0，否则返回-1；

② fscanf 函数和 fprintf 函数的格式和作用都和原来的 scanf、printf 类似，所不同的只是读写对象不是终端，而是文件指针所指向的数据文件。

3. 文件关闭

在使用完一个文件后，应把缓冲区中的数据写入内存，并释放缓冲区，关闭文件一般用 fclose 函数，其一般格式为：

```
fclose(文件指针);
```

例如：

```
fclose(fp);
```

说明：若关闭成功则函数返回值为 0，如果关闭文件出错则函数返回值为 EOF，即-1。

注意：对文本文件读入时，将回车和换行符转换为一个换行符，在输出时，把换行符转换成回车和换行符两个字符。对二进制文件，则不进行这种转换，储存在内存中和外部文件中的数据形式完全一致。

4. 文件定位

文件中有一个位置指针，指向当前读写的位置。如果顺序读写一个文件，每次读写完一个字符后，位置指针自动向后移动一个位置。若要改变位置指针的值，可用 rewind、fseek 等函数。

1) rewind 函数

rewind 函数的作用是使位置指针重新返回文件开头。此函数没有返回值，其一般格式为：

```
rewind(文件指针);
```

【例 9-12】 有一个磁盘文件，第一次将它的内容显示在屏幕上，第二次把它复制到另一个文件上。

```
#include "stdio.h"
main( )
{
    FILE *fp1,*fp2;
    if((fp1=fopen("file1.c","r"))==NULL)
    {
        printf("Can't open file\n"); exit(0);
    }
    if((fp2=fopen("file2.c","w"))==NULL)
    {
        printf("Can't open file\n"); exit(0);
    }
    while(!feof(fp1))
        putchar(fgetc(fp1));
    rewind(fp1);
    while(!feof(fp1))
        fputc(fgetc(fp1),fp2);
    fclose(fp1);
    fclose(fp2);
}
```

2) fseek 函数

fseek 函数用于将指向文件的位置指针从起始位置起移动指定的位移量，其一般格式为：

```
fseek(文件指针，位移量，起始位置);
```

其中位移量指以起始位置为基点，向前移动的字符数。它是 long 型的数，单位是字节。起始位置有三种表示方式：

① 0 或 SEEK_SET， 表示文件头；

② 1 或 SEEK_CUR ，表示文件当前位置；

③ 2 或 SEEK_END，表示文件尾；

位置指针设置成功返回 0，否则返回非 0。

例如：

```
fseek(fp,100L,0);
fseek(fp,0L,SEEK_END);
fseek(fp,-10L,2);
fseek(fp,50L,SEEK_CUR);
```

习　　题

一、单项选择题

1. 对 C 语言的文件存取方式的论述中，______是正确的。

A. 只能顺序存取　　　　B. 只能随机存取

C. 可以顺序存取，也可随机存取　D. 只能从文件的开头存取

2. 函数 fgets(str,n,fp)的功能是______。

A. 从文件 fp 中，读取长度为 n 的字符串，存入 str

B. 从文件 fp 中，读取长度不超过 n−1 的字符串，存入 str

C. 从文件 fp 中，读取长度为 n−1 的字符串，存入 str

D. 从文件 fp 中，读取长度为 n−2 的字符串，存入 str

3. 用高级语言编写的程序称之为______。

A. 源程序　B. 目标程序　C. 汇编程序　D. 可执行文件

4. 结构类型 tstr 的定义如下，则 sizeof(struct tstr)的值为______。

```
struct tstr
{
    int title;
    char caption[10];
    float price;
};
```

A. 3　B. 7　C. 16　D. 20

5. 如果程序定义中有以下类型定义，则会发生______。

```
struct s
{
    int x;
    int y;
}
struct s x,y;
```

A. 编译出错　B. 能顺序编译和链接，但不能执行

C. 编译、链接和运行都正常　D. 需要了解程序更多代码才能确定

6. 以下程序段的输出结果为______。

```
struct cp
{
    int x;
    int y;
}cp1[2]={1,2,3,4};
printf("%d,%d\n",cp1[0].x+cp1[1].x,cp1[1].y-cp1[0].y);
```

A. 3,-1　B. 4,2　C. 4,−2　D. 3,1

7. 在 C 语言中，预处理命令一般以______开头。

A. #　B. *　C. ；　D. &

8. 以下程序段的运行结果为______。

```
#define SQR(X)  X*X
main()
{
    int num1=10,num2=3,num3=1;
    num1/=SQR(num1+num2)/SQR(num2+num3);
    printf("%d\n",num1);
}
```

A. 0　B. 1　C. 2　D. 3

9. 在 C 语言中，文件由______。

A. 记录组成　　　　　　　　　　B. 数据行组成
C. 数据块组成　　　　　　　　　D. 字符序列组成

10. 设有以下程序段，则对字符串“GuangDong”的引用方式错误的是______。

```
struct site
{
    char name[20];
    int no;
    float grade;
}s1={"GuangDong",1,89.5},*ps=&s1;
```

A. (*ps).name　　B. ps.name　　C. s1.name　　D. ps->name

11. 以下程序段的运行结果为_____。

```
#include<stdio.h>
#define MIN(x,y)  (x)<(y)?(x):(y)
main()
{
    int k=15;
    k=MIN(k,3+8);
    printf("%d\n",k);
}
```

A. 15　　B. 11　　C. 26　　D. 4

12. 在 Windows 中，C 语言以______为文件的结束符。

A. EOF　　B. BOF　　C. COF　　D. FOE

13. 在 TC 中，fopen 函数包含在______头文件中。

A. stdio.h　　B. string.h　　C. math.h　　D. file.h

14. 按以下_____方式打开文件时，不要求被打开的文件一定存在。

A. "r"　　B. "r+"　　C. "w"　　D. "rb"

15. 在 C 语言中进行文件操作时，必须先______文件。

A. 关闭　　B. 读取　　C. 写　　D. 打开

二、编程题

1. 用带参数的宏实现求两个整数的余数。
2. 用带参数的宏实现求圆的面积、周长。
3. 设计一个程序，用结构类型实现两个复数相加。
4. 定义一个结构类型变量(包括年、月、日)实现：输入一个日期显示它是该年第几天。
5. 从键盘输入一串字符，将其中的大写字母保存到一个文件 ucase.txt 中。
6. 读出文件 ucase.txt 中的内容，将其转为小写后显示在屏幕上。
7. 一个班有 20 个学生，输入每个学生的学号、姓名、成绩，输出该班的总分、平均分和不及格学生名单。
8. 输入一个公司的员工信息(员工号、员工姓名、性别、年龄、住址)，将其保存在文件 message.dat 中，并从 message.dat 文件中读出所有男员工的信息显示在屏幕上，该公司共有员工 50 人。

实　训

实训项目：预处理、结构类型与文件

实训性质：设计性

实训目的：

1. 掌握宏定义和文件包含。
2. 了解结构体的特点，文件的概念。
3. 掌握结构类型的定义，结构类型变量的定义，结构成员的引用方法。
4. 理解结构类型数组和指向结构类型的指针。
5. 掌握文件的打开、读/写和关闭操作。

实训内容：

1. 用带参数的宏实现求长方形的面积、周长。

2. 设计一个程序用结构类型实现两个复数相减。

3. 一个班有20个学生，输入每个学生的学号、姓名、成绩，输出该班各等级的人数和学生名单，等级分为：优秀[90，100]，良好[80，90)，中等[70，80)，及格[60，70)，不及格[0，60)。

4. 设计实现以下实数输出格式的宏，并将其保存在头文件formatf.h中，然后编写一个应用程序用formatf.h里定义的输出格式输出用户输入的6个实数(每种输出格式使用一次)。

① 一行输出1个实数，要求显示2位小数，宏名为FORMATF1。

② 一行输出2个实数，要求显示3位小数，宏名为FORMATF2。

③ 一行输出3个实数，要求显示4位小数，宏名为FORMATF3。

5. 输入一个公司的员工信息(员工号、员工姓名、性别、年龄、住址)，将其保存在文件message.dat中，并从message.dat文件中读出所有男员工的信息显示在屏幕上，该公司共有员工50人。

6. 育才学校元旦汇演时，请了10个评委给各个节目评分(共10个节目)，评分规则为去掉一个最高分和一个最低分，然后再求平均分。设计一个应用程序，将各位评委的评分和最后得分保存在文件myfile中，并在屏幕上显示各个节目的最后成绩。

实训指导：

1. 实训题1分析与指导

以长方形的两边长为参数，定义两个宏，一个用于计算长方形的面积，一个用于计算长方形的周长。

2. 实训题2分析与指导

复数有实部和虚部，相减时实部与实部相减，虚部与虚部相减，可将虚部值与实部值作为宏的参数，2个虚数相减的宏定义需要4个参数。

3. 实训题 3 分析与指导

可用结构类型数组来保存学生的有关信息，然后用学生的成绩作为判断条件，对不同等级的学生计数，并记下姓名值。

4. 实训题 4 分析与指导

只需将输出的格式用一个符号代替，如 FORMATF1 可定义为：

```
#define FORMATF1 "%0.1f\n"。
```

5. 实训题 5 分析与指导

可用结构类型数组来保存员工的有关信息，然后用 fwrite 函数将员工信息写入文件 message.dat 中。

对于男员工信息的显示，可逐个读出每个员工的信息，如果是男员工则显示在屏幕上，否则不显示。

6. 实训题 6 分析与指导

最后评分的计算，可先求所有评委的评分之和，然后减去一个最高分和一个最低分。

附录A 标准ASCII字符集

标准 ASCII 码字符集共有 128 个字符，其十进制编码范围为 0~127，表中 DEC 表示 ASCII 码的十进制编码，HEX 表示 ASCII 码的十六进制编码，CHA 表示具体符号。

在 ASCII 码字符集的前 32 个字符为非打印字符，这些字符一般为控制字符。本表前 32 个字符为对应控制字符的代号。

DEC	HEX	CHA	DEC	HEX	CHA
0	00	NUL	26	1A	SUB
1	01	SOH	27	1B	ESC
2	02	STX	28	1C	FS
3	03	ETX	29	1D	GS
4	04	EOT	30	1E	RS
5	05	ENQ	31	1F	US
6	06	ACK	32	20	SPACEBAR
7	07	BEL	33	21	!
8	08	BS	34	22	“
9	09	HT	35	23	#
10	0A	LF	36	24	$
11	0B	VT	37	25	%
12	0C	FF	38	26	‘
13	0D	CR	39	27	&
14	0E	SO	40	28	(
15	0F	SI	41	29	)
16	10	DLE	42	2A	*
17	11	DC1	43	2B	+
18	12	DC2	44	2C	,
19	13	DC3	45	2D	−
20	14	DC4	46	2E	.
21	15	NAK	47	2F	/
22	16	SYN	48	30	0
23	17	ETB	49	31	1
24	18	CAN	50	32	2
25	19	EM	51	33	3

(续)

DEC	HEX	CHA	DEC	HEX	CHA
52	34	4	85	55	U
53	35	5	86	56	V
54	36	6	87	57	W
55	37	7	88	58	X
56	38	8	89	59	Y
57	39	9	90	5A	Z
58	3A	:	91	5B	[
59	3B	;	92	5C	\
60	3C	<	93	5D	]
61	3D	=	94	5E	^
62	3E	>	95	5F	-
63	3F	?	96	60	、
64	40	@	97	61	a
65	41	A	98	62	b
66	42	B	99	63	c
67	43	C	100	64	d
68	44	D	101	65	e
69	45	E	102	66	f
70	46	F	103	67	g
71	47	G	104	68	h
72	48	H	105	69	i
73	49	I	106	6A	j
74	4A	J	107	6B	k
75	4B	K	108	6C	l
76	4C	L	109	6D	m
77	4D	M	110	6E	n
78	4E	N	111	6F	o
79	4F	O	112	70	p
80	50	P	113	71	q
81	51	Q	114	72	r
82	52	R	115	73	s
83	53	S	116	74	t
84	54	T	117	75	u

(续)

DEC	HEX	CHA	DEC	HEX	CHA
118	76	v	123	7B	{
119	77	w	124	7C	|
120	78	x	125	7D	}
121	79	y	126	7E	~
122	7A	z	127	7F	Del

附录 B　运算符的优先级及其结合性

<table>
<tr><th>优先级级别</th><th>运　算　符</th><th>含　　义</th><th>结　合　性</th></tr>
<tr><td rowspan="4">1</td><td>()</td><td>圆括号</td><td rowspan="4">自左向右</td></tr>
<tr><td>[]</td><td>下标运算符</td></tr>
<tr><td>-></td><td>指向结构体成员运算符</td></tr>
<tr><td>.</td><td>结构体成员运算符</td></tr>
<tr><td rowspan="9">2</td><td>!</td><td>逻辑非运算符</td><td rowspan="9">自右向左</td></tr>
<tr><td>~</td><td>按位取反运算符</td></tr>
<tr><td>++</td><td>增 1 运算符</td></tr>
<tr><td>--</td><td>减 1 运算符</td></tr>
<tr><td>-</td><td>负号运算符</td></tr>
<tr><td>(类型)</td><td>类型转换运算符</td></tr>
<tr><td>*</td><td>间接访问运算符</td></tr>
<tr><td>&</td><td>取地址运算符</td></tr>
<tr><td>sizeof</td><td>长度运算符</td></tr>
<tr><td rowspan="3">3</td><td>*</td><td>乘法运算符</td><td rowspan="3">自左向右</td></tr>
<tr><td>/</td><td>除法运算符</td></tr>
<tr><td>%</td><td>取模运算符</td></tr>
<tr><td rowspan="2">4</td><td>+</td><td>加法运算符</td><td rowspan="2">自左向右</td></tr>
<tr><td>-</td><td>减法运算符</td></tr>
<tr><td rowspan="2">5</td><td><<</td><td>左移位运算符</td><td rowspan="2">自左向右</td></tr>
<tr><td>>></td><td>右移位运算符</td></tr>
<tr><td rowspan="4">6</td><td><</td><td>小于</td><td rowspan="4">自左向右</td></tr>
<tr><td><=</td><td>小于等于</td></tr>
<tr><td>></td><td>大于</td></tr>
<tr><td>>=</td><td>大于等于</td></tr>
<tr><td rowspan="2">7</td><td>==</td><td>等于</td><td rowspan="2">自左向右</td></tr>
<tr><td>!=</td><td>不等于</td></tr>
<tr><td>8</td><td>&</td><td>按位与运算符</td><td>自左向右</td></tr>
<tr><td>9</td><td>^</td><td>按位异或运算符</td><td>自左向右</td></tr>
<tr><td>10</td><td>|</td><td>按位或运算符</td><td>自左向右</td></tr>
<tr><td>11</td><td>&&</td><td>逻辑与运算符</td><td>自左向右</td></tr>
<tr><td>12</td><td>||</td><td>逻辑或运算符</td><td>自左向右</td></tr>
</table>

(续)

<table>
<tr><th>优先级级别</th><th>运 算 符</th><th>含 义</th><th>结 合 性</th></tr>
<tr><td>13</td><td>?:</td><td>条件运算符</td><td>自右向左</td></tr>
<tr><td rowspan="2">14</td><td>=</td><td>赋值运算符</td><td rowspan="2">自右向左</td></tr>
<tr><td>+=
-=
*=
/=
%=
>>=
<<=
&=
^=
|=</td><td>复合赋值运算符</td></tr>
<tr><td>15</td><td>,</td><td>逗号运算符</td><td>自左向右</td></tr>
</table>

附录C Turbo C 2.0 常用库函数

不同C编译系统都提供了一批库函数，Turbo C 2.0 提供的库函数，一般包含在 Turbo C 2.0“include”文件夹下的头文件中。本书以头文件为单元，列出比较常用的标准输入/输出函数、字符和字符串函数、数学函数、动态分配函数，其中，少数函数可能在多个头文件中被出现，如 atof 函数、math.h 和 stdlib.h 两个头文件中均有包含。

如果读者想全面了解 Turbo C 2.0 的库函数，可逐一阅读“include”文件夹下的各个头文件，如果想详细掌握各个函数的使用，可参阅相关专业书籍，如参考文献[3]。

1. 头文件 stdio.h 中的常用函数

函数名	函数原型	函数功能
fclose	int fclose (FILE *stream);	关闭 stream 所指的文件，释放空间
fgetc	int fgetc (FILE *stream);	从 stream 所指的文件中读取下一字符
fgets	char * fgets (char *s, int n, FILE *stream);	从 stream 所指的文件中读取 n-1 个字符然后存入 s 中
fopen	FILE * fopen (const char *path, const char *mode);	以 mode 指定的方式打开 path 指定的文件
fprintf	int fprintf (FILE *stream, const char *format, args...);	把 args 的值以 format 指定的格式输出到 stream 所指定的文件中
fputc	int fputc (int c, FILE *stream);	将字符 ch 输出到 stream 指定的文件中
fputs	int fputs (const char *s, FILE *stream);	将字符串 s 输出到 stream 所指的文件中
fread	size_t fread (void *ptr, size_t size, size_t n, FILE *stream);	从 stream 所指定的文件中，读取长度为 size 的 n 个数据项，存入到 stream 中
fscanf	int fscanf (FILE *stream, const char *format, ...);	从 stream 指定的文件中按 format 给定的格式将输入的数据送到 args 所指的内存单元中
fseek	int fseek (FILE *stream, long offset, int whence);	将 stream 所指文件的位置指针，移到以 whence 所指位置为基点、以 offset 为位移量的位置
fsetpos	int fsetpos (FILE *stream, const fpos_t *pos);	获取 stream 所指文件位置指针的当前值

(续)

函数名	函数原型	函数功能
ftell	long ftell (FILE *stream);	返回 stream 所指文件中的读写位置，一般与 fseek 函数一使用
fwrite	size_t fwrite (const void *ptr, size_t size, size_t n, FILE *stream);	从 ptr 中，读取 n 个长度为 size 的数据项，写到 stream 所指的文件中
gets	char gets (char *s);	从标准输入设置中读入一个字符串，并存入 s 中
printf	int printf (const char *format,args ...);	将输出列表 args 的值按 format 指定的格式输出到标准设备上
rewind	void rewind (FILE *stream);	将当前位置设置成文件开头
scanf	int scanf (const char *format, args...);	从标准输入设置中把数据写到由参数 args 给定的存储单元中
fgetc	int fgetc (FILE *stream);	从 stream 所指定的文件中读取 1 个字符
fputc	int fputc (char c, FILE *stream);	将字符 c 输出到 stream 所指的文件中
putc	int putc(int c,FILE *stream);	把一个字符 c 输出到 stream 指定的文件中
getc	int getc(FILE *steam);	从 stream 所指文本中读取一个字符
Puts	int puts(char *s);	将字符串 s 输出到标准输出设备上，将'\0'转为回车
putchar	int putchar(char c);	将字符 c 输出到标准设备
getchar	int getchar(void);	从标准输入设置读取一个字符

2. 头头文件 stdlib.h 中的常用函数

头文件 stdlib.h 中有部分函数与其他头文件所包含文件重叠，其常用函数如下：

函数名	函数原型	函数功能
atoi	int atoi (const char *s);	把一个字符串 s 转换为一个整型值
atof	double atof (const char *s);	把一个字符串 s 转换为一个双精度浮点值
atol	long atol (const char *s);	把一个字符串 s 转换为一个长整型值
div	div_t div (int numer, int denom);	用整数 denom 除整数 numer，返回商和余数
labs	long labs (long x);	求长整型数 x 的绝对值

(续)

函数名	函数原型	函数功能
ldiv	ldiv_t ldiv (long numer, long denom);	用长整数 denom 除长整数 numer，返回商和余数
exit	void exit (int status);	使程序立刻正常终止
rand	int rand (void);	返回 0~RAND_MAX 内的一个随机数，RAND_MAX 是一个符号常量，一般值为 0x7FFF

宏	宏功能
max(a,b)	求 a 和 b 的最大值
min(a,b)	求 a 和 b 的最小值
random(num)	产生小于 num 的随机数

3. 头文件 math.h 中的常用函数

函数名	函数原型	函数功能
abs	int abs (int x);	求整数 x 的绝对值
ceil	double ceil (double x);	浮点数值向上取整
cos	double cos (double x);	计算 x 的余弦值
exp	double exp (double x);	计算 e^x 的值
fabs	double fabs(double x);	求双精度型 x 的绝对值
floor	double floor (double x);	求出不大于 x 的最大整数
fmod	double fmod (double x, double y);	返回用一个浮点值除以另一个浮点值时，取最大整数商后的余数
frexp	double frexp (double x, int *exponent);	把一个双精度的值 x 分解成一个 0.5~1.0 范围内的尾数 m 和一个整数幂 n 的形式($x=m*2^n$)
log	double log (double x);	计算参数的自然对数
modf	double modf (double x, double *ipart);	把双精度数 x 分解成整数部分和小数部分，把整数部分存到 ipart 指向的单元
pow	Double pow (double x, double y);	计算 x^y 的值
sin	Double sin (double x);	求 x 的正余弦值，x 的单位为弧度
sqrt	Double sqrt (double x);	计算 x 的平方根，要求 x>=0
tan	Double tan (double x);	计算 x 的正弦值，单位为弧度

4. 头文件string.h中的常用函数

函数名	函数原型	函数功能
strcat	char * strcat(char *dest, const char *src);	将字符串src追加到字符串dest之后
strchr	char * strchr(const char *s, int c);	找出str指向的字符串中第一次出现字符c的位置
strcmp	int strcmp(const char *s1, const char *s2);	比较字符串s1和s2，若s1>s2，返回正数,若s1=s2,返回0,若s1<s2，返回负数
strcpy	char * strcpy(char *dest, const char *src);	将字符串src复制到字符串dest中
strdup	char * strdup (const char *s);	复制一个字符串并返回指向结果的指针
stricmp	int stricmp(const char *s1, const char *s2);	比较两个字符串，忽略大小写
strlen	size_t strlen(const char *s);	返回字符串的长度
strlwr	char * strlwr(char *s);	将字符串转为小写
strncat	char * strncat(char *dest, const char *src, size_t maxlen);	将src的前maxlen个字符追加到dest中
strncmp	int strncmp(const char *s1, const char *s2, size_t maxlen);	比较两个字符串指定数目的字符
strncpy	char * strncpy (char *dest, const char *src, size_t maxlen);	将src的前maxlen个字符复制到dest中
strnicmp	int strnicmp(const char *s1, const char *s2, size_t maxlen);	比较两个字符串指定数目的字符，忽略大小写
strrchr	char * strrchr(const char *s, int c);	在字符串s中查找最后一次出现c的位置
strrev	char * strrev(char *s);	逆转一个字符串中字符的顺序
strstr	char * strstr(const char *s1, const char *s2);	找出字符串s2中第一次出现s1的位置
strtok	char * strtok(char *s1, const char *s2);	本函数将字符串s1根据字符串s2的值切开成小段的字符串
strupr	char * strupr(char *s);	将字符串s转为大写

5. 头文件ctype.h中的常用函数

函数名	函数原型	函数功能
tolower	int tolower(int ch);	将ch转为小写
toupper	int toupper(int ch);	将ch转为大写

另外，在头文件 ctype.h 中，还定义了部分实用的宏，可用于字符类型判断。

宏	宏 功 能
isalnum(c)	判断 c 是否为数字、字母，数字字符对应 2，大写字母对应 4，小写字母对应 8，其他字符对应 0
isalpha(c)	判断 c 是否为字母，大写字母对应 4，小写字母对应 8，其他字符对应 0
isascii(c)	判断 c 是否为 ASCII 码字符
iscntrl(c)	判断 c 是否为控制字符
isdigit(c)	判断 c 是否为数字字符
isgraph(c)	判断 c 是否为可打印字符(不含空格)
islower(c)	判断 c 是否为小写字母
isprint(c)	判断 c 是否为可打印字符(含空格)
ispunct(c)	判断 c 是否为标点符号(不含空格)
isspace(c)	判断 c 是否为空格字符
isxdigit(c)	判断 c 是否为一个十六进制的数字字符

6.　头文件 malloc.h 或 alloc.h 中的常用函数

函数名	函数原型	函数功能
calloc	void * calloc (size_t nitems, size_t size);	分配 nitems 个数据项的内存连接空间，每个数据项的大小为 size
free	void free(void *block);	释放 block 所指的内存区
malloc	void * malloc(size_t size);	分配 size 字节的存储区
realloc	void * realloc (void *block, size_t size);	将 block 所指出已分配内存的大小改为 size

附录D　习题参考答案

第1章　C语言概述

一、单项选择题

1. B　2. B　3. A　4. D　5. C　6. A

二、填空题

1. 32、9
2. 【Ctrl+F9】、【Alt+F5】
3. 一、多、多
4. 中级语言、高级语言、低级语言
5. main 或主
6. 用户屏幕

三、简答题(略)

四、编程题

编写一个C语言应用程序，其功能是显示以下信息：

```
    *************************
    ***    Hello World!    ***
    *************************
main()
{
  printf("****************************\n");
  printf("***     Hello World!    ***\n");
  printf("****************************\n");
}
```

第2章　数据类型、运算符与表达式

一、单项选择题

1. D　2. D　3. C　4. C　5. C　6. A
7. B　8. A　9. A　10. B　11. A　12. A

二、简答题

1. (略)

2. (略)

3. (1) 24，i=2,j=3,k=4　　(2) 9，i=2,j=3,k=4

(3) 6，i=3,j=5,k=6　　(4) 0，i=2,j=2,k=3

4. (1) x>y || x>z　　(2) x>=y && x<=z

(3) y%x= =0 && z%x= =0　　(4) x %2= =0 && x % y !=0

5. 16

三、编程题

1. 设长方形的高为 1.5，宽为 2.3，编程求该长方形的周长和面积。

```
main()
{
  float a=1.5,b=2.3,l,s;
  l=2*(a+b);
  s=a*b;
  printf("l=%f,s= %f\n",l,s);
}
```

2. 编写一个程序，将大写字母 A 转换为小写字母 a。

```
main()
{
  char c1='A',c2;
  c2=c1+32;
  printf("c1=%c,c2=%c\n",c1,c2);
}
```

第 3 章　顺序结构程序设计

一、单项选择题

1. D	2. A	3. B	4. A	5. A	6. D
7. A	8. B	9. C	10. B	11. B	12. D
13. D	14. A	15. B	16. C	17. B	18. C

二、程序改错题(错误修改后加粗显示，且加下划线)

1. 以下程序的功能是，从键盘输入一个字符并鸣笛输出。

```
# include "stdio.h"
main()
{
     char  c;
     c=getchar();
     putchar('\007') ;  /*鸣笛*/
     putchar(c);
}
```

2. 以下程序的功能是，输入长方形的两边长(边长可以取整数和实数)，输出它的面积和周长。

```
main()
```

```
{
    float a,b,s,l;
    scanf("%f,%f",&a,&b);
    s=a*b;
    l=2*(a+b);
    printf("l=%f,s=%f\n",l,s);
}
```

3. 以下程序是求 2 个整型变量 a 和 b 的积与商(注意不是整除)，显示结果时，积的值至少占 3 列，商的结果至少占 5 列。

```
main()
{
    int a,b,x;
    float y;
    scanf("%d,%d",&a,&b);
    x=a*b ;
    y=(float)a/b;
    printf("x=%3d\ny=%5f\n",x,y);
}
```

三、写出下列各程序的运行结果

1. 68
2. x=4

   y=11
3. 1 65 1.5 6.5

四、编程题

1. 输入 3 个整数，计算它们的和与平均值，平均值的结果保留 2 位小数。

```
main()
{
    int a,b,c,sum;
    float ave;
    scanf("%d,%d,%d",&a,&b,&c);
    sum=a+b+c;
    ave=sum/3.0;
    printf("sum=%d\nave=%.2f\n",sum,ave);
}
```

2. 输入 2 个整数，求它们整除后的商与余数。

```
main()
{
    int a,b,x,y;
    scanf("%d,%d",&a,&b);
    x=a/b;
    y=a%b;
    printf("x=%d\ny=%d\n",x,y);
}
```

3. 输入半径(实数)，求圆周长、圆面积、球表面积和球体积。

```
#define PI 3.1415926
main()
{
    float r,l,s,b,v;
    scanf("%f",&r);
```

```
    l=2*PI*r;
    s=PI*r*r;
    b=4*PI*r*r;
    v=3*PI*r*r*r/4;
    printf("l=%.2f\ns=%.2f\nb=%.2f\nv=%.2f",l,s,b,v);
}
```

4. 输入 3 个浮点型的数，然后将第一个变量的值赋给第二个变量，第二个变量的原值赋给第三个变量，第三个变量的原值赋给第一个变量。

```
main()
{
    float a,b,c,temp;
    scanf("%f,%f,%f",&a,&b,&c);
    printf("a=%f,b=%f,c=%f\n",a,b,c);
    temp=c;
    c=b;
    b=a;
    a=temp;
    printf("a=%f,b=%f,c=%f\n",a,b,c);
}
```

第 4 章　选择结构程序设计

一、单项选择题

1. A　　2. B　　3. D　　4. A　　5. B　　6. B

二、程序改错题(错误修改后加粗显示，且加下划线)

1. 以下程序段，实现找出 3 个整数中最小值的功能。

```
main()
{
    int x,y,z,min;
    scanf("%d,%d,%d",&x,&y,&z);
    min=x;
    if (min>y)
        min=y;
    if(min > z)
        min = z;
    printf("min=%d\n",min);
}
```

2. 以下程序功能是，输入一个不多于 3 位的正整数，求出它的位数和每位上的数字。

```
main()
{
    int  num;
    scanf("%d", &num);
    if (num<0)
        printf("data error!\n");
    else if(num<10)
        printf("%d 是一个 1 位数，数字分别为:%2d\n",num,num);
    else if(num<100)
        printf("%d 是一个 2 位数，数字分别为:%2d,%2d\n",num/10,num%10);
    else if(num<1000)
```

```
        printf("%d 是一个 3 位数，数字分别为:%2d,%2d,%2d\n",num/100,
        num%100/10, num%10);
    else
        printf("data error!\n");
}
```

三、写出程序运行结果

```
x=5
x=5
x=3
x=7
z=0
x=0
z=0
```

四、编程题

1. 输入 2 个整数，按从大到小的顺序输出。

```
main()
{
    int a,b,temp;
    scanf("%d,%d",&a,&b);
    if(a<b)
    {
        temp=a;
        a=b;
        b=temp;
    }
    printf("%d,%d\n",a,b);
}
```

2. 输入 4 个整数，找出其中的最大值。

```
main()
{
    int a,b,c,d,max;
    scanf("%d,%d,%d,%d",&a,&b,&c,&d);
    max=a;
    if(max<b)
        max=b;
    if(max<c)
        max=c;
    if(max<d)
        max=d;
    printf("max=%d\n",max);
}
```

3. 输入 3 个整数，按从大到小的顺序输出。

```
main()
{
    int a,b,c,temp;
    scanf("%d,%d,%d",&a,&b,&c);
    if(a<b)
    {
        temp=a;
        a=b;
        b=temp;
    }
    if(b<c)
```

```
    {
        temp=b;
        b=c;
        c=temp;
    }
    if(a<b)
    {
        temp=a;
        a=b;
        b=temp;
    }
    printf("%d,%d,%d\n",a,b,c);
}
```

4. 输入1个整型成绩分数，显示它的等级，转换规则：90～100为A等，80～89为B等，70～79为C等；60～69为D等，0～59为 E等。(用块if语句实现)

```
main()
{
    int score;
    char grade;
    scanf("%d",&score);
    if(score<60)
    grade='E';
    else if(score<70)
    grade='D';
    else if(score<80)
    grade='C';
    else if(score<90)
    grade='B';
    else
    grade='A';
    printf("score=%d,grade=%c\n",score,grade);
}
```

5. 有一函数，当-5<x<0时y=5x ，当x=0时y=3x-1，当 0<x<10时 y=2x+1，编写程序，输入x值时，输出相关的y值。

```
main()
{
    float x,y;
    scanf("%f",&x);
    if((x<=-5)||(x>=10))
    printf("data error\n");
    else
    if(x<0)
            y=5*x;
    else if (x==0)
            y=3*x-1;
    else
            y=2*x+1;
    printf("x=%f,y=%f\n",x,y);
}
```

6. 从键盘上输入一个月的编号(1～12)，显示该月号对应的月英文名。

```
main()
{
    int m;
    scanf("%d",&m);
    switch (m)
```

```
    {
    case 1:
            printf("January\n");
            break;
    case 2:
            printf("February\n");
            break;
    case 3:
            printf("March\n");
            break;
    case 4:
            printf("April\n");
            break;
    case 5:
            printf("May\n");
            break;
    case 6:
            printf("June\n");
            break;
    case 7:
            printf("July\n");
            break;
    case 8:
            printf("August\n");
            break;
    case 9:
            printf("September\n");
            break;
    case 10:
            printf("October\n");
            break;
    case 11:
            printf("November\n");
            break;
    case 12:
            printf("December\n");
            break;
    default:
        printf("data error!\n");
    }
}
```

7. 某商场举行购物优惠活动，(s 代购物款，r 代表折扣)：当 s<1600 时 r=0%，当 s<2400 时 r=5%，当 s<3200 时 r=10%，当 s<6400 时 r=15%，当 s>=6400 时 r=20%，输入一个顾客的购物款后，显示它的应付款数。

```
main()
{
    float s,r;
    scanf("%f",&s);
    if(s<1600)
        r=0;
    else if(s<2400)
        r=0.05;
    else if(s<3200)
        r=0.1;
    else if(s<6400)
        r=0.15;
    else
        r=0.2;
```

```
    printf("%.2f\n",s*(1-r));
}
```

第 5 章　循环结构程序设计

一、单项选择题

1. B　2. A　3. B　4. D　5. C　6. C

二、程序改错题(错误修改后加粗显示，且加下划线)

1. 以下程序求 1+1/3+1/5+1/7+…+1/51 的值。

```
main()
{
    int i;
    float s=1;
    for(i=3;i<52;i++)
    {
        s=s+1.0/i;
        i++;
    }
    printf("sum=%f\n",s);
}
```

2. 以下程序是显示[200，300]所有能被 7 整除的数，每行显示 5 个数。

```
main()
{
    int i=199,n=0;/*n 用来记录每行已打印数的个数*/
    while(i<300)
    {
        i=i+1;
        if(i%7!=0)
            continue;
        printf("%5d",i);
        n=n+1;
        if(n==5)    /*满 5 个换行*/
        {
            printf("\n");
            n=0;
        }
    }
}
```

3. 以下程序是求 1!+2!+3!+4!+5!+6!+7！的值。

```
main()
{
    int i,s=0,t=1;
    for(i=1;i<=7;i++)
    {
        s=0;
        t=t*i;
        s=s+t;
    }
    printf("sum=%d\n",s);
}
```

三、写出下列各程序的运行结果

1. 1024

2. -1

3. 11

4. *

    **

    ***

    ****

四、编程题

1. 求 10！的值。

```
main()
{
    int i;
    long s=1;
    for(i=1;i<=10;i++)
    {
        s=s*i;
    }
    printf("s=%ld\n",s);
}
```

2. 求 2+4+6+…+200 的值。

```
main()
{
    int i,s=0;
    for(i=2;i<=200;i+=2)
    {
        s=s+i;
    }
    printf("s=%d\n",s);
}
```

3. 求 2/(3*4)+4/(5*6)+6/(7*8)+…+20/(21*22)的值。

```
main()
{
    int i;
    float s=0;
    for(i=2;i<=20;i+=2)
    {
        s=s+(float)i/((i+1)*(i+2));
    }
    printf("s=%f\n",s);
}
```

4. 从 2 开始求 n 个连续偶数之和，其中 n 由用户运行时输入。

```
main()
{
    int i,n;
    long s=0;
    scanf("%d",&n);
```

```
    for(i=1;i<=n;i++)
    {
        s=s+2*i;
    }
    printf("s=%ld\n",s);
}
```

5. 求[50，200]间能被 6 整除，但不能被 5 整除的数之和。

```
main()
{
    int i,s=0;
    for(i=50;i<=200;i++)
    {
        if(i%6==0 && i%5!=0)
            s=s+i;
    }
    printf("s=%d\n",s);
}
```

6. 求 1/2-2/3+3/4-4/5-5/6+…+79/80 的值。

```
main()
{
    int i,t=1;
    float s=0;
    for(i=1;i<=79;i++)
    {
        s=s+t*i/(i+1.0);
        t=-t;
    }
    printf("s=%f\n",s);
}
```

7. 输入整型成绩，显示它的等级，转换规则： 90～100 为 A 等， 80～89 为 B 等，70～79 为 C 等； 60～69 为 D 等， 0～59 为 E 等。输入−1 表示结束。

```
main()
{
    int score,temp;
    char grade;
    scanf("%d",&score);
    while(score!=-1)
    {
        temp=score/10;
        switch(temp)
        {
            case 10:
            case 9:
                grade='A';
                break;
            case 8:
                grade='B';
                break;
            case 7:
                grade='C';
                break;
            case 6:
                grade='D';
                break;
            default:
```

```
            grade='E';
        }
        printf("grade=%c\n",grade);
        scanf("%d",&score);
    }
}
```

8. 输入一个班的成绩，求总分、平均分、最低分和最高分，成绩输入以−1 表示结束。

```
#include<stdio.h>
main()
{
    int n=0,score,sum=0,max,min;
    float  ave;
    scanf("%d",&score);
    max=min=score;
    while(score!=-1)
    {
        sum=sum+score;
        if (max<score)
                max=score;
        if(min>score)
                min=score;
        n++;
        getchar();
        scanf("%d",&score);
    }
    ave=(float)sum/n;
    printf("sum=%d,ave=%f\n",sum,ave);
    printf("max=%d,min=%d\n",max,min);
}
```

9. 中国天才中学 1 班要组织一次业余歌手大赛，专门请了 10 位顶级专家做评委。计分采用 10 分制，保留 1 位小数，每位选手唱完后，10 位评委分别给一个分数。将各位评委的评分收集后，先去掉最高分和最低分再将各分数相加算出总分，将总分除以 8 即得最后成绩。最终结果要求保留 2 位小数。请编写一个程序实现以上功能。

```
#include<stdio.h>
main()
{
    float i,score,sum=0,max=-1,min=1000;
    float  ave;
    for(i=1;i<11;i++)
    {
        scanf("%f",&score);
        if(score>max)
            max=score;
        if(score<min)
            min=score;
        sum=sum+score;
        getchar();
    }
    ave=(sum-max-min)/8;
    printf("score=%.2f\n",ave);
}
```

第6章　数　　组

一、单项选择题

1. D　2. A　3. C　4. B　5. D　6. B
7. A　8. B

二、程序改错题(错误修改后加粗显示，且加下划线)

1. 以下程序是将一个字符串从一个字符数组复制到另一个字符数组。

```
#include<stdio.h>
main()
{
    char c1[10],c2[10],i=-1;
    printf("请输入一个字符串:");
    gets(c1);
    while(c1[++i] !='\0')
        c2[i]=c1[i];
    c2[i]='\0';
    printf("复制后的字符串为: %s\n",c2);
}
```

2. 以下程序的功能是：输入 10 个学生的成绩(整数)，求其总分、平均分、及格人数和不及格人数。

```
#include<stdio.h>
main()
{
    int i k,sum=0,pass_n=0,num[10];
    float ave;
    for(i=0;i<10;i++)
    {
        scanf("%d",&num[i]);
        sum=sum+num[i];
        if(num[i]>=60)
            pass_n++;
    }
    ave=sum/10.0;
    printf("sum=%d,ave=%.2f\n",sum,ave);
    printf("pass=%d,no pass=%d\n",pass_n,10-pass_n);
}
```

三、编程题

1. 输入 20 个整数，求其中最大值和最小值。

```
#include<stdio.h>
main()
{
    int i,num[20],max=-32768,min=32767;
    for(i=0;i<20;i++)
    {
    scanf("%d",&num[i]);
    if(max<num[i])
```

```
        max=num[i];
    if(min>num[i])
        min=num[i];
    }
    printf("max=%d,min=%d\n",max,min);
}
```

2.　求一个 4×4 矩阵对角线上的最小值，矩阵的值在程序运行时，由用户输入。

```
main()
{
    int i,j,num[4][4],min=32767;
    for(i=0;i<4;i++)
        for(j=0;j<4;j++)
        {
            scanf("%d",&num[i][j]);
            if(i==j && min>num[i][j])
            min=num[i][j];
        }
    printf("min=%d\n",min);
}
```

3.　输入 10 个整数存于数组 a 中，将其中的偶数复制到另一个数组 b 中。

```
#include<stdio.h>
main()
{
    int i,j=0,a[10],b[10];
    for(i=0;i<10;i++)
    {
        scanf("%d",&a[i]);
        if(a[i]%2==0)
        {
        b[j]=a[i];
        j++;
        }
    }
    for(i=0;i<j;i++)
    printf("%6d",b[i]);
}
```

4.　输入 3 个字符串，将它们连成一个大字符串，并显示合并后字符串的长度。

```
#include"stdio.h"
#include"string.h"
main()
{
    int i;
    char str1[3][20],str2[60]={"};
    for(i=0;i<3;i++)
    {
        gets(str1[i]);
        strcat(str2,str1[i]);
    }
    printf("string:%s\nlen=%d\n",str2,strlen(str2));
}
```

5.　输入一个字符串，将其中的大写字母改为小写字母。

```
#include"stdio.h"
#include"string.h"
main()
```

```
{
    int i;
    char str1[80];
    gets(str1);
    for(i=0;i<strlen(str1);i++)
    {
        if(str1[i]>='A'&&str1[i]<'Z')
          str1[i]+=32;
    }
    printf("\n%s\n",str1);
}
```

6. 将数组的值逆序存放，如原来为 0、6、4、5，现在要求改为 5、4、6、0，数组长度为 6，各个元素值由用户输入。

```
#include<stdio.h>
main()
{
    int i,a[6],b[6];
    for(i=0;i<6;i++)
    scanf("%d",&a[i]);
    printf("\n逆序前: \n");
    for(i=0;i<6;i++)
        printf("%6d",a[i]);
    for(i=0;i<6;i++)
        b[i]=a[5-i];
    for(i=0;i<6;i++)
        a[i]=b[i];
    printf("\n逆序后: \n");
    for(i=0;i<6;i++)
    printf("%6d",a[i]);
}
```

7. 输入 10 个整数，按从大到小的顺序输出。

用冒泡排序法实现的程序代码如下：

```
main()
{
    int i,j,temp,num[10];
    printf("input 10 numbers:\n");
    for(i=0;i<10;i++)
        scanf("%d",&num[i]);
    printf("\n");
    for(i=0;i<9;i++)
        for(j=0;j<9-i;j++)
        if(num[j]<num[j+1])
        {
                temp=num[j];
                num[j]=num[j+1];
                num[j+1]=temp;
        }
    for(i=0;i<10;i++)
        printf("%5d",num[i]);
}
```

用选择排序法实现的程序代码如下：

```
main()
{
    int i,j,k,temp,num[10];
    printf("input 10 numbers:\n");
```

```
    for(i=0;i<10;i++)
        scanf("%d",&num[i]);
    printf("\n");
    for(i=0;i<9;i++)
    {
        k=i;
        for(j=i+1;j<10;j++)
    if(num[k]<num[j])
            k=j;
        if(k!=i)
        {
        temp=num[k];
        num[k]=num[i];
        num[i]=temp;
        }
        for(i=0;i<10;i++)
        printf("%5d",num[i]);
    }
}
```

第7章 函 数

一、单项选择题

1. A	2. A	3. B	4. C	5. B	6. D
7. D	8. C	9. D	10. D	11. A	12. B
13. C	14. C	15. C	16. B	17. B	18. A

二、写出以下程序的运行结果

1. a=-62 , b=24 , c=73

   a=-59 , b=168 , c=3

2. -1

三、程序填空题

1. (1) long fun(int); (2) s=fun(n); (3) } (4){ (5) long s=0; (6) return s;
2. (1) <=y (2) z*x (3) return

四、编程题

1. 编写一个函数求两数的和，并写出调用该函数的主程序。

```
main()
{
    int a,b,s;
    scanf("%d,%d",&a,&b);
    s=sum(a,b);
    printf("sum=%d\n",s);
}
int sum(int a,int b)
{
```

```
    int s=a+b;
    return s;
}
```

2. 设计一个函数，求长方体的体积(边长为整数)，要求写出相应的主函数。

```
main()
{
    int a,b,c;
    long v;
    long fun(int,int,int);
    scanf("%d,%d,%d",&a,&b,&c);
    v=fun(a,b,c);
    printf("v=%ld\n",v);
}
long fun(int a,int b,int c)
{
    long s=a*b*c;
    return s;
}
```

3. 输入 2 个整数，求最大值，用函数实现。

```
main()
{
    int a,b,m;
    scanf("%d,%d",&a,&b);
    m=max(a,b);
    printf("max=%d\n",m);
}
int max(int a,int b)
{
    if(a>b)
        return a;
    else
        return b;
}
```

4. 编写一个函数，函数功能为给出年、月、日值，计算它是该年第几天。

```
#include<stdio.h>
main()
{
    int y,m,d,n;
    scanf("%d,%d,%d",&y,&m,&d);
    n=fun(y,m,d);
    printf("n=%d\n",n);
}
int fun(int y,int m,int d)
{
    int i=m-1,n=d;
    while(i>=1)
    {
        if(i==1||i==3||i==5||i==7||i==8||i==10||i==12)
            n=n+31;
        else if(i==2)
        {
            if(year(y))
            n=n+29;
            else
            n=n+28;
        }
```

```
        else
            n=n+30;
        i--;
    }
    return n;
}
int year(int y)
{
    if(y%4==0&&y%100!=0||y%400==0)
        return 1;
    else
        return 0;
}
```

5. 编写一个函数，判断一个数是否为素数。

```
int fun(int x)
{
    int i,k;
    k=sqrt(x);
    for(i=2;i<=k;i++)
        if(x%i==0)
            return 0;
    return 1;
}
```

6. 编写一个函数，求出给定两个数的最大公约数。

```
int fun(int a,int b)
{
    int k,r,temp;
    if(a<b)
    {
        temp=a;
            a=b;
            b=temp;
    }
    r=a%b;
    while(r!=0)
    {
        a=b;
        b=r;
        r=a%b;
    }
    return b;
}
```

7. 编写一个函数，将两个字符串连接起来(不用 strcat 函数)。

```
void fun(char str1[],char str2[])
{
    int i=0,k=0;
    char c;
    while((c=str1[i])!='\0')
        i++;
    while((c=str2[k])!='\0')
    {
        str1[i]=str2[k];
        k++;
        i++;
    }
```

```
    str1[i]='\0';
}
```

8. 用递归函数，求小于等于 n 的所有正整数之和。

```
main()
{
    int sum,n;
    scanf("%d",&n);
    sum=fun(n);
    printf("sum=%d\n",sum);
}
int fun(int n)
{
    int s;
    if(n==1)
        s=1;
    else
        s=fun(n-1)+n;
    return s;
}
```

第 8 章　指　　针

一、单项选择题

1. D	2. A	3. D	4. D	5. B	6. A
7. A	8. C	9. B	10. A	11. C	12. C
13. C	14. C	15. A	16. C	17. A	18. C

二、编程题

1. 从键盘上输入 3 个整数，然后按从大到小的顺序输出。

```
main()
{
    int a,b,c,*p1=&a,*p2=&b,*p3=&c,temp;
    scanf("%d%d%d",p1,p2,p3);
    if(*p1<*p2)
        {temp=*p1;*p1=*p2;*p2=temp;}
    if(*p2<*p3)
        {temp=*p2;*p2=*p3;*p3=temp;}
    if(*p1<*p2)
        {temp=*p1;*p1=*p2;*p2=temp;}
    printf("%d,%d,%d\n",a,b,c);
}
```

2. 输入 10 个整数，然后第 1 个数与倒数第 1 个数交换，第 2 个数与倒数第 2 个数交换，依此类推，直到交换所有的数。

```
main()
{
    int temp,i,num[10],*pnum;
    for(i=0;i<10;i++)
        scanf("%d",&num[i]);
    pnum=&num[9];
```

```
    i=0;
    while(&num[i]<pnum)
    {
        temp=num[i];
        num[i]=*pnum;
        *pnum=temp;
        i++;
        pnum--;
    }
    for(i=0;i<10;i++)
        printf("%d \n",num[i]);
}
```

3. 输入一串字符，统计它的字符总数和其中大写字母的个数(不用字符串函数)。

```
#include<stdio.h>
main()
{
    int n1=0,n2=0;
    char s[80],*pstr=s;
    scanf("%s",pstr);
    while(*pstr++>0)
    {
        n1++;
        if(*pstr>='A' && *pstr<='Z')
            n2++;
        }
    printf("%d,%d\n",n1,n2);
}
```

4. 编写一个程序，实现将一个字符串复制到另一个字符串中(不用字符串函数)。

```
#include<stdio.h>
main()
{
    char s1[80],s2[80],*ps1=s1,*ps2=s2;
    gets(ps1);
    while((*ps2++=*ps1++)>0);
    puts(s2);
}
```

5. 编写一个程序，实现将一个字符串追加到另一个字符串中(不用字符串函数)。

```
#include<stdio.h>
main()
{
    char s1[80],s2[80],*ps1=s1,*ps2=s2;
    gets(ps1);
    gets(ps2);
    while(*ps1++);
    ps1--;
    while(*ps1++=*ps2++);
    puts(s1);
}
```

6. 已知一个 4 位数 x2y3，该数能被 23 整除，求此 4 位数。

```
main()
{
    int n,num[10]={0,1,2,3,4,5,6,7,8,9},*x=num,*y=num;
    while(x<num+10)
    {
```

```
        y=num;
        while(y<num+10)
        if((n=1000+*x*100+2*10+*(y++))%23==0)
            printf("%d\n",n);
        x++;
    }
}
```

7. 输入 5 个字符串，按从小到大的顺序输出。

```
#include<string.h>
#include<stdio.h>
main()
{
char s[5][80], *p[5],*t;
int i,j;
for(i=0;i<5;i++)
{
    p[i]=s[i];
    gets(p[i]);
}
for(i=0;i<4;i++)
    for(j=0;j<4-i;j++)
        if(strcmp(p[j],p[j+1])>0)
        {
            t=p[j];
            p[j]=p[j+1];
            p[j+1]=t;
        }
    for(i=0;i<5;i++)
    printf("%s\n",p[i]);
}
```

第 9 章　预处理、结构类型和文件

一、单项选择题

1. C	2. B	3. A	4. C	5. A	6. B
7. A	8. A	9. D	10. B	11. B	12. A
13. A	14. C	15. D			

二、编程题

1. 用带参数的宏实现求 2 个整数的余数。

```
#define MOD(x,y) (x)%(y)
main()
{
    int a,b;
    scanf("%d%d",&a,&b);
    printf("%d\n",MOD(a,b));
}
```

2. 用带参数的宏实现求圆的面积、周长。

```
#define PI 3.1415926
```

```
#define L(r) 2*PI*(r)
#define S(r) PI*(r)*(r)
main()
{
    float r;
    scanf("%f",&r);
    printf("l=%f,s=%f\n",L(r),S(r));
}
```

3. 设计一个程序，用结构类型实现 2 个复数相加。

```
main()
{
    struct xs
    {
        float r;
        float x;
    }xs1,xs2,xs3;
    scanf("%f%f",&xs1.r,&xs1.x);
    scanf("%f%f",&xs2.r,&xs2.x);
    xs3.r=xs1.r+xs2.r;
    xs3.x=xs1.x+xs2.x;
    printf("xs1=%f+%fi\n",xs1.r,xs1.x);
    printf("xs2=%f+%fi\n",xs2.r,xs2.x);
    printf("xs1+xs2=%f+%fi\n",xs3.r,xs3.x);
}
```

4. 定义一个结构类型变量(包括年、月、日信息)实现：输入一个日期显示它是该年第几天。

```
struct datef
{
    int year;
    int month;
    int day;
}date1;
main()
{
    int n=0,i;
    int fun(int year);
    printf("year,month,day\n");
    scanf("%d,%d,%d",&date1.year,&date1.month,&date1.day);
    for(i=1;i<date1.month;i++)
    switch(i)
    {
        case 1:
        case 3:
        case 5:
        case 7:
        case 8:
        case 10:
        case 12
            :n=n+31;
            break;
        case 2:
            if(fun(date1.year))
                n=n+29;
            else
             n=n+28;
            break;
        case 4:
        case 6:
        case 9:
```

```
        case 11:
        n=n+30;
        break;
    }
    n=n+date1.day;
    printf("n=%d\n",n);
}
int fun(int year)
{
    if((year%4==0 && year%100!=0) || (year%400==0))
        return 1;
    else
        return 0;
}
```

5.　从键盘输入一串字符，将其中的大写字母保存到一个文件 ucase.txt 中。

```
#include<stdio.h>
main()
{
    char s[80],ps[80],*p=s,*q=ps;
    FILE *fp;
    gets(s);
    while(*p>0)
    if(*p>='A' && *p<='Z')
         *q++=*p++;
    else
        p++;
    *q='\0';
    fp=fopen("ucase.txt","w");
    fputs(ps,fp);
    fclose(fp);
}
```

6.　读出文件 ucase.txt 中的内容，将其转为小写后显示在屏幕上。

```
#include<stdio.h>
main()
{
    char s[80],ps[80],*p=s,*q=ps;
    FILE *fp;
    fp=fopen("ucase.txt","r");
    fgets(p,10,fp);
    fclose(fp);
    while(*p>0) *q++=(*p++)+32;
    *q='\0';
    printf("%s\n",ps);
}
```

7.　一个班有 20 个学生，输入每个学生的学号、姓名、成绩，输出该班的总分、平均分和不及格学生名单。

```
#include<stdio.h>
struct stum
{
    int no;
    char name[10];
    int grade;
}stu[20];
main()
{
    int i,sum=0,num=0;
    float ave;
```

```
    char *n[20],**pn=n;
    for(i=0;i<20;i++)
    {
        printf("no,grade,name\n");
        scanf("%d,%d,%s",&stu[i].no,&stu[i].grade,stu[i].name);
        sum=sum+stu[i].grade;
        if (stu[i].grade<60) {*pn++=stu[i].name;num++;}
    }
    ave=sum/20.0;
    printf("sum=%d,ave=%f\nno pass\n",sum,ave);
    pn=n;
    for(i=0;i<num;i++)
        printf("%s\n",*pn++);
}
```

8. 输入一个公司的员工信息(员工号、员工姓名、性别、年龄、住址)，将其保存在文件 message.dat 中，并从 message.dat 文件中读出所有男员工的信息显示在屏幕上，该公司共有员工 50 人。

```
#include<stdio.h>
struct emp
{
    int no;
    char name[10];
    char sex;
    int age ;
    char *address[50];
}emp1[50],emp2[50];
main()
{
    int i;
    FILE *fp;
    if((fp=fopen("f:\message.dat","wb"))==NULL)
    {
        printf("cannot open file\n");
        return;
    }
    for(i=0;i<5;i++)
    {
        printf("no,name\n");
            scanf("%d,%s",&emp1[i].no,emp1[i].name);
        getchar();
        printf("sex(1 or 0)age,address\n");
        scanf("%c%d,%s",&emp1[i].sex,&emp1[i].age,emp1[i].address);
        getchar();
        if(fwrite(&emp1[i],sizeof(struct emp),1,fp)!=1)
            printf("file write error\n");
    }
    fclose(fp);
    if((fp=fopen("f:\message.dat","rb"))==NULL)
    {
        printf("cannot open file\n");
        return;
    }
    for(i=0;i<5;i++)
    {
        fread(&emp2[i],sizeof(struct emp),1,fp);
        if(emp2[i].sex=='1')
            printf("%d,%s,%c,%d,%s\n",emp2[i].no,emp2[i].name,emp2[i].
            sex,emp2[i].age,emp2[i].address);
    }
    fclose(fp);
}
```

参 考 文 献

[1] 谭浩强．C 程序设计．2 版．北京：清华大学出版社，1999.

[2] 何小路，刘萤．Microsoft C/C++ & Viusal C++库函数用法详解．北京：学苑出版社，1994.

[3] (美)Paul S.R.Chisholm 等著．C 语言编程常见问题解答．张芳妮，吕波译．北京：清华大学出版社，1996.

[4] (美)Herbert Schildt 著．ANSI C 标准详解．王曦若，李沛译．北京：学苑出版社，1994.

[5] (美)Andrew Koenig 著．C 陷阱与缺陷．高巍译．北京：人民邮电出版社，2002.

[6] 陈翠松，徐宝林．Visual Basic 程序设计实用教程与实训．北京：北京大学出版社，2006.

全国高职高专计算机、电子商务系列教材

序号	标准书号	书　名	主　编	定价(元)	出版日期
1	978-7-301-11522-0	ASP.NET 程序设计教程与实训(C#语言版)	方明清等	29.00	2009 年重印
2	978-7-301-10226-8	ASP 程序设计教程与实训	吴鹏，丁利群	27.00	2009 年第 6 次印刷
3	7-301-10265-8	C++程序设计教程与实训	严仲兴	22.00	2008 年重印
4	978-7-301-15476-2	C 语言程序设计(第 2 版)	刘迎春，王磊	32.00	2009 年出版
5	978-7-301-09770-0	C 语言程序设计教程	季昌武，苗专生	21.00	2008 年第 3 次印刷
6	978-7-301-16878-3	C 语言程序设计上机指导与同步训练(第 2 版)	刘迎春，陈静	30.00	2010 年出版
7	978-7-5038-4507-4	C 语言程序设计实用教程与实训	陈翠松	22.00	2010 年第 3 次印刷
8	978-7-301-10167-4	Delphi 程序设计教程与实训	穆红涛，黄晓敏	27.00	2007 年重印
9	978-7-301-10441-5	Flash MX 设计与开发教程与实训	刘力，朱红祥	22.00	2007 年重印
10	978-7-301-09645-1	Flash MX 设计与开发实训教程	栾蓉	18.00	2007 年重印
11	7-301-10165-1	Internet/Intranet 技术与应用操作教程与实训	闻红军，孙连军	24.00	2007 年重印
12	978-7-301-09598-0	Java 程序设计教程与实训	许文宪，董子建	23.00	2008 年第 4 次印刷
13	978-7-301-10200-8	PowerBuilder 实用教程与实训	张文学	29.00	2007 年重印
14	978-7-301-15533-2	SQL Server 数据库管理与开发教程与实训(第 2 版)	杜兆将	32.00	2010 年第 3 次印刷
15	7-301-10758-7	Visual Basic .NET 数据库开发	吴小松	24.00	2006 年出版
16	978-7-301-10445-9	Visual Basic .NET 程序设计教程与实训	王秀红，刘造新	28.00	2006 年重印
17	978-7-301-10440-8	Visual Basic 程序设计教程与实训	康丽军，武洪萍	28.00	2010 年第 4 次印刷
18	7-301-10879-6	Visual Basic 程序设计实用教程与实训	陈翠松，徐宝林	24.00	2009 年重印
19	978-7-301-09698-7	Visual C++ 6.0 程序设计教程与实训(第 2 版)	王丰，高光金	23.00	2009 年出版
20	978-7-301-10288-6	Web 程序设计与应用教程与实训(SQL Server 版)	温志雄	22.00	2007 年重印
21	978-7-301-09567-6	Windows 服务器维护与管理教程与实训	鞠光明，刘勇	30.00	2006 年重印
22	978-7-301-10414-9	办公自动化基础教程与实训	靳广斌	36.00	2010 年第 4 次印刷
23	978-7-301-09640-6	单片机实训教程	张迎辉，贡雪梅	25.00	2006 年重印
24	978-7-301-09713-7	单片机原理与应用教程	赵润林，张迎辉	24.00	2007 年重印
25	978-7-301-09496-9	电子商务概论	石道元等	22.00	2007 年第 3 次印刷
26	978-7-301-11632-6	电子商务实务	胡华江，余诗建	27.00	2008 年重印
27	978-7-301-10880-2	电子商务网站设计与管理	沈风池	22.00	2008 年重印
28	978-7-301-10444-6	多媒体技术与应用教程与实训	周承芳，李华艳	32.00	2010 年第 6 次印刷
29	7-301-10168-6	汇编语言程序设计教程与实训	赵润林，范国渠	22.00	2005 年出版
30	7-301-10175-9	计算机操作系统原理教程与实训	周峰，周艳	22.00	2006 年重印
31	978-7-301-14671-2	计算机常用工具软件教程与实训(第 2 版)	范国渠，周敏	30.00	2010 年重印
32	7-301-10881-8	计算机电路基础教程与实训	刘辉珞，张秀国	20.00	2007 年重印
33	978-7-301-10225-1	计算机辅助设计教程与实训(AutoCAD 版)	袁太生，姚桂玲	28.00	2007 年重印
34	978-7-301-10887-1	计算机网络安全技术	王其良，高敬瑜	28.00	2008 年第 3 次印刷
35	978-7-301-10888-8	计算机网络基础与应用	阚晓初	29.00	2007 年重印
36	978-7-301-09587-4	计算机网络技术基础	杨瑞良	28.00	2007 年第 4 次印刷
37	978-7-301-10290-9	计算机网络技术基础教程与实训	桂海进，武俊生	28.00	2010 年第 6 次印刷
38	978-7-301-10291-6	计算机文化基础教程与实训(非计算机)	刘德仁，赵寅生	35.00	2007 年第 3 次印刷
39	978-7-301-09639-0	计算机应用基础教程(计算机专业)	梁旭庆，吴焱	27.00	2009 年第 3 次印刷
40	7-301-10889-3	计算机应用基础实训教程	梁旭庆，吴焱	24.00	2007 年重印刷
41	978-7-301-09505-8	计算机专业英语教程	樊晋宁，李莉	20.00	2009 年第 5 次印刷
42	978-7-301-15432-8	计算机组装与维护(第 2 版)	肖玉朝	26.00	2009 年出版
43	978-7-301-09535-5	计算机组装与维修教程与实训	周佩锋，王春红	25.00	2007 年第 3 次印刷
44	978-7-301-10458-3	交互式网页编程技术(ASP .NET)	牛立成	22.00	2007 年重印
45	978-7-301-09691-8	软件工程基础教程	刘文，朱飞雪	24.00	2007 年重印
46	978-7-301-10460-6	商业网页设计与制作	丁荣涛	35.00	2007 年重印
47	7-301-09527-9	数据库原理与应用(Visual FoxPro)	石道元，邵亮	22.00	2005 年出版
48	978-7-301-10289-3	数据库原理与应用教程(Visual FoxPro 版)	罗毅，邹存者	30.00	2010 年第 3 次印刷
49	978-7-301-09697-0	数据库原理与应用教程与实训(Access 版)	徐红，陈玉国	24.00	2006 年重印
50	978-7-301-10174-2	数据库原理与应用实训教程(Visual FoxPro 版)	罗毅，邹存者	23.00	2010 年第 3 次印刷
51	7-301-09495-7	数据通信原理及应用教程与实训	陈光军，陈增吉	25.00	2005 年出版
52	978-7-301-09592-8	图像处理技术教程与实训(Photoshop 版)	夏燕，姚志刚	28.00	2008 年第 4 次印刷
53	978-7-301-10461-3	图形图像处理技术	张枝军	30.00	2007 年重印
54	978-7-301-16877-6	网络安全基础教程与实训(第 2 版)	尹少平	30.00	2010 年出版
55	978-7-301-15086-3	网页设计与制作教程与实训(第 2 版)	于巧娥	30.00	2010 年重印
56	978-7-301-16706-9	网站规划建设与管理维护教程与实训(第 2 版)	王春红，徐洪祥	32.00	2010 年第 2 次印刷
57	7-301-09597-X	微机原理与接口技术	龚荣武	25.00	2007 年重印
58	978-7-301-10439-2	微机原理与接口技术教程与实训	吕勇，徐雅娜	32.00	2010 年第 3 次印刷
59	978-7-301-15466-3	综合布线技术教程与实训(第 2 版)	刘省贤	36.00	2009 年出版
60	7-301-10412-X	组合数学	刘勇，刘祥生	16.00	2006 年出版
61	7-301-10176-7	Office 应用与职业办公技能训练教程(1CD)	马力	42.00	2006 年出版
62	978-7-301-12409-3	数据结构(C 语言版)	夏燕，张兴科	28.00	2007 年出版

序号	标准书号	书　名	主　编	定价(元)	出版日期
63	978-7-301-12322-5	电子商务概论	于巧娥，王震	26.00	2010 年第 3 次印刷
64	978-7-301-12324-9	算法与数据结构(C++版)	徐超，康丽军	20.00	2007 年出版
65	978-7-301-12345-4	微型计算机组成原理教程与实训	刘辉珞	22.00	2010 年重印
66	978-7-301-12347-8	计算机应用基础案例教程	姜丹，万春旭，张飏	26.00	2010 年第 3 次印刷
67	978-7-301-12589-2	Flash 8.0 动画设计案例教程	伍福军，张珈瑞	29.00	2009 年重印
68	978-7-301-12346-1	电子商务案例教程	龚民	24.00	2010 年第 2 次印刷
69	978-7-301-09635-2	网络互联及路由器技术教程与实训(第 2 版)	宁芳露，杨旭东	27.00	2010 年重印
70	978-7-301-13119-0	Flash CS3 平面动画制作案例教程与实训	田启明	36.00	2008 年出版
71	978-7-301-12319-5	Linux 操作系统教程与实训	易著梁，邓志龙	32.00	2008 年出版
72	978-7-301-12474-1	电子商务原理	王震	34.00	2008 年出版
73	978-7-301-12325-6	网络维护与安全技术教程与实训	韩最蛟，李伟	32.00	2010 年重印
74	978-7-301-12344-7	电子商务物流基础与实务	邓之宏	38.00	2008 年出版
75	978-7-301-13315-6	SQL Server 2005 数据库基础及应用技术教程与实训	周奇	34.00	2010 年第 4 次印刷
76	978-7-301-13320-0	计算机硬件组装和评测及数码产品评测教程	周奇	36.00	2008 年出版
77	978-7-301-12320-1	网络营销基础与应用	张冠凤，李磊	28.00	2008 年出版
78	978-7-301-13321-7	数据库原理及应用(SQL Server 版)	武洪萍，马桂婷	30.00	2010 年重印
79	978-7-301-13319-4	C#程序设计基础教程与实训(1CD)	陈广	36.00	2010 年第 4 次印刷
80	978-7-301-13632-4	单片机 C 语言程序设计教程与实训	张秀国	25.00	2008 年出版
81	978-7-301-13641-6	计算机网络技术案例教程	赵艳玲	28.00	2008 年出版
82	978-7-301-13570-9	Java 程序设计案例教程	徐翠霞	33.00	2008 年出版
83	978-7-301-13997-4	Java 程序设计与应用开发案例教程	汪志达，刘新航	28.00	2008 年出版
84	978-7-301-13679-9	ASP .NET 动态网页设计案例教程(C#版)	冯涛，梅成才	30.00	2010 年重印
85	978-7-301-13663-8	数据库原理及应用案例教程(SQL Server 版)	胡锦丽	40.00	2010 年重印
86	978-7-301-13571-6	网站色彩与构图案例教程	唐一鹏	40.00	2008 年出版
87	978-7-301-13569-3	新编计算机应用基础案例教程	郭丽春，胡明霞	30.00	2009 年重印
88	978-7-301-14084-0	计算机网络安全案例教程	陈昶，杨艳春	30.00	2008 年出版
89	978-7-301-14423-7	C 语言程序设计案例教程	徐翠霞	30.00	2008 年出版
90	978-7-301-13743-7	Java 实用案例教程	张兴科	30.00	2010 年重印
91	978-7-301-14183-0	Java 程序设计基础	苏传芳	29.00	2008 年出版
92	978-7-301-14670-5	Photoshop CS3 图形图像处理案例教程	洪光，赵倬	32.00	2009 年出版
93	978-7-301-13675-1	Photoshop CS3 案例教程	张喜生等	35.00	2009 年重印
94	978-7-301-14473-2	CorelDRAW X4 实用教程与实训	张祝强等	35.00	2009 年出版
95	978-7-301-13568-6	Flash CS3 动画制作案例教程	俞欣，洪光	25.00	2010 年第 2 次印刷
96	978-7-301-14672-9	C#面向对象程序设计案例教程	陈向东	28.00	2009 年重印
97	978-7-301-14476-3	Windows Server 2003 维护与管理技能教程	王伟	29.00	2009 年出版
98	978-7-301-13472-0	网页设计案例教程	张兴科	30.00	2009 年出版
99	978-7-301-14463-3	数据结构案例教程(C 语言版)	徐翠霞	28.00	2009 年出版
100	978-7-301-14673-6	计算机组装与维护案例教程	谭宁	33.00	2010 年重印
101	978-7-301-14475-6	数据结构(C#语言描述) (含 1CD)	陈广	38.00	2009 年出版
102	978-7-301-15368-0	3ds max 三维动画设计技能教程	王艳芳，张景虹	28.00	2009 年出版
103	978-7-301-15462-5	SQL Server 数据库应用技能教程	俞立梅，吕树红	30.00	2009 年出版
104	978-7-301-15519-6	软件工程与项目管理案例教程	刘新航	28.00	2009 年出版
105	978-7-301-15588-2	SQL Server 2005 数据库原理与应用案例教程	李军	27.00	2009 年出版
106	978-7-301-15618-6	Visual Basic 2005 程序设计案例教程	靳广斌	33.00	2009 年出版
107	978-7-301-15626-1	办公自动化技能教程	连卫民，杨娜	28.00	2009 年出版
108	978-7-301-15669-8	Visual C++程序设计技能教程与实训：OOP、GUI 与 Web 开发	聂明	36.00	2009 年出版
109	978-7-301-15725-1	网页设计与制作案例教程	杨森香，聂志勇	34.00	2009 年出版
110	978-7-301-15617-9	PIC 系列单片机原理和开发应用技术	俞光昀，吴一锋	30.00	2009 年出版
111	978-7-301-16900-1	数据库原理及应用(SQL Server 2008 版)	马桂婷等	31.00	2010 年出版
112	978-7-301-16901-8	SQL Server 2005 数据库系统应用开发技能教程	王伟	28.00	2010 年出版
113	978-7-301-16935-3	C#程序设计项目教程	宋桂岭	26.00	2010 年出版
114	978-7-301-17021-2	计算机网络技术案例教程	黄金波，齐永才	28.00	2010 年出版
115	978-7-301-16736-6	Linux 系统管理与维护	王秀平	29.00	2010 年出版
116	978-7-301-17091-5	网页设计与制作综合实例教程	姜春莲	38.00	2010 年出版
117	978-7-301-17175-2	网站建设与管理案例教程	徐洪祥	28.00	2010 年出版
118	978-7-301-17136-3	Photoshop 案例教程	沈道云	25.00	2010 年出版
119	978-7-301-17174-5	SQL Server 数据库实例教程	汤承林，杨玉东	38.00	2010 年出版
120	978-7-301-17196-7	SQL Server 数据库基础与应用	贾艳宇	39.00	2010 年出版
121	978-7-301-16854-7	Dreamweaver 网页设计与制作案例教程	吴鹏，等	41.00	2010 年出版
122	978-7-301-17337-4	C 语言程序设计经典案例教程	韦良芬，王勇	28.00	2010 年出版
123	978-7-301-17437-1	Visual Basic 程序设计案例教程	严学道	27.00	2010 年出版
124	978-7-301-17605-4	SQL Server 2005 应用教程	梁庆枫，颜虹	25.00	2010 年出版

电子书(PDF 版)、电子课件和相关教学资源下载地址：http://www.pup6.com/ebook.htm，欢迎下载。
欢迎访问立体教材建设网站：http://blog.pup6.com。
欢迎免费索取样书，请填写并通过 E-mail 提交教师调查表，下载地址：http://www.pup6.com/down/教师信息调查表 excel 版.xls，欢迎订购，欢迎投稿。
联系方式：010-62750667，liyanhong1999@126.com.，linzhangbo@126.com，欢迎来电来信。